스타트업 회계학

Lee Byung Gwan · Chung Won Ho Startup Accounting

\

이병관 · 정원호

박영사

들어가는 글

딱딱한 회계학 책을 마치 소설 읽듯이 편안하게 읽어 내려가다 보면, 부지불식간에 회계학을 배울 수 있도록, 최대한 쉽게 쓴 책입니다. 이 책은 군더더기를 최대한 배제하고 스타트업[1](신생 벤처기업)이 반드시 알아야 할 사항들만 정리해 놓은 책입니다. 하지만 이 책이 소설책은 아니므로 어쩌면 재미있는 책은 아닐 수 있습니다. 그러나 이러한 약간의 고생스러움을 감수하신다면 사업가로서 대성(大成)하리라 감히 자평(自評)합니다.

스마트폰으로 회계학이라고 검색해 보면 엄청나게 많은 회계학 책들이 있음을 알 수 있지만, 이렇게 많은 회계학 책들도 아래 4가지로 구분할 수 있습니다.

1. 회계사 시험준비용 아주 어려운 책
2. 이보다 난이도가 낮은 각종 자격증 시험준비용 책
3. 대학 강의용 책
4. 사장님을 위한 쉬운 책

이 책은 상기 4번 '사장님을 위한 쉬운 책'에 속하는 것으로, 동 유형의 기존 책들과는 아래와 같은 차이가 있어서, 스타트업을 위한 최적의 책이라고 생각합니다.

1 Target 고객이 명확함

이 책은 스타트업을 위한 책으로, 특히 현재 창업에 관심이 있거나, 이미 중소기업을 경영하고 계신 분을 Target으로 설정하여, 철저하게 그들을 위하여 작성되었습니다. 현재 시판되고 있는 대부분의 책들은 내용과 수준이 애매하여, 스타트업의 니즈(needs)를 제대로 충족시켜 주지 못하고 있는데, 이러한 흠결을 보충하기 위해 만들었습니다.

1 스타트업: 미국 실리콘밸리에서 처음 사용된 용어로 설립한 지 오래되지 않은 신생 벤처기업을 말함

❷ 꼭 알아야 하는 것만 취급함

필자의 풍부한 사회경험과 강의경력을 바탕으로 중소기업 관리자들이 반드시 알아야만 하는 것들을 엄선하였습니다. 따라서 회계공부를 시작할 때 누구나 느끼게 되는 심적 부담감에서 해방될 수 있으며, 분량이 적기 때문에 회계공부를 하는 데 소요되는 시간을 절약할 수 있습니다. 하지만 적은 분량임에도 이 책 한 권이면 스타트업의 기초 회계학책으로서는 손색이 없다고 자평합니다.

❸ 회계학의 기본 틀을 단시간에 잡아 줌

회계학을 제대로 공부하려면 그 분야는 넓고 깊습니다. 하지만 스타트업 입장에서 그렇게 깊게 회계학을 공부할 필요는 없습니다. 그저 사업을 하면서 접하게 되는 대부분의 단어들이 낯설지 않고, 조금 부족한 부분은 회사 직원이나 외부 전문가의 도움을 받으면서 무리 없이 사업을 진행할 수 있을 정도의 회계학 기본 틀만 이해하고 있으면 될 것입니다.

❹ 회계사 등 전문가와 상의할 내용을 정리해 줌

많은 스타트업이 착각하고 있는 점이, 회계사나 세무사가 외부기장이나 회계감사를 통해서 회사가 잘못하고 있는 것을 대부분 수정해 줄 것이라고 믿는 것입니다. 하지만 회계사나 세무사는 작은 수수료를 받으면서, 그러한 서비스를 충실하게 제공할 수는 없습니다. 그래서 현명한 사장님들은 본인이나 회사가 다치지 않도록 스스로 대비를 합니다. 그런 맥락에서 그들은 본인이 궁금한 사항을 미리 외부 전문가와 상의합니다. 이 책은 여러분도 외부 전문가들과 상의하실 수 있도록 무엇을 상의해야 하는지를 미리 알려 줄 것입니다. 자신이 무엇을 모르는지 알고 있다면, 그 사람은 이미 많이 알고 있는 것입니다. 아무것도 모르는 사람은 자기가 무엇을 모르는지 알지 못합니다.

5 내가 이제는 확실히 알고 있다는 확신을 갖게 함

필자도 각종 회계학 책들을 처음 접했을 때의 기억이 남아 있습니다. 회계학 책을 다 읽었지만, 내가 온전히 알고 있다는 자신감 부족이 그것입니다. 즉, 책은 분명히 다 읽었고 대부분 이해한 것 같은데, 그럼에도 표현하기 애매한 혼란, 불안 같은 것이 항상 존재했습니다. 수십 년간 회계를 포함한 다양한 경험을 하고 나니, 필자는 이제야 그 이유를 알게 되었습니다. 그 이유는 다음과 같습니다.

1. A라는 지식이 B, C, D라는 지식과 어떤 연관이 있는지 정리할 수 없었습니다.
2. 무엇을 꼭 알아야 하는지 구분할 수 없어서, 책 한 권을 모조리 외우려 했습니다.
3. 관련 내용을 실제 생활에 적용할 수 없었습니다.

이 책은 "내게 필요한 회계학 지식은 대부분 알고 있어"라고 여러분이 말할 수 있도록 만들어졌습니다.

6 관련 양식 제공

본 책은 관련된 구체적인 양식을 많이 소개하고 있습니다. 그래서 습득한 지식이 실무에 어떻게 활용되는지에 대해서 보다 명확히 알 수 있게 될 것입니다. 또한, 이 책의 내용과 관련하여 미진한 내용은 필자의 블로그와 유튜브 영상에서 이를 보완함으로써, 책이라는 한계를 극복하려고 노력하였습니다. 관련 양식과 Contents들은 필자의 수십 년간의 경험을 바탕으로 엄선된, 디자인 및 내용상으로 훌륭한 것들이기 때문에 실무 활용도가 높을 것이라고 생각합니다. (대부분 숫자나 글자만 변경해서 그대로 사용하면 될 것입니다.)

7 학습에 편리한 구조

Chapter I, II, III, IV로 구분하여, 일차적으로는 기본골격을 만든 다음, 거기에 살을 붙이는 형식을 취하여 재무담당 실무자와 CEO 모두에게 도움이 될 수 있도록 하였습니다.

지금 반드시 알 필요가 없는 내용은 귀여운 이미지로 표시를 해서 여러분이 중요한 내용에 보다 집중할 수 있도록 하였고, 각 장의 끝에는 지금까지 읽은 내용을 정리하면서 핵심이 무엇이지를 망각하지 않도록 하였습니다. 책 곳곳에 추가한 ♣참고하기_를 통해서, 이 책의 관련되는 내용들을 그물망처럼 연결하여 종합적으로 이해할 수 있도록 하였습니다.

8 쉬운 표현으로 읽기 편리함

이해하기 쉽도록 최대한 쉬운 단어와 표현을 사용했으며, 문체도 구어체를 사용하여 블로그를 읽는 듯한 느낌을 드리고 있습니다. 본 책의 취지를 살리기 위해서 의도적으로 약간의 과장과 왜곡된 표현도 사용했습니다. 우리는 자격증 시험을 준비하는 수험생이 아닙니다. 우리는 사업하는 데 필요한 핵심 개념을 빨리 이해하면 됩니다. 사소한 사항들은 회사의 실무자나 외부 전문가들이 우리를 도와줄 것입니다. 우리는 그들과 같이 나아가면 됩니다.

사장님은 회사가 돈을 잘 벌고, 회사가 잘 굴러가도록 하는 사람이지, 회계사가 아닙니다. 지적 호기심이 많은 사장님이나 중소기업의 관리자라면 일단 이 책을 마스터하시기 바라며 이외에는 더 이상 회계학 공부는 하지 않기를 제안합니다. 그 시간에 다른 공부를 하는 것이 옳기 때문입니다.

- 어렵게 공부: NO
- 스트레스 받으며: NO
- 필요 없는 것을 알려고 쓸데없는 시간 낭비: NO

이 책을 읽는 방법

1 본문 제목 옆에 귀여운 이미지 가 있으면 지금은 몰라도 된다는 의미입니다.

이러한 이미지가 붙어 있는 내용은 처음에는 가볍게 읽고 지나가면 됩니다. 이 책을 계속 읽다 보면, 본인도 모르는 사이에 모두 다 알게 될 것입니다.

2 주석과 ♣참고하기_는 2회독부터 꼼꼼히 읽어 보세요.

이 책 곳곳에 주석과 참고하기가 있는데, 이 책을 처음 읽을 때는 이러한 것들은 가급적 무시하면서 빠르게 읽으시기 바랍니다. 흐름이 끊기면 본질을 놓치기 쉽습니다. 1회독을 최대한 빨리 끝내는 게 무엇보다 중요합니다. 싫든 좋든, 쉽든 어렵든, 이 책을 처음부터 끝까지 한 번이라도 다 읽는 것이 무엇보다 중요합니다. 1회독을 다 하시고 나면, 그때부터는 주석도 읽고 참고하기도 열심히 참고하시면서 꼭 3회독은 하시기 바랍니다.

3 이 책의 흐름대로 따라오세요.

각 장의 끝에는 여러분이 이 장에서 취해야 하는 핵심사항이 무엇인지를 한 번 더 강조하면서 정리를 할 것입니다. 이 책이 이끄는 대로 따라오시기 바랍니다.

회계학이 처음이신 분은 이 책이 많이 낯설고 단어와 내용들이 처음에는 헷갈릴 것입니다. 그래서 이 책 곳곳에 ♣참고하기_를 넣어 두었습니다. 지겨울 정도로 많이!

2회독부터는 이러한 참고하기를 꼭 참고하시면서 책을 읽으시기 바랍니다. 여러분이 정말로 잘 알고 있는 내용이 아니라면…

4 가끔씩 이렇게 정리해 보세요.

각 장의 제목, 본문의 타이틀, 마무리 정리부분, 이렇게만 이 책 처음부터 끝까지 빠른 속도로 읽으면서, 이 책의 기본 틀을 머릿속에 심으려고 노력해 보세요. 이때에는 가급적 끊김없이 끝까지 진행하기 바랍니다. 잠깐 화장실 가는 일은 어쩔 수 없겠지만 책 마지막 페이지까지 가급적 중단 없이 읽으시기 바랍니다. 일단 시작했다면…

5 이 책이 시시해지면 다음과 같이 해보세요.

이 책이 시시해지면 여러분은 아래 중에서 선택하시면 됩니다. 어떤 선택이든 모두 훌륭한 선택이 될 것입니다.

1. 회계학과 관련된 책은 어떤 것이든 이제 보지 마십시오.
2. 이 책에서 좀 미진한 부분이 있거나, 이 책에서 알게 된 양식들이 좀 더 궁금하신 분은, 필자의 블로그나 유튜브 동영상을 참고하세요. 물론 무료입니다.

6 계정과목의 명칭은 신경 쓰지 마세요.

회계학이 처음이신 분은 계정과목 명칭 때문에 힘드실 수 있습니다. 계정과목 명칭은 권고사항일 뿐 반드시 똑같이 따라야 하는 것은 아닙니다. 이 책에서 보게 되는 계정과목 명칭을 그대로 똑같이 외우려고 하실 필요가 없습니다. 여러분이 이 책을 읽는 과정에서 자연스럽게 알게 될 것이지만, 설혹 기억을 못해도 아무 상관없습니다.

7 영어 단어를 외우시기 바랍니다.

이 책 곳곳에서 영어 단어를 많이 사용하였습니다. 그렇게 한 이유는, 사회에서 이미 한글처럼 사용되고 있는 영어 단어들이 아주 많은데 이러한 단어들을 전혀 모르면 대화에 불편함이 상당히 크기 때문입니다. 옳고 그름을 떠나서, 최소한 이 정도의 기초적인 영어 단어는 여러분도 아시는 것이 좋을 것 같습니다. 여러분들이 적극적으로 사용하든 않든, 이 책에 나오는 영어 단어의 뜻 정도는 기억을 하시기를 제안합니다.

8 이 책 내용을 모두 다 알려고 하지 마세요.

T자분개 등 이 책에서 소개하는 회계학의 실무적인 내용들을 모두 다 완벽하게 아실 필요가 없습니다. 각자의 관심과 상황에 맞게 필요하신 것만 취하시면 됩니다. 잘 이해가 되지 않는 사소한 것 때문에 스트레스 받으실 필요는 전혀 없습니다. 그런 것들은 과감히 PASS하시면 됩니다.

Contents

Ⅰ. 기초 만들기

Ⅱ. 재무업무 실무지식 Level-Up

Ⅲ. CEO 관점에서 바라보기

Contents

부 록

I

기초 만들기

1. 재무회계
2. 자금조달

I

제1부

재무회계

1장. 스타트업이 반드시 알아야 하는 회계학 지식

만일 회계학이나 경영학을 전공하지 않으신 분이라면 현재 이 장에서 나오는 대부분의 단어와 내용이 낯설기만 할 것이다. 그러나 두려워 말라. 이 장에 나오는 내용들은 이해되는 부분만 이해하면서 가볍게 읽고 지나가면 된다.
우선 일반적인 회계학 책에 쓰여 있는 막연한 소리 말고, 사업을 막 시작한 스타트업의 입장에서, 회계학을 공부해야 하는 진짜 이유! 그것이 궁금할 것이다.

스타트업이 회계학을 공부해야 하는 진짜 이유
1. 회사의 실제 상황을 본인 스스로 정확히 파악할 수 있는 능력을 키우기 위해서
2. 회계업무를 잘 처리하기 위해서
3. 외부 이해관계인과 좋은 관계를 유지하기 위해서
4. 세무신고 관련 억울한 일을 당하지 않기 위해서

(1) 회사의 실제 상황을 본인 스스로 정확히 파악할 수 있는 능력

당신이 재무제표 등 회계상의 주요 자료를 제대로 이해하거나 해석할 수 없다면, 그 유일한 해결책은 회사의 경리부장 이야기에 100% 의존하거나, 외부의 회계사나 세무사의 말에 100% 의존할 수밖에 없는데, 과연 이들의 말을 전적으로 믿어도 될까? 결론만 말하면,

"절대로 그들의 말만 믿으면 안 된다!"

(2) 회계업무를 잘 처리

필자가 그동안 함께했던 많은 사장님들은 회계학에 대한 지식이 전무하여, 본인의 말을 100% 믿어 주셨고, 회계나 재무와 관련된 일에 대해서는 전권을 주셔서 덕분에 일하기가 참 편리했었다. 하지만 마음속 항상 궁금함으로 남아 있었던 것은, 만일 내가 어리석어서 잘못된 보고를 드린다면, 과연 사장님께 보고하는 과정에서 필터링(filtering)이 될까? 내가 나쁜 마음으로 부정한 행위를 한다면, 과연 사장님은 나의 부정을 발견할 수 있을까? 등등 이런 것이었다. 이에 대한 해결책은 능력 있고 양심적인 회계부장이 나와 인연이 되기를, 매주 교회나 절에 가서 열심히 기도하는 수밖에 없다면, 이게 옳은 상황일까?

(3) 외부 이해관계인과 좋은 관계를 유지

외부 이해관계인은 우리 회사에 대출을 해 준 은행 지점장이나, 우리 회사에 투자를 해 준 여러 투자자, 해당 세무서장 등이 될 수 있다. 그런데 만일 내가 회계학에 대하여 전무하다면, 난 그들과 직접(direct) 대화를 하는 데 한계가 있어서, 회계부장이라는 매개체를 통해야만 심도 있는 교신이 가능하게 된다.
그런데 만일 앞서 말한 대로 회계부장이 무능하거나, 마음이 검은 사람이라면, 회계부장이라는 쿠션/매개체(cushion)를 통한 교신이 얼마나 원활하고 정확할까?
한때 "디테일의 경제학"이라는 용어가 사회에서 몹시 유행했던 적이 있었다. 디테일(detail)은 모든 분야에 있어서 정말 중요한데, 회계학 역시 예외가 아니다.
여러분이 회계학에 대하여 전무하여, 도저히 대화가 안 된다는 평가를 받게 되는 순간, 여러분은 외부 이해관계인과의 직접적 교신이 제한적이게 되며, 이럴 경우 디테일(사소한 것, 세부적인 것)을 놓치기 쉽다.
물론 여러분이 모든 것을 다 알 필요도, 모든 것을 직접 다 할 필요도 없고, 그래서도 안 되는 것이다. 훌륭한 기업들을 보면 업무가 적절히 구분되어 있고, 권한도 합리적으로 부여되어 있다. 하지만 당신의 회사는 아직 영세하여, 적절한 업무와 권한을 부여할 우수한 직원이 없다면? 이런 경우는 똑똑한 다재다능한 사람이 필요하지 않을까?

(4) 세무신고 관련 억울한 일

믿었던 회계팀장 때문에 앞으로는 속상하는 일이 자주 일어날 수도 있다. 알아서 잘 처리하리라 믿었던 세무사 때문에 속상하고, 서로 얼굴 붉히는 일도 일어날 수 있다. 하지만 스타트업 관계자 모두가 회계학을 정통할 수는 없고, 사실 그렇게 하는 것이 옳은 일도 아니다.
만일 여러분이 아래와 같은 유형의 사람이라면,

> "나는 세금을 법에 따라 정확하게 신고 및 납부할 마음의 준비가 되어 있습니다. 단지 나는 세무신고와 관련해서 억울한 일을 당하기 싫을 뿐입니다."

이런 분들은 이 책을 읽어야 합니다.

스타트업이 반드시 알아야 하는 회계학 지식 및 수준

1. 재무제표의 종류 및 그 주요 내용
2. 재무제표를 보면서, 아래 사항을 스스로 확인/계산할 수 있을 것
   - 매출액/매출원가/매출이익/영업이익/경상이익/순이익
   - 각종 경영지표를 스스로 계산할 수 있는 능력
3. 매출원가와 제조원가의 기본 개념
4. 매출원가 변화요인에 대해 직원에게 분석을 지시 및 검토할 수 있는 능력
5. 세무조정의 기본개념 및 회사와 관련된 주요 법이 무엇인지 알고 있음
6. 회계부장의 유능함 여부에 대해서 스스로 평가할 수 있음
7. 회계학 관련, 내가 아는 것과 모르는 것을 구분할 수 있음
8. 회계학과 관련된 대화가 가능할 정도의, 회계학 관련 기본 단어를 알고 있음

과연 본인은 위의 사항에 대해서 얼마나 알고 있는지 스스로 평가해 보기 바란다. 회계학 또는 경영학을 전공하지 않으신 분이라면 대부분 자신이 없을 것이고, 그렇기 때문에 이 책을 공부해야 하는 것이다.
지금 이 글을 읽고 있음에 감사하기 바란다. 본인이 필요한 것을 드디어 제대로 인식할 기회를 얻었고, 그 해결책(solution)을 만났으니…

시작은 누구나 막연하고 초라한 법이다.

- 이공제이 -

2장. 재무제표: 의미와 종류

(1) 재무제표란?

재무제표(財務諸表): 회사의 재무상태를 알려주는 여러 가지 표.

지금 이 설명을 이 표현 그대로 외우려고 노력할 필요는 전혀 없다. 하지만 '재무제표' 이 단어는 자주 중얼거리면서 외우기 바란다. 사업하다 보면 자주 듣게 될 것이며, 향후 유능한 사장님으로 성장하면서, 본인 스스로가 많이 사용하게 될 것이다.

많은 사람들이 회사의 재무상태에 대해서 궁금한 이유는 굳이 부연설명을 하지 않아도, 어느 정도 추측이 될 것이다. 회사의 재무상태에 대해서 궁금해 하시는 분들에게, 가장 중요한 내용을, 가장 합리적이고 효율적인 표들을 만들어서 제시하고 있는데 이를 재무제표라고 하며, 일반적으로 아래 4개를 주로 사용한다.

① 재무상태표[1]
② 손익계산서
③ 현금흐름표
④ 제조원가명세서

■ 관련 법에 따라 요구하는 주요 재무제표가 조금 달라요

1. 상법: 재무상태표, 손익계산서, 이익잉여금처분계산서(결손금처리계산서: 적자일 경우)
2. 기업회계기준: 재무상태표, 손익계산서, 현금흐름표, 주기, 주석
   ☞ 위 푸른색으로 표시한 이익잉여금처분계산서, 주기, 주석은 회계감사를 받는 경우 작성하는데, 회계사가 작성하는 것으로, 이 책을 읽으시는 분 모두가 다 이런 단어를 굳이 외우려고 노력할 필요는 없다.

1 재무상태표: 수년 전에는 대차대조표라고 불렀으며, 지금도 이렇게 말하는 사람이 많다.

(2) 재무상태표(Balance Sheet)

누구나 이런 의문이 들 것이다. “지금 우리 회사의 빚이 얼마이지? 투자자에게 투자받은 금액은 총 얼마였더라? 그리고 그 돈이 지금 어디에 있지?” 이러한 질문은 다르게 표현하면 ‘회사의 부채, 자본, 자산이 얼마이지?’와 동일한 의미이다.

일상생활에서 이와 유사한 단어가 존재하지만, 여러분들은 앞으로 회계학에서 사용하는 이 단어에 익숙해지기 위해서 가급적 실생활에서도 이 단어를 사용하기 바란다.

이러한 재무상태표는 아래와 같이 생겼다. 세부적인 것은 아직 신경쓸 필요 없고, 노란색 3개 단어에 집중하며, 아래 이미지만 머릿속에 떠올릴 수 있으면 된다.

재 무 상 태 표

계정과목	금액	계정과목	금액
자산	**240,608,134,441**	**부채**	**159,270,162,053**
I. 유동자산	142,480,119,589	I. 유동부채	130,633,259,037
(1) 당좌자산	137,718,282,505	매입채무	49,265,804,649
현금및 현금성자산	3,582,884,656	단기차입금	47,170,000,000
매출채권	119,374,175,993	미지급금	15,636,105,172
대손충당금	-986,798,863	선수금	1,379,823,782
미수금	951,473,409	예수금	172,076,083
미수수익	43,282,582	미지급비용	778,457,639
선급금	2,257,356,312	유동성장기부채	8,042,899,000
선급비용	222,231,047	기타	8,188,092,712
기타	12,273,677,369	II. 비유동부채	28,636,903,016
(2) 재고자산	4,761,837,084	장기차입금	25,150,101,000
원재료	1,500,000,000	퇴직급여충당금	2,031,562,858
재공품	761,837,084	판매보증충당금	1,000,000,000
제품	2,500,000,000	이연법인세부채	455,239,158
II. 비유동자산	98,128,014,852		
(1) 투자자산	6,500,560,568		
장기금융상품	8,500,000	**자본**	**81,337,972,388**
기타	6,492,060,568	자본금	27,369,945,000
(2) 유형자산	91,627,454,284	자본잉여금	11,982,675,397
토지	30,627,454,284	이익잉여금	37,348,749,478
건물	60,000,000,000	기타	4,636,602,513
비품	1,000,000,000		
자산총계	**240,608,134,441**	**부채 및 자본총계**	**240,608,134,441**

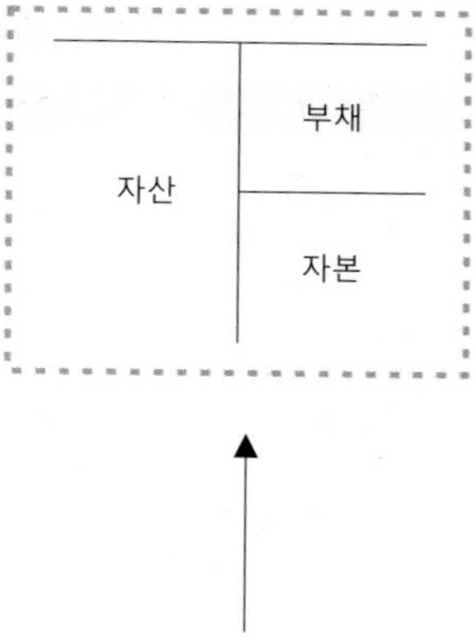

위와 같이 자산, 부채, 자본,
이 3가지 단어만 기억하면서,
재무상태표의 이미지를
머릿속에 기억하자.
좌측 세부적인 사항들은
이 책 뒷부분에서 배우게 될 것이다

위와 같이 자산, 부채, 자본 이 3가지만 기억하며, 자산은 왼쪽에, 부채와 자본은 오른쪽에 위치하는 재무상태표의 이미지를 머릿속에 기억하자. 좌측 세부적인 사항들은 이 책 뒷부분에서 배우게 된다.

(3) 손익계산서

여러분은 이런 의문도 들 것이다. "올 한 해 동안, 제품 총 판매액이 얼마이지? 최종 이익은 얼마나 발생했지? 법인세까지 내고 나면 최종 이익은 얼마이지? 다른 경쟁사 대비 우리 회사 손익구조는 어떤 편인가, 더 좋은가?"

이런 질문에 대하여 설명을 해주는 재무제표가 손익계산서인데, 손익계산서라는 재무제표는, 매출액에서 그에 대한 원가(매출원가)와 그 외 이런저런 비용을 차감해서, 이익이 얼마나 발생했는지를 보기 좋게 설명해 준다. 이익도, 내용별로 구분해서 세부적으로 표시해 준다.

손 익 계 산 서

2000년 1월 1일부터 2000년 12월 31일까지

계정과목	금액	
매출액		**80,928,620,888**
매출원가		**69,900,876,065**
기초제품재고액	276,586,504	
당기제품제조원가	71,978,541,566	
기말제품재고액	2,354,252,005	
매출이익		**11,027,744,823**
판매관리비		**6,634,926,941**
급여	617,075,573	
퇴직급여	69,499,623	
감가상각비	100,539,195	
경상개발비	1,967,806,901	
기타	3,880,005,649	
영업이익		**4,392,817,882**
영업외수익		1,510,201,403
수입이자	177,370,610	
기타	1,332,830,793	
영업외비용		2,418,125,572
지급이자	719,084,558	
기타	1,699,041,014	
경상이익		**3,484,893,713**
법인세 비용		
당기순이익		**3,484,893,713**

매출액
(-) **매출원가**
매출이익
(-) **판매관리비**
영업이익
(-) **은행이자 등**
경상이익
(-) **법인세 비용**
순이익

왼쪽 손익계산서의 세부적인 계정과목은 지금은 무시해도 되고 일단은 위와 같이 손익계산서의 기본구조만 이해하자.

(4) 현금흐름표

예전에 대우그룹 등 대기업이 무너지는 것을 보면서 더욱 중요성을 인식하게 된 재무제표로서, 현재 회사에 돈이 잘 돌고 있는지, 회사의 돈 흐름에 영향을 미치는 요인들이 구체적으로 무엇인지를 알려 주는 재무제표가 현금흐름표이다 이런 설명은 대충 읽고 지나가고, 이 재무제표 역시 아래의 이미지만 기억하면 된다.

✎ 참고하기_ p.142 현금흐름표란?

현 금 흐 름 표

(단위: 백만 원)

구 분	제47기	제46기
I. 영업활동으로 인한 현금 흐름	40,061,761	36,975,389
가. 영업에서 창출한 현금흐름	43,989,083	41,880,987
당기순이익	19,060,144	23,394,358
영업활동으로 인한 자산과 부채의 변동	24,928,939	18,486,629
나. 이자의 수취	2,151,741	1,555,373
다. 이자의 지급	-748,256	-463,740
라. 배당금 수입	266,369	1,495,658
마. --	-5,597,176	-7,492,889
II. 투자활동으로 인한 현금 흐름	-27,167,787	-32,806,408
가. 단기금융상품의 순증가	-5,762,783	-1,110,842
나. 장기금융상품의 처분	3,999,710	94,089
다. 유형자산의 처분	357,154	385,610
라. 유형자산의 취득	-25,880,222	-22,942,043
마. --	118,354	-9,233,222
III. 재무활동으로 인한 현금 흐름	-7,097,996	-3,612,995
가. 단기차입금의 증가	3,202,416	1,833,419
나. 자기주식의 취득	-5,015,112	-1,125,322
다. 사채 및 장기차입금의 차입	192,474	1,740,573
라. 사채 및 장기차입금의 상환	-1,801,465	-3,299,595
마. 배당금 지급	-3,129,544	-2,233,905
바. --	-546,765	-528,165
IV. 현금의 증가 (=I+II+III)	5,795,978	555,986
V. 기초 현금	16,840,766	16,284,780
VI. 기말 현금 (=IV+V)	22,636,744	16,840,766

Ⅰ. 영업활동 현금흐름
Ⅱ. 투자활동 현금흐름
Ⅲ. 재무활동 현금흐름
Ⅳ. 현금의 증가 (Ⅰ+Ⅱ+Ⅲ)
Ⅴ. 기초 현금
Ⅵ. 기말 현금 (Ⅳ+Ⅴ)

왼쪽 현금흐름표의 세부적인 내용은 지금은 무시해도 되고 위와 같이 현금흐름표의 기본구조만 이해하자. 처음에는 큰 줄기만 파악하고 서서히 세부적인 것들에 익숙해지도록 하자.

(5) 제조원가명세서

회사가 가장 관심을 많이 가지는 내용은, 이 회사가 얼마나 이익을 남겼느냐(순이익)와 돈을 많이 벌기 위해서 원가를 Down(절감)시켜야 하겠는데 현재 원가가 얼마이지? 이 2가지라고 할 수 있다.

회사가 제품을 만들면 제품 생산에 투입된 원가라는 것이 발생하는데, 이 세부 내용을 보여 주는 재무제표가 제조원가명세서이다. 이 제조원가에 $\pm\alpha$(알파)를 하면 매출원가가 된다.

이 제조원가명세서에서 기본적으로 알아야 할 것은 "재료비, 노무비, 제조경비를 합하면, 당기 총제조비용이 되며, 이러한 당기 총제조비용에 기초 재공품을 더하고, 기말 재공품을 빼면, 당기 제품제조원가가 된다"이다(상세한 설명은 이 책 뒤에 나온다).

제조원가명세서 역시 일단은 아래 이미지만 머릿속에 넣어 두면 된다.

제조원가명세서

제 2기 : 2017년 1월 1일부터 2017년 12월 31일까지

주식회사 후암 (단위: 원)

계정과목	금액	
재료비		198,900,000,000
(1)기초재고	900,000,000	
(2)당기재료매입액	200,000,000,000	
(3)기말재고	2,000,000,000	
노무비		1,100,000,000
(1)급여	500,000,000	
(2)상여금	500,000,000	
(3)퇴직급여충당금전입액	100,000,000	
제조경비		10,660,000,000
(1)복리후생비	50,000,000	
(2)임차료	10,000,000	
(3)접대비	10,000,000	
(4)감가상각비	500,000,000	
(5)세금과공과	10,000,000	
(6)외주가공비	10,000,000,000	
(7)여비교통비	50,000,000	
(8)통신비	10,000,000	
(9)운반비	10,000,000	
(10)차량유지비	10,000,000	
당기 총제조비용		210,660,000,000
기초 재공품 재고액		1,000,000,000
기말 재공품 재고액		4,000,000,000
당기 제품제조원가		207,660,000,000

Ⅰ. 재료비
Ⅱ. 노무비
Ⅲ. 제조경비
Ⅳ. 당기 총제조비용(Ⅰ+Ⅱ+Ⅲ)
Ⅴ. 기초 재공품
Ⅵ. 기말 재공품
Ⅶ. 당기 제품제조원가(Ⅳ+Ⅴ-Ⅵ)

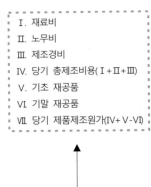

왼쪽 제조원가명세서의 세부적인 내용은 지금은 무시해도 되고 위와 같이 제조원가명세서의 기본구조만 이해하자.

(6) 재무제표에 빨리 익숙해지는 방법

앞에서 배운 4개의 재무제표를 출력해서 책상 앞에 붙여 두고 가끔씩 보자. 처음에는 대충 큰 개념 위주로 보다가, 점점 세부적인 단어도 읽어 보면 된다. 필자가 제안하고 싶은 방법은 여러분의 벤치마킹[2] 대상업체 또는 싫어하는 회사의 재무제표를 책상 앞에 붙여 두고 틈틈이 살펴보는 것이다.

이렇게 하면 재무제표에 대한 학습효과뿐 아니라, 부수적인 효과도 크다. 사업에 성공하고 싶은 열의가 더욱 강하게 불끈불끈 샘솟을 것이다.

1~2장 정리

1장에서, 스타트업도 회계학을 공부해야 하는 진짜 이유와 스타트업이 반드시 알아야 하는 회계학 지식에 대해서 알아보았다. 당연히 지금 외울 필요는 없다.

2장에서는 중요한 4개의 재무제표에 대한 정말 기초적인 내용을 알아보았으며, 관련 이미지도 볼 수 있었다. 당분간은 책상 앞이나 그 외 우연히 자주 볼 수 있는 장소에 이 재무제표를 붙여 두고, 본 재무제표 이미지를 머릿속에 저장하려고 노력하자.

우리가 앞서 배운 것을 정리해 보면, 대차대조표는 자산, 부채, 자본으로 구성되어 있으며, 손익계산서는 매출액에서 매출원가를 차감하면 매출이익이 되고, 거기서 판매관리비를 차감하면 영업이익이 되고, 거기서 은행이자 등을 차감하면 경상이익이 되고, 거기서 법인세비용을 차감하면 순이익이 된다. 이런 식으로 말할 수 있고, 어렴풋하게 해당 재무제표의 이미지가 머릿속에 떠오르면 된다.

현금흐름표는 영업활동으로 인한 현금흐름과, 투자활동으로 인한 현금흐름, 재무활동으로 인한 현금흐름, 이렇게 3개의 현금흐름으로 구분해 놓은 표이며, 제조원가명세서에서 내용은 당기 총제조비용은 재료비, 노무비, 제조경비, 이 3가지의 합계인데, 원래 있던 기초 재공품에 몇 가지를 ±하면 최종 제조원가가 계산된다. 이 정도로 말할 수 있으면 되는데, 이러한 재무제표 이미지가 머릿속에 흐릿흐릿 자리잡을 때까지 틈틈이 보도록 하자.

---

2 벤치마킹: 기업에서 경쟁력을 제고하기 위한 방법의 일환으로 타사에서 배워 오는 혁신 기법이 벤치마킹이다. 모방은 창의력의 뿌리다. 스타트업은 다방면에 걸쳐서 선진기업들을 많이 참고하고 배우는 것이 정말 중요하다.

3장. 재무제표: 이해관계인

(1) 이해관계인

☞ 회사와 이해(利害)관계가 있는 사람
다르게 말하면, 회사와 그 사람 사이에 권리, 의무 및 기타 용무가 있는 사람

(2) 재무제표의 이해관계인

회사와 이해관계가 있는 사람은 아주 많고 다양할 것이지만, 이 책의 성격상 회사의 재무제표에 관심을 가지게 되는 이해관계인들만 언급하면 아래와 같다.

1. 내부 이해관계인: 사장, 임직원
2. 외부 이해관계인: 은행 등 채권단, 주주, 세무당국, 신용평가기관 등

(3) 이해관계인별 주된 관심사

구분		내용	비고
내부 이해관계인	사장 및 경영진	• 기업의 약점과 강점 분석 – 매출액 및 수익성 – 재무상태의 건전성 • 생산설비 및 신규사업 투자의 결정 • 주주에 대한 배당률 결정	
	직원	성과배분, 생산성	
외부 이해관계인	은행 등 채권단	• 차입 원리금 상환능력 – 추가여신 제공여부 의사결정 – 채권회수 및 만기연장 의사결정	여신담당자 등
	투자자(주주)	• 영업실적 및 재무상황 • 투자수익과 위험성 • 유무상 증자 및 배당률	
	세무당국	과세자료	
	투자분석가	주요 경영지표	증권사, 투신사 등
	거래처	재무상태의 건전성	
	감독기관	적법성	금융감독원 등

(4) 재무제표의 작성 목적

앞에서 살펴본 바와 같이 이해관계인에 따라 그들의 주된 관심사는 조금 다르지만 재무제표는 다양한 이해관계인들의 관심과 필요를 최대한 충족시켜 줄 수 있는 방향으로 만들어져야 한다. 이러한 관점에서 우리들이 재무제표를 작성하는 목적은 아래와 같이 요약할 수 있다.

<재무제표의 작성 목적>
1. 재무상태, 경영성과, 현금흐름 및 자본변동에 관한 정보의 제공
2. 미래 현금흐름[3] 예측에 유용한 정보의 제공
3. 투자 및 신용의사결정에 유용한 정보의 제공
4. 경영자의 수탁책임 평가에 유용한 정보의 제공

이러한 목적으로 만들어진 재무제표는 경영자에게는 경영활동을 위한 의사결정 자료가 되는 것이고, 금융기관 등을 통한 자금조달 시에는 은행 등 금융기관에게 기업의 상환능력의 정도를 가늠하는 수단이 되는 것이다. 또한 기존 투자자들에게는 그들에게 필요한 투자가치 판단을 위한 정보를 제공하는데, 이는 향후 성과에 대한 배분이나 현재의 기업 상태와 향후의 발전 가능성 등을 판단하는 것과 관련이 된다. 세무당국 등 정부기관에게는 세금징수 및 기업정책 방향이나 세원자료와 과세형평 등을 검토하기 위한 유용한 정보가 된다.
이 장의 위에 있는 내용들은 회계학 수업 듣고 기말고사 준비할 때나 참고해야 할 내용들이고, 여러분들은 지금 한 번 읽은 것으로 족하다.

3 현금흐름: 현금흐름이란 말 그대로 기업경영에 따른 현금의 움직임이다. 들어오는 자금을 현금유입, 나가는 돈은 현금유출이라 하며 일정 기간 동안 현금유입과 현금유출의 차이인 순현금흐름을 일반적으로 현금흐름이라고 한다. 기업의 현금흐름이 좋지 않으면 이익이 난다고 하더라도 부도가 날 확률이 높아지므로 현금흐름은 기업의 가치를 평가하는 데 사용하기도 한다. 현금의 유입을 Cash－Inflow, 현금의 유출을 Cash－Outflow라 하는데, 주로 이를 줄여서 Cash In, Cash Out과 같이 표시한다. ✎ 참고하기_ p.142 현금흐름표란?

4장. 계정과목: 어렵지 않아요

(1) 계정과목이란?

계정과목은 회계학에서 같은 종류나 동일 명칭의 자산, 부채, 자본, 수익, 비용에 대하여 그 증감을 계산 및 기록하기 위하여 설정한 각 계정의 명칭을 말한다.

사전적인 의미는 위와 같다. 이런 사전적 의미 따위는 외울 필요 없다. 평생에 딱 한 번! 지금 읽어 본 것으로 충분하다. 우리가 지난 장에서 보았던 재무제표를 다시 살펴보자.

재 무 상 태 표

계정과목	금액	계정과목	금액
자산	**240,608,134,441**	**부채**	**159,270,162,053**
I. 유동자산	142,480,119,589	I. 유동부채	130,633,259,037
(1) 당좌자산	137,718,282,505	매입채무	49,265,804,649
현금및 현금성자산	3,582,884,656	단기차입금	47,170,000,000
매출채권	119,374,175,993	미지급금	15,636,105,172
대손충당금	-986,798,863	선수금	1,379,823,782
미수금	951,473,409	예수금	172,076,083
미수수익	43,282,582	미지급비용	778,457,639
선급금	2,257,356,312	유동성장기부채	8,042,899,000
선급비용	222,231,047	기타	8,188,092,712
기타	12,273,677,369	II. 비유동부채	28,636,903,016
(2) 재고자산	4,761,837,084	장기차입금	25,150,101,000
원재료	1,500,000,000	퇴직급여충당금	2,031,562,858
재공품	761,837,084	판매보증충당금	1,000,000,000
제품	2,500,000,000	이연법인세부채	455,239,158
II. 비유동자산	98,128,014,852		
(1) 투자자산	6,500,560,568		
장기금융상품	8,500,000	**자본**	81,337,972,388
기타	6,492,060,568	자본금	27,369,945,000
(2) 유형자산	91,627,454,284	자본잉여금	11,982,675,397
토지	30,627,454,284	이익잉여금	37,348,749,478
건물	60,000,000,000	기타	4,636,602,513
비품	1,000,000,000		
자산총계	**240,608,134,441**	**부채 및 자본총계**	**240,608,134,441**

계정과목은 바로 이것이다!

왼쪽에 푸른색으로 표시되어 있는 각각의 단어들이 바로 계정과목이란 것이다. 지금 이 단어들을 외울 필요는 없다. 이 책을 읽으면서 자연스럽게 익숙해지고, 기억이 될 것이다

큰 회사일수록 거래가 다양하고 복잡할수록 회사에서 사용하는 계정과목은 많아지게 되는데 사장님은 회계실무자가 아니므로 이런 계정과목을 자세히 알 필요가 전혀 없다. 중요한 것 위주로 약간만 알면 된다. 이 책에서 이끄는 대로 편한 맘으로 따라오면 된다.

위에서 파란색으로 표시된 것이 계정과목이다. 이것의 개념을 각종 텍스트(Text)로 이해하려고 노력할 필요는 없다. 위에서 보는 것처럼 재무제표에서 사용되는 단어들, 이것을 계정과목이라고 한다는 정도로만 알고 있으면 된다.

(2) 계정과목 많이 알아야 하나?

삼성전자와 같은 대기업은 물론이고 중견기업만 되어도, 각 재무제표에 사용되는 계정과목은 아주 많다. 회사가 커질수록 거래가 다양해지기 때문에, 그러한 거래들을 세분화해서 표시할 필요가 생기기 때문이다. 그러나 스타트업이 이렇게 많은 계정과목을 알 필요는 없고, 20개만 알아도 사업하는 데 큰 지장은 없다.

✎ 참고하기_ p.31 계정과목 20개만 알면 사업하는 데 큰 문제없다.

(3) 주요 계정과목 20개

1. 현금과 예금
   현금은 우리가 알고 있는 현금, 바로 그것이라고 생각하면 되고, 예금 역시 우리가 알고 있는 예금을 말하는데, 일반인들에게는 낯선 예금상품 등도 포함된다.
2. 외상매출금: 제품이나 상품을 외상으로 판매했을 때 그 판매 금액.
3. 미수금: 자산을 매각하고 아직 받지 못한 회사의 본질적인 사업활동과 관계없는 금액이다. 제품이나 상품을 판매한 금액이 아니다. 제품이나 상품을 판매하는 행위는 사업활동의 본질적인 행위이기 때문이다.
   (예시) 자동차를 판매한 경우
   ① 현대자동차가 외상으로 판매했으면, 외상매출금
   ② 삼성전자가 외상으로 판매했으면, 미수금
4. 원재료: 제품을 생산하기 위해 구입한 재화
5. 재공품: 원재료를 생산에 투입하여 현재 제조 중인 상태인 것
6. 제품: 공장 등에서 생산/제조 과정을 끝낸 완성품
7. 상품: 판매를 목적으로 구입한 재화
8. 기타 자산: 그 밖의 자산
9. 차입금: 빌린 돈
10. 외상매입금: 회사의 본질적인 사업활동과 관련하여 외상으로 구입한 재화 또는 용역
11. 미지급금: 회사의 본질적인 사업활동과 관계없이 외상으로 구입한 재화 또는 용역
12. 기타 채무: 그 밖의 부채
13. 자본금: 사업을 위해 회사에 투자한 돈
14. 이익잉여금: 회사의 사업활동으로 발생한 이익의 누적 금액
15. 기타 자본: 자본 중에서 자본금과 이익잉여금을 제외한 기타 자본

16. 매출액: 제품이나 상품을 판매한 금액
17. 매출원가: 상품 또는 제품의 매출액에 대응되는 원가
    - 상품 매출원가: 상품을 매입한 금액
    - 제품 매출원가: 제품 제조에 투입된(재료비+노무비+제조경비)
18. 이익: 우리가 알고 있는 이익의 의미와 유사하며, 회계학에서는 여러 가지 이익[4]이 존재한다
19. 급여: 우리가 알고 있는 의미와 동일함.
    그런데 회계학에서는 급여를 아래와 같이 구분해서 회계처리한다.
    - 사무직 인력: 급여(판매관리비)
    - 생산직 인력: 노무비(제조경비)
    - 개발직 인력: 급여(개발비)

    ✎ 참고하기_ p.230 판매관리비&노무비&제조경비
20. 기타비용: 그 외 비용

위 20개 계정과목을 비슷한 것끼리 분류해서 다시 정리하면 아래와 같다.

〈자산〉

자산은 과거의 거래나 사건의 결과로서 현재 기업실체에 의해 지배되고, 미래의 경제적 효익을 창출할 것으로 기대되는 자원을 의미한다.
보다 쉽게 표현하면, 현재 본인의 소유이거나 미래에 본인의 소유일 것으로 합리적으로 판단되는 것이다(현재 소유+미래 본인의 소유 잠정 확정).

자 산	
현금과 예금	우리가 알고 있는 의미의 현금과 예금 + 생소한 일부 금융상품
외상판매로 받을 돈	본질적인 사업활동과 관련 있다. ▶ 외상매출금 본질적인 사업활동과 관련 없다. ▶ 미수금
재고자산	생산에 투입되지 않은 상태 ▶ 원재료 생산에 투입되어 현재 제조 중인 상태 ▶ 재공품 제조과정을 끝낸 완성품 상태 ▶ 제품 생산과는 관계없고, 판매를 위해 완제품을 구입한 것 ▶ 상품
기타 자산	위에 포함되지 않는 기타 자산

4 여러 가지 이익: 매출이익, 영업이익, 경상이익, 순이익을 말한다.
✎ 참고하기_ p.8 손익계산서

〈부채〉

부채는 과거의 거래나 사건의 결과로서 현재 기업이 부담하고 있거나 미래에 부담해야 하는 것을 의미한다.

부 채	
차입금	빌린 돈
외상구입으로 줄 돈	본질적인 사업활동과 관련 있다. ▶ 외상매입금 본질적인 사업활동과 관련 없다. ▶ 미지급금
기타 부채	위에 포함되지 않은 기타 부채

〈자본〉

자 본	
자본금	회사에 직접 투입한 돈
이익잉여금	회사의 사업활동으로 발생한 이익의 누적 금액
기타 자본	위에 포함되지 않은 기타 자본

〈손익계산서 과목〉

손익계산서 계정과목	
매출액	상품 또는 제품을 판매한 금액
매출원가	매출에 대응되는 원가(= 상품 매출원가 + 제품 매출원가)
이익	우리가 알고 있는 이익의 개념과 거의 동일
급여	우리가 알고 있는 의미
기타 비용	급여가 아닌 모든 경비

위 20개 계정과목만으로 사업초기에 발생하는 거래는 대부분 회계처리 가능하며, 우리는 실제로 6~8장에서 이러한 20개 계정과목만으로 재무제표를 만들 수 있다는 것을 확인하게 될 것이다. 이것이 가능한 이유는 위 20개 계정과목이 회사의 사업과 관계된 본질적인 계정과목이기 때문이다.

위 계정과목에 대한 설명은 약간의 과장과 왜곡이 있는 설명이다. 하지만 본 교재의 취지를 생각하면, 가장 정확하고 적절한 설명이다. 각 계정과목의 의미는 위에 쓰여진 대로 머릿속에 넣으면 된다.

사업하다가 계정과목에 대한 다른 설명을 보게 되거나, 위에 있는 계정과목과 유사한 계정과목을 발견하게 되면서, 당분간은 조금 헷갈릴 수도 있다. 그럴 때면, 이 책을 다시 보기 바란다.

여러분은 이 책을 읽는 내내, 이 책을 읽는 목적을 망각하지 않기를 바라며, 그런 맥락에서 여러분이 알아야만 하는 기본적인 사항에 집중하려고 노력하기 바란다. 회계학과 관련된 지나치게 복잡하고 어려운 것은 스타트업인 여러분이 스스로 알려고 하기보다는 주변 동료나 외부 전문가의 도움을 받는 편이 훨씬 경제적이고 현명한 방법이라 생각한다.

3~4장 정리

3~4장에서는 그리 재미도 없고 크게 중요하지도 않은 개념들을 공부했다. 지금은 이런 것이 있구나 정도로만 일단 생각하면 된다.

3장에서는 재무제표와 관계된 이해관계인들이 누구인지, 그리고 그들의 주된 관심사가 무엇인지에 대해서 알아보았다. 이 책을 굳이 읽지 않더라도 충분히 예상할 수 있는 내용들이다. 하지만 중요한, 그래서 여러분이 간과하지 않기를 바라는 내용이 하나 있다.

여러분의 회사가 현재 만들고 있는 재무제표는 세무서에서 요청하기 때문에, 또는 거래은행에서 달라고 하니까 만드는 것으로 간단히 치부해서는 안 된다는 점이다. 여러분이 앞으로 사업을 진행하면서 여러분 회사에는 더욱 다양하고 많은 이해관계인들이 생길 수도 있으며, 여러분의 사업이 번성하면 번성할수록 여러분이 현재 무심코 만들고 있는 재무제표도 훗날 이해관계인에 따라서 아주 많은 관심과 의미를 부여할 수도 있기 때문에, 지금은 설혹 사소하게 느껴지는 이 순간의 활동도 진지하게 임해야 한다. 지금의 재무제표 작성활동을 결코 소홀하게 대응하지 말라.

4장에서는 재무제표에서 사용되는 주요 계정과목 20개에 대한 기본개념을 알아보았다. 여러분은 여러분의 의사와 관계없이 앞으로 이런저런 계정과목들을 많이 접하게 될 것이다. 귀찮더라도 틈틈이 계정과목에 대해서 조금씩 관심을 가지도록 하고, 일단은 지금 소개한 20개 계정과목을 기반으로 재무제표를 이해하도록 하자. 뭐든지 잘 모르면 일단은 기타~ 이렇게 생각하면 된다. 기타자산, 기타부채, 기타자본… 이런 식으로. 상세한 내용은 뒤에서 배우게 된다. Don't worry! 걱정하지 마라!

5장. T자분개&차변&대변

(1) T자분개

회사 다니면서 1억 원을 모아서, 그 돈으로 회사를 설립한 다음, 현금 100만 원을 지출해서 컴퓨터를 구매했다고 하자. 이 경우의 거래는 아래와 같이 표시할 수 있을 것이다.

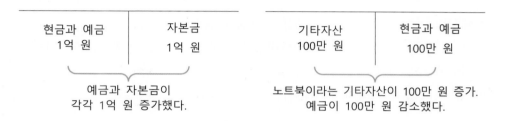

현금과 예금 1억 원	자본금 1억 원

예금과 자본금이
각각 1억 원 증가했다.

기타자산 100만 원	현금과 예금 100만 원

노트북이라는 기타자산이 100만 원 증가.
예금이 100만 원 감소했다.

회계상 거래를, 적절한 계정과목과 금액을 사용해서 보기 좋게 정리하는 것을 분개라고 하고, 위와 같이 T자 형태로 기록하는 것을 T자분개라고 한다.
이러한 설명은 중요하지 않고, 위와 같이 생긴 것이 T자분개라고, 상기 이미지를 직관적으로 기억하면 된다.
다시 위로 돌아가자. 위의 거래를 달리 표현하면, "회사 설립 자본금으로 회사에 1억 원을 투자하였더니, 그 결과로 회사통장에 1억 원이 생겼다" "현금 백만 원이 지출되었고, 그 결과로 컴퓨터라는 기타자산 100만 원이 생겼다"라고 할 수 있을 것이다.
회계적으로는 위와 같이 거래를 발생과 그 결과, 즉 2가지로 표시하고 있으며 (복식회계[5]) 위에서 보듯 발생과 결과의 금액은 항상 동일하다.

5 복식회계: 일정한 원리원칙에 의해 자산, 부채, 자본의 증감 변동 사항을 조직적으로 기록 · 계산하는 방법으로 대부분의 업체는 복식회계를 사용하고, 비영리업은 주로 단식회계를 사용한다.

(2) 차변과 대변

우리는 위에서 배운 T자처럼 생긴 이미지, 그것을 T자분개라고 하며, 거래가 발생하면 T자 모양으로 정리하면 된다는 것을 알게 되었다. 이때 왼쪽을 차변, 오른쪽을 대변이라고 한다.

차변과 대변이라는 단어는 절대 어렵지 않다!

차변과 대변이란 용어를 차입과 대출로 연계시켜 생각하는 경향이 있는데 전혀 그렇지 않다. 단순히 차변은 왼쪽, 대변은 오른쪽이란 의미로만 생각하면 된다. 회계상의 거래가 발생하면 그 내용을 발생과 결과로 분석한 다음 그 거래에 적합한 계정과목을 선택해서 T자 형태로 기재하면 되는데, 이제 차변과 대변이 무엇인지도 알게 되었으니 남은 일은 해당되는 계정과목과 금액을 차변과 대변 중 어느 곳에 기재해야 하는지만 알면 되겠다.

■ 재무제표 속에 힌트가 있어요

회계학에서는 계정과목을 자산, 부채, 자본, 수익, 비용, 이렇게 5가지로 구분한다. 이 5개 단어는 '2장, 재무제표: 의미와 종류'에서 이미 보았을 것이다. 기억이 가물가물해도 관계없다. 이 책을 읽다 보면 자연스럽게 알게 될 것이다. 아무튼 계정과목을 상기 5가지로 구분해서 거래의 유형에 따라, 차변과 대변 중에 선택하면 되는데, 우리가 2장에서 배운 재무상태표는 아래와 같이 생겼다.

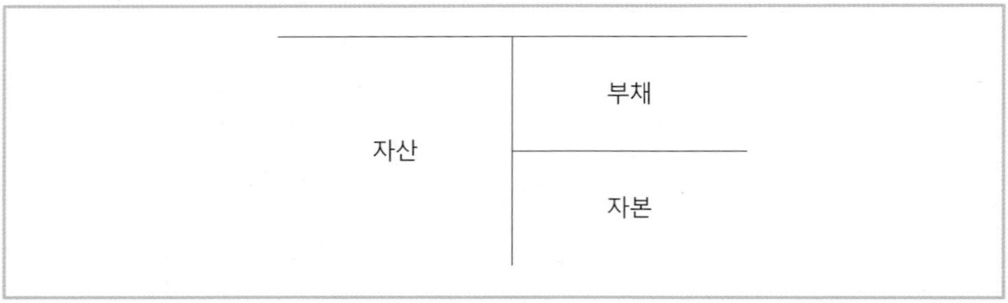

자산은 왼쪽, 부채와 자본은 오른쪽. 분명히 이렇게 되어 있다. 이제 느낌이 오는가? T자분개는 위의 재무상태표와 같이 하면 된다. 계정과목이 자산이면 차변에, 부채와 자본이면 대변에 기입하면 된다.

이제 우리가 하나 더 알아야 할 것은, 자산, 부채, 자본 어느 것이든 증가할 경우에는 방금 알게 된 것처럼, 재무상태표의 모습대로 차변과 대변을 구분하면 된다. 그런데 만일 감소할 경우에는 어떻게 해야 할까?
그때는 차변과 대변을 반대로 하면 된다. 아래를 보라. 우리는 초등학교 산수 시간에 이런 것을 배운 적이 있다.

$$X + 3 = 5$$
$$X = 5 - 3$$

등호(=)를 넘어가면 부호가 바뀌더라! 이제 느낌이 오는가? 자산, 부채, 자본 어느 것이든 감소의 경우에는 차변과 대변을 바꾸면 된다.
이제 남은 것은 수익과 비용이다. 우리는 한 번 더 우리의 잠재된 연상력을 빌려 보자.

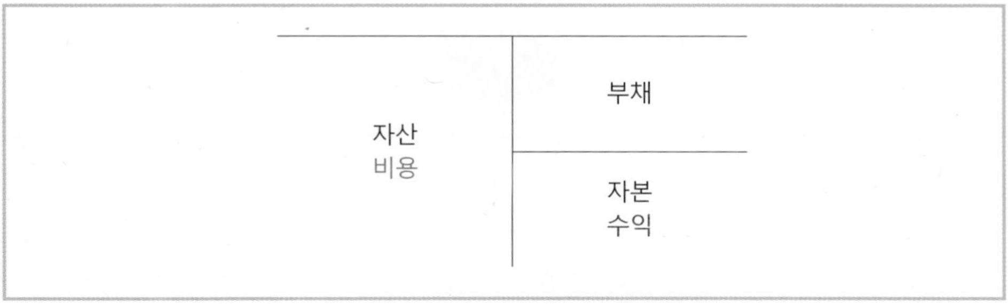

우리가 이미 머릿속에 저장해 둔 재무상태표의 이미지에 위와 같이 비용과 수익을 추가해 보자. 나중에 헷갈리면 이렇게 생각하면 된다. 수익이 발생하면 자본(내가 투자한 돈)을 증가시키므로 자본과 같이 대변에, 비용이 발생하면 자본을 감소시키므로 자본 반대쪽 차변에 기입한다.
비용이 차변에 있는 이유는 다음과 같이 생각할 수도 있다. 우리는 돈을 쓸 때마다 의사결정을 하게 된다. 이 돈을 예금통장(자산)에 넣을까? 아니면 택시 타

고 편하게 집에 가기 위해서 택시비(비용)로 쓸까? 느낌이 오지 않는가? 자산과 비용은 회계적으로 비슷한 모습을 지녔다! 그냥 이렇게 믿어라. 그래서 같이 차변에 있다고.

한 가지만 더! T자분개의 차변과 대변 금액은 항상 일치하므로 T자분개의 계정과목들을 재무상태표에 그대로 옮겨 적은 재무상태표 역시 차변과 대변 금액이 반드시 일치해야 함을 기억하자! 만약 재무상태표의 차변과 대변 금액이 일치하지 않으면 T자분개를 잘못했거나 재무상태표에 옮겨 적는 과정에서 오류가 있었는지 확인하여 바로잡아야 한다.

이제 T자분개에 대한 공부는 끝났다! 끝으로 이 장의 처음에 나왔던 T자분개가 어떻게 재무제표에 반영되는지 확인해 보자.

(회사 설립자본금으로 1억 원을 입금)

현금과 예금 1억 원	자본금 1억 원

예금과 자본금이
각각 1억 원 증가했다.

(노트북을 구입하면서 예금에서
100만 원 인출)

기타자산 100만 원	현금과 예금 100만 원

노트북이라는 기타자산이 100만 원 증가.
예금이 100만 원 감소했다.

자산 (현금과 예금) 99,000,000원 (기타자산) 1,000,000원	부채 자본 (자본금) 100,000,000원

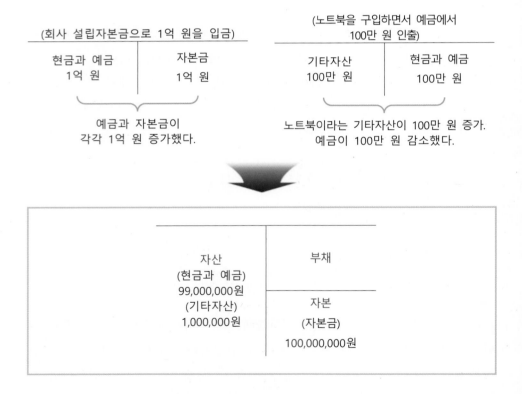

손익계산서와 관계된 거래가 아니므로 손익계산서에는 아무런 영향도 주지 않는다. ✎ 참고하기_ p.23 재무제표 만들기, p.26 재무제표 만들기: 매출이 발생하면

T자분개는 '발생한 거래를 가장 효율적으로 표시하는 회계학 관점에서의 표시 방식'이다. T자분개 그 자체는 중요한 것이 아니다. 이 책의 취지와 여러분의 필요(Needs)에 집중하면서 여러분에게 필요한 것만 취하면 된다.
만일 이 장에서 언급한 내용이 어렵거나 부담스럽다면 T자분개 자체에 큰 의미는 부여하지 말기 바란다. 반복해서 읽으면 자연스럽게 친숙해질 것이다.

6장. 재무제표 만들기: 창업 후 1개월

드디어 재무제표 만들기 순서가 왔다. 필자는 여러분 모두가 이 재무제표를 만들 수 있어야 한다고 생각하지 않는다. 그럼에도 불구하고 이 장에서 굳이 '재무제표 만들기'라는 내용을 다루는 이유는, 여러분들의 재무제표 및 회계와 관련된 평소의 막연한 부담감을 줄이기 위해서이다.
우리는 6~7장에 걸쳐서 '재무제표 만들기'를 매출이 발생했을 때와 매출이 발생하지 않을 때로 구분해서 진행할 것인데, 사실 매출이 발생했을 때의 재무제표가 진정한 재무제표라고 할 수 있다. 지금은 이 말이 잘 이해가 안 될 것이다. 괜찮다.
이번 장은 매출이 발생하기 전 단계, 당연히 매출원가도 발생하기 전 단계의 재무제표를 만들어 보려고 하고, 편의상 그 기간을 사업개시 후 1개월까지로 지정해 본다. 1개월이든, 3개월이든, 개월 수가 중요한 것은 아니고, 매출이 발생하기 전까지는 재무제표의 작성과정 및 방법은 동일하다. 그러다가 매출이 발생하면, 조금 복잡한 내용이 추가된다.

(1) 1단계: 거래발생 & T자분개

사업이 진행됨에 따라 다양한 거래가 발생하게 되며, 회계팀은 이러한 거래 중에서 회계상의 거래[6]에 대해서 T자분개를 통하여, 거래가 발생할 때마다 거래를 차곡차곡 정리해 둘 것이다.

6 회계상의 거래: 자산, 부채, 자본, 수익, 비용의 변화를 발생시키는 거래이다. 따라서 단순한 주문, 계약, 약속, 채용 등은 회계상의 거래가 아니다.

① 내 돈 5천만 원으로 회사 설립

현금과 예금 5천만 원	자본금 5천만 원

② 100만 원으로 노트북 구입

기타자산 100만 원	현금과 예금 100만 원

③ 거래처 가면서 택시비 만 원 지급

기타비용 1만 원	현금과 예금 1만 원

④ 직원급여 500만 원 지급

급여 500만 원	현금과 예금 500만 원

⑤ 은행에서 1억 원을 빌렸다

현금과 예금 1억 원	차입금 1억 원

⑥ 10만 원짜리 책상을 외상으로 구입

기타자산 10만 원	미지급금 10만 원

⑦ 원재료를 1천만 원 주고 구입

원재료 1천만 원	현금과 예금 1천만 원

(2) 2단계: 재무제표 만들기

거래가 발생할 때마다 회계팀은 위와 같이 T자분개를 해서 거래를 차곡차곡 정리해서 쌓아 두었다가, 결산할 때는 해당되는 계정과목의 금액을 재무제표에 합산하면 된다. 이 장에서 만든 T자분개를 재무제표에 반영하면 아래와 같은 재무제표가 만들어진다.

자산	부채
145,090,000	100,100,000
(현금과 예금) 133,990,000	(차입금) 100,000,000
(원재료) 10,000,000	(미지급금) 100,000
(기타자산) 1,100,000	**자본** 44,990,000
	(자본금) 50,000,000원
	(이익잉여금) -5,010,000

	매출액	
(-)	매출원가	
	매출이익	
(-)	판매관리비	5,010,000
	영업이익	**-5,010,000**
(+)	수입이자	
(-)	지급이자	
	경상이익	**-5,010,000**
(-)	법인세	
	순이익	**-5,010,000**

※ 순이익은 재무상태표의 이익잉여금에 합산된다.

※ 현금과 예금: 50,000,000 − 1,000,000 − 10,000 − 5,000,000 + 100,000,000 − 10,000,000 = 133,990,000

판매관리비: 5,000,000(급여) + 10,000(기타비용) = 5,010,000

7장. 재무제표 만들기: 매출이 발생하면?

이 장은 앞 장의 내용과 본질적으로 차이가 없으며, 단지 매출발생에 따라 일부 회계처리가 추가되었을 뿐이다. 앞 장에서 연습한 것에 이어서 계속해서 T자분개를 만들어 보도록 하자.

(1) 1단계: 회계상의 거래를 T자분개 하기

① 내 돈 5천만 원으로 회사 설립

현금과 예금 5천만 원	자본금 5천만 원

② 100만 원으로 노트북 구입

기타자산 100만 원	현금과 예금 100만 원

③ 거래처 가면서 택시비 1만 원 지급

기타비용 1만 원	현금과 예금 1만 원

④ 직원급여 500만 원 지급

급여 500만 원	현금과 예금 500만 원

⑤ 은행에서 1억 원을 빌렸다

현금과 예금 1억 원	차입금 1억 원

⑥ 10만 원짜리 책상을 외상으로 구입

기타자산 10만 원	미지급금 10만 원

⑦ 원재료를 1천만 원 주고 구입

원재료 1천만 원	현금과 예금 1천만 원

⑧ 노무비와 제조경비를 0원 지급

노무비 0원 제조경비 0원	현금과 예금 0원

여기까지는 ⑧번 외에는 앞 장과 동일하다 중요한 것은 다음 페이지부터 시작된다. 드디어 매출이 발생하고 이에 대한 T자분개가 나타난다.

⑨ 외상으로 제품 1억 원 판매

외상매출금	매출
1억 원	1억 원

⑩ 결산 시 매출에 대한 매출원가 회계처리

매출원가	제품
800만 원	800만 원

매출이 발생하면 위 ⑨와 같은 T자분개를 거의 자동적으로 실시하면 된다. 다만, 변화가 있다면 외상으로 판매했을 경우에는 위와 같이 외상매출금이라는 계정과목을 사용하고, 현금이나 예금으로 판매대금을 수령했을 경우에는 위 외상매출금 계정과목 대신에 현금과 예금이라는 계정과목을 사용하면 된다.

또 하나 더, 수출한 경우나 특별한 경우를 제외하면 판매금액에 대하여 부가세가 발생하게 되는데, 이 경우 위의 T자분개에서 부가세를 대변에 추가하면 된다. 뒤에서 다룰 것이다.

자, 다음은 매출이 발생했으니 그에 대한 원가(매출원가)를 회계처리해야 하는데, 그 회계처리는 위 ⑩과 같이 하면 된다. 금액은 지금은 신경쓸 필요 없다. 다만, 매출이 발생한만큼 제품이 감소했으니, 제품(자산)을 대변에 기입하는 것이고, 원가는 비용과 거의 동일하게 생각하면 된다. 앞서 배운 것처럼 비용발생은 차변에 기입하는 것이다.

아래 T자분개는 상기 매출원가를 계산하기 위하여, 매출이 발생하면 거의 자동적으로 공식처럼 발생하는 재고자산의 T자분개이다. 금액만 바뀔 뿐, T자분개의 형태는 항상 동일하다. 즉, 원재료가 없어지면서 재공품이 생기고, 재공품이 없어지면서 제품이 생긴다. 이것은 재고자산의 물류흐름을 생각해 보면 이해가 될 것이다. 창고에 있던 원재료가 생산에 투입되면 재고자산의 성격이 재공품으로 바뀌게 되는 것이며, 재공품은 생산이 완료되면 제품으로 재고자산의 성격이 바뀌게 되는 것이기 때문에, 이에 따라 T자분개를 하는 것이라고 이해하면 된다.

⑪ 원재료 900만 원을 생산에 투입했다

재료비 900만 원	원재료 900만 원

⑫ 재공품 대체

재공품 900만 원	재료비 900만 원 노무비 0원 제조경비 0원

현실에서는 재공품 금액이 (+) 된다.
지금은 학습하는 단계일 뿐이고
위의 T자분개 ⑧번에서 노무비와 제조경비의
발생금액이 ZERO(0)이었기
때문에, 노무비와 제조경비가 재공품으로
대체되는 금액도 ZERO가 된 것이다.

⑬ 제품 870만 원 생산 완료

제품 870만 원	재공품 870만 원

(2) 2단계: 재무제표 만들기

거래가 발생할 때마다 회계팀은 위와 같이 T자분개를 해서 거래를 차곡차곡 정리해서 쌓아 두었다가, 결산할 때는 해당되는 계정과목의 금액을 재무제표에 합산하면 된다.

자산 237,090,000 (현금과 예금) 133,990,000 (외상매출금) 100,000,000 (원재료) 1,000,000 (재공품) 300,000 (제품) 700,000 (기타자산) 1,100,000	부채 100,100,000 (차입금) 100,000,000 (미지급금) 100,000 자본 136,990,000 (자본금) 50,000,000원 (이익잉여금) 86,990,000
자산합계 237,090,000	부채와 자본합계 237,090,000

	매출액	100,000,000
(-)	매출원가	8,000,000
	매출이익	92,000,000
(-)	판매관리비	5,010,000
	영업이익	86,990,000
(+)	수입이자	
(-)	지급이자	
	경상이익	86,990,000
(-)	법인세	
	순이익	**86,990,000**

※ 순이익은 재무상태표의 이익잉여금에 합산된다.

■ **실제 계산해 보자**

위 재무상태표와 손익계산서의 각 계정과목 금액이 어떻게 계산되었는지 알아보자. 물론 여러분 모두가 이런 계산을 할 필요는 없고, 하지 못해도 관계없다. 하지만 회계지식을 쌓고, 회계와 관련된 자신감을 가지기 위해서, 좀 귀찮더라도 아래 계산내역을 하나씩 직접 확인해 보기 바란다. (1)단계에서 작성한 T자분개 ①~⑬을 보면서 지금 한 번만 해보면 된다. 어쩌면 평생에 단 한 번!

<계산내역>

* 현금과 예금: 5천만 원 - 100만 원 - 1만 원 - 500만 원 + 1억 원 - 1천만 원=133,990,000원
* 외상매출금: 100,000,000원
* 원재료: 1천만 원 - 900만 원=1,000,000원
* 재공품: 900만 원 - 870만 원=300,000원
* 제품: 870만 원 - 800만 원=700,000원
* 기타자산: 100만 원 + 10만 원=1,100,000원
* 매출액: 100,000,000원
* 매출원가: 8,000,000원
* 매출이익: 매출액 - 매출원가=100,000,000원 - 8,000,000원=92,000,000원
  ☞ 매출이익은, T자분개에서 숫자를 끌어오는 것이 아니라 계산에 의한 것이다. 영업이익, 경상이익, 순이익의 경우도 동일하다.
* 판매관리비: 급여 500만 원 + 기타경비 1만 원=5,010,000원
* 수입이자, 지급이자, 법인세: 거래내용이 없으므로 금액은 0(Zero)

5~7장 정리

5~7장은 회계상 거래가 발생했을 때부터 최종 재무제표가 만들어지기까지의 전체 과정을 압축해서 간단하게 살펴본 내용이었는데, 회계 실무자가 아니라면 세부적인 것에는 집착할 필요 없고, 전체적인 흐름만 이해하려고 노력하기 바란다.

5장은 T자분개에 대해서 배우고, 이렇게 T자분개된 내용이 재무제표에 어떻게 반영되는지 간략하게 살펴본 시간이었다. 이 과정은 다음 장의 '재무제표 만들기'를 준비하는 과정이었다.

6장과 7장은 보다 구체적으로 재무제표를 만들어 본 과정이었다. 6장에서는 정말 단순한 거래만을 가지고 재무제표를 만들어 보았으며, 7장에서는 6장의 내용에 매출거래를 간략하게 추가한 재무제표를 만들어 보았다. 매출이 발생하면 여기에는 반드시 자동적으로 매출원가와 관계된 T자분개가 발생하게 되는데, 우리는 7장에서 이러한 T자분개를 조금이나마 맛볼 수 있었다.

매출원가가 어떻게 계산되었는지를 모를 뿐, 여러분은 위에서 발생한 거래를 이제 재무제표에 반영할 수 있게 되었다. 매출원가와 관계된 내용은 뒤에서 배우게 된다. 회사에서 발생하는 주요 거래는 위에서 언급한 것과 크게 다르지 않다. 여러분은 이제 회계학이라는 산의 8부 능선을 넘은 것이다.

8장. 계정과목: 20개만 알면 사업하는 데 큰 문제없다

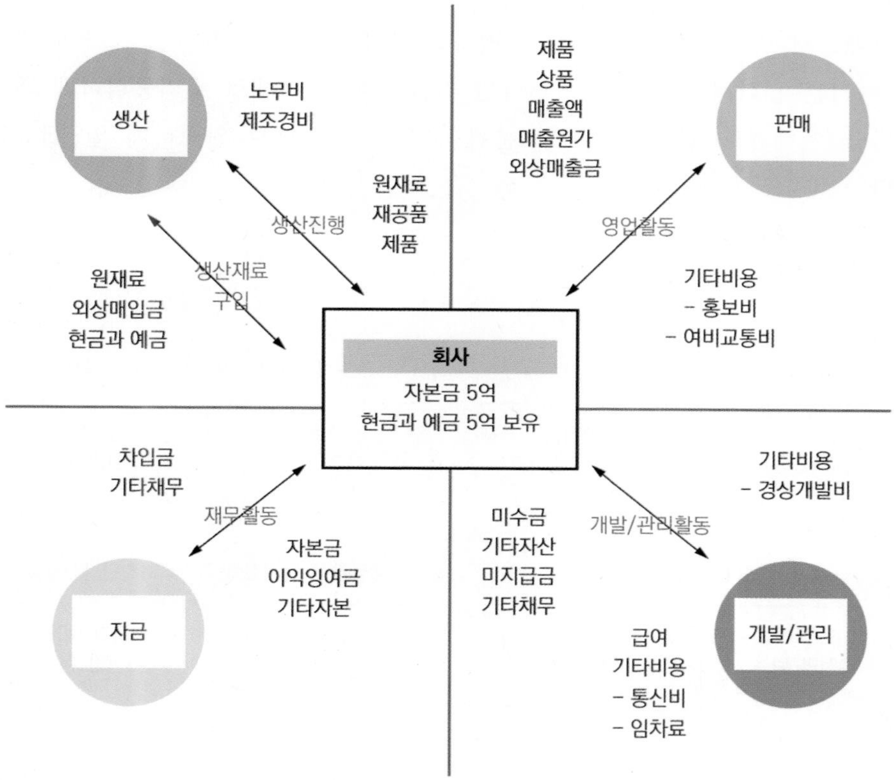

위의 내용은 대부분의 회사에서 발생하는 핵심적인 거래를 정리한 것이다. 여러분이 속한 회사에서 실제 일어나고 있는 거래를 곰곰이 떠올려 보라. 과연 위 그림에서 벗어나는 완전히 동떨어진 거래가 있는지? 아주 가끔씩 발생하는 일부 특이한 경우를 제외하면 위 그림에서 표시한 거래를 벗어나지 못한다. 회사마다 약간의 차이는 있지만 회사에서 발생하는 거래는 위 그림처럼 생산, 판매, 자금, 개발/관리라는 4개의 부문으로 나눌 수 있으며, 위 그림에서 소개하고 있는 상기 20개의 계정과목으로 대부분 정리할 수 있다. 이렇게 정리해 둔 내용으로 별 어려움 없이 재무제표를 만들 수 있다[7].

---

7 만일 회계 S/W를 사용하는 회사라면 자동으로 재무제표가 만들어진다.

상기 그림의 거래를 T자분개로 정리하면 아래와 같다.

아래 우측편에 파란색으로 표시한 T자분개는 보다 정교하게 회계처리한 T자분개로서, 일반적인 회사에서 처리하는 회계학상의 T자분개를 소개한 것일 뿐 여러분이 회계 실무자가 아니라면 지금까지 배운 대로 두리뭉실하게 계정과목을 이해해도 관계없다. 여러분이 굳이 이렇게까지 완벽하게 알 필요는 없다.

✎ 참고하기_ p.169 결산수정분개란?

1. 생산

원재료 1천만 원 외상으로 구입

원재료 1천만 원	외상매입금 1천만 원

원재료 1천만 원 생산라인에 투입

재료비 1천만 원	원재료 1천만 원

생산직 급여를 2천만 원 지급

노무비 2천만 원	현금과 예금 2천만 원

생산관련, 전기료와 가스비 3천만 원 지급

제조경비(전기료) 2천만 원 제조경비(가스비) 1천만 원	현금과 예금 3천만 원

원가계산(재공품 대체)

재공품 6천만 원	노무비 2천만 원 제조경비 3천만 원 재료비 1천만 원 ※ 재료비 금액은 실제 상황에 따라 변한다.

원가계산(제품으로 대체)

제품 6천만 원(?) ※ 제품으로 대체되는 금액은 실제 상황에 따라 변한다.	재공품 6천만 원

2. 판매

제품 1,100만 원을 외상으로 판매함

외상매출금 1,100만 원	매출(제품) 1,100만 원

※ 매출은 수익이므로 대변에 기재
외상매출금은 자산이므로 차변에 기재

보다 정교한 회계처리 →

제품 1,100만 원을 외상으로 판매함

외상매출금 1,100만 원	매출 1천만 원 부가세예수금 100만 원

※ 매출의 10%는 부가세를 납부해야 함
납부해야 할 금액이므로 부채이고,
부채이므로 대변에 기재

상품 2,200만 원을 외상으로 판매함

외상매출금 2,200만 원	매출(상품) 2,200만 원

보다 정교한 회계처리 →

상품 2,200만 원을 외상으로 판매함

외상매출금 2,200만 원	매출 2천만 원 부가세예수금 200만 원

컴퓨터를 110만 원에 외상으로 판매함

미수금 110만 원	기타자산 110만 원

보다 정교한 회계처리 →

컴퓨터를 110만 원에 외상으로 판매함

미수금 110만 원	비품 100만 원 부가세예수금 10만 원

제품 매출에 대한 매출원가 회계처리

매출원가 800만 원	제품 800만 원

※ 매출원가는 비용과 유사한 성질이므로 차변에 기재.
판매한 내용만큼 제품(자산)이 감소하므로 대변에 기재.

※ 매출원가로 대체되는 금액은 실제상황에 따라 변한다

영업관련 비용 1천만 원 발생

기타비용 1천만 원	미지급금 1천만 원

보다 정교한 회계처리 →

영업관련 비용 1천만 원 발생

홍보비 800만 원 여비교통비 200만 원	미지급금 1천만 원

3. 자금

5천만 원을 준비해서 회사 설립

현금과 예금 5천만 원	자본금 5천만 원

애플사로부터 1억 원 투자받음

현금과 예금 1억 원	자본금 5천만 원 기타자본 5천만 원

보다 정교한 회계처리 →

애플사로부터 1억 원 투자받음

현금과 예금 1억 원	자본금 5천만 원 자본잉여금5천만 원

✎ 참고하기_p.271 자본잉여금

은행에서 2억 원을 차입함

현금과 예금 2억 원	차입금 2억 원

단기순이익 1억 원 발생

당기순이익 1억 원	이익잉여금 1억 원

※ 이 T자분개에 대해서는 많은 설명이 필요하지만 여러분은 그런 건 몰라도 되고 단지 손익계산서의 당기순이익만큼 대차대조표의 이익잉여금(자본)이 증가한다는 것만 기억하면 된다.
회사의 지난 기간 당기순이익의 누적금액은 대차대조표의 이익잉여금(자본)을 보면 된다.

4. 개발/관리

사무실 빌리면서 보증금 1천만 원 지급

기타자산 1천만 원	현금과 예금 1천만 원

보다 정교한 회계처리 →

사무실 빌리면서 보증금 1천만 원 지급

임차보증금 1천만 원	현금과 예금 1천만 원

110만 원 주고 컴퓨터 구입

기타자산 110만 원	현금과 예금 110만 원

보다 정교한 회계처리 →

110만 원 주고 컴퓨터 구입

비품 100만 원 선급부가세 10만 원	현금과 예금 110만 원

※ 지급한 부가세는 부가세신고를 통해서 추후 환급을 받을 수 있으므로 자산임. 자산이므로 차변에 기재.

사무실 비용 1,100만 원 발생

기타비용 1,100만 원	미지급금 1,100만 원

보다 정교한 회계처리 →

사무실 비용 1,100만 원 발생

임차료 800만 원 전기료 100만 원 통신비 100만 원 선급부가세 100만 원	미지급금 1,100만 원

※ 지급한 부가세는 부가세신고를 통해서 추후 환급을 받을 수 있으므로 자산임. 자산이므로 차변에 기재.

급여 1,100만 원 지급

급여 1,100만 원	현금과 예금 1,000만 원 기타부채 100만 원

보다 정교한 회계처리 →

급여 1,100만 원 지급

급여 1,100만 원	현금과 예금 1,000만 원 예수금 100만 원

※ 예수금: 소득세와 4대연금 공제분.

✎ 참고하기_ p.157 예수금

사장님이 100만 원을 가불함			사장님이 100만 원을 가불함	
기타자산 100만 원	현금과 예금 100만 원	보다 정교한 회계처리 →	가지급금 100만 원	현금과 예금 100만 원

직원 식비 30만 원 회사 법인카드로 결재			직원 식비 30만 원 회사 법인카드로 결재	
기타비용 30만 원	미지급금 30만 원	보다 정교한 회계처리 →	복리후생비 30만 원	미지급금 30만 원

대출이자 30만 원 자동 이체됨			대출이자 30만 원 자동 이체됨	
기타비용 30만 원	현금과 예금 30만 원	보다 정교한 회계처리 →	이자비용 10만 원	현금과 예금 30만 원

적금 50만 원 불입(만기 1년 이상)			적금 50만 원 불입(만기 1년 이상)	
현금과 예금 50만 원	현금과 예금 50만 원	보다 정교한 회계처리 →	장기금융상품 50만 원	현금과 예금 30만 원

부가세 100만 원을 환급받음			부가세 100만 원을 환급받음	
현금과 예금 100만 원	기타자산 100만 원	보다 정교한 회계처리 →	현금과 예금 100만 원	선급부가세 100만 원

8장 정리

6~8장에 걸쳐 회사에서 주로 발생하는 거래에 대해서 T자분개를 하고, 그것을 바탕으로 재무제표를 만들어 보았다. 지금까지는 비록 간단한 거래지만 여기에 사용된 계정과목은 20개를 넘지 않았다. 자신감을 가져라. 재무제표가 그리 어려운 것도 아니고, 거기에 사용되는 계정과목이란 것도 별것 아니다.

대부분의 스타트업은 사업 초기에는 CFO는 물론이고, 유능한 회계팀장도 채용하기 어렵다. 이때문에 세무사의 도움을 받아 가면서, 회계와 관계된 기본적인 것을 CEO가 직접 지휘할 필요가 있으므로 우리는 지금 트레이닝을 받는 중이다.

이 교재를 다 읽는 순간, 여러분은 강한 자신감을 갖게 될 것이다. 확실히 이해가 가지 않는 것도 있을 것이고 딱딱하고 낯선 용어에 이 책을 읽기가 힘들고 지루할 수도 있을지 모른다. 그러나 명심하라. 이 정도의 수고로움은 훗날 사업하면서 경험할 난관에 비하면 아무것도 아니라는 것을. 이 책을 1~2회 반복해서 읽고 나면 모든 것이 훨씬 선명해질 것이다.

이 책에 나오는 T자분개에 대해서 여러분들이 스트레스를 받지 말기를 당부한다. T자분개는 회계학에서는 '언어'와 같은 것이기 때문에, 회계학에 대한 각종 설명을 위해서 어쩔 수 없이 언급하고 있을 뿐이고, 여러분들 모두가 이것들을 완벽하게 알 필요는 전혀 없다. 알면 좋고 몰라도 관계없다.

지금까지 정리한 T자분개는 스타트업과 관계된 주요 내용이다. 세부적인 것에 집중하기보다는 전체적인 흐름을 파악하는 방향으로 이 책을 읽기 바란다. 초기단계의 회사에서는 더 이상 T자분개에 대한 설명은 필요없다. 나머지는 회계팀장이나 회계사의 몫이다.

회계학은 한 번 기본 틀을 확실하게 잡고 나면, 그다음부터는 굳이 복습을 할 필요가 없는 영역이다. 지금 설혹 힘들고 재미가 없더라도 조금만 더 분발하기 바란다. 기본 틀을 잡기 위해서 필자는 '정독'보다는 '다독'을 권장한다. 그리고 거듭 강조하겠다. 핵심에 집중하라.

9장. 유형자산, 특허권, 정책자금 회계처리

우리는 앞 장에서 20개의 계정과목이면 회사에서 발생하는 대부분의 거래를 회계처리할 수 있음을 알게 되었는데, 만일 해당되는 계정과목을 잘 모르면, 일단은 앞서 소개한 20개 계정과목 중에 있는 '기타 계정과목'을 사용하면 된다(기타자산, 기타부채, 기타자본, 기타비용).

그리고 연말결산할 때, 이러한 '기타 계정과목'을 회계사나 세무사의 도움을 받아서, 본 계정과목으로 변경하면 되는데, 이러한 작업을 '계정재분류'라고 한다.

✎ 참고하기_ p.169 결산수정분개란?

상기 '기타 계정과목'에 속하는 거래 중에서 스타트업과 관계될 가능성이 높으며, 스타트업 CEO들이 특히 관심이 많은 거래를 몇 가지 선별해서 관련된 회계처리법을 알아보도록 하겠다. 이 내용은 회계 실무자가 아니면 좀 어려울 수 있는데, 만일 본인이 그러하다면 굳이 너무 완벽하게 알 필요는 없다. 어떤 방법과 순서로 처리되는지, 그리고 회사에는 어떤 도움이 되는지만 알아도 큰 무리가 없을 것이다.

(1) 유형자산

■ 의의

우리가 지금까지 배운 자산 중에 외상매출금과 미수금은 아직 미회수 중인 채권과 관계된 것으로 물리적인 실체는 없는 것이다. 반면에 노트북, 책상, 공장처럼 물리적인 실체를 갖고 있는 자산들이 있는데, 이러한 자산들은 다른 자산과 구분해서 유형자산으로 표시하고 있다. 따라서 여러분들은 이 장을 다 읽고 나면 지금까지 배운 바에 따라 기타자산으로 두리뭉실하게 회계처리할 것이 아니라, 유형자산이라는 계정과목으로 처음부터 정확하게 회계처리를 하면 된다.

■ 유형자산의 특징

1. 구체적인 물리적인 형태가 있다.
2. 기업의 영업활동에 사용할 목적으로 취득한 자산이다.
   만일 그렇지 않다면 투자자산이나 재고자산으로 분류해야 한다.
3. 1년을 초과하여 장기적으로 사용할 것으로 예상되는 자산이다.

■ 유형자산의 종류

1. 토지
2. 건물
3. 기계장치
4. 비품
5. 기타

■ 유형자산의 회계상 특징

유형자산은 사용함에 따라 노후화되어 그 가치가 감소하게 된다. 중고자동차가 신차보다 싸게 거래되는 이유가 바로 이것이다. 이러한 관점에서 회계적으로는 매년 감소되는 유형자산의 가치만큼 당해연도에 비용으로 처리를 하게 되어 있는데, 이때 사용되는 계정과목을 감가상각비라고 한다.

여러분이 유형자산에 대해 감가상각비를 계산한다면, 앞서 배운 바에 따라 기타비용으로 처리를 했다가 연말에 회계사 등의 도움을 받아서 감가상각비로 계정재분류를 해도 되지만, 처음부터 감가상각비라는 계정과목으로 처리를 하면 회계처리를 한 번에 끝낼 수 있게 된다.

■ 감가상각비 계산방법 및 유형자산 관련 회계처리

감가상각비 계산방법은 정액법, 정률법 등 여러 가지가 있으며, 감가상각비 계산과 관련하여 사례별로 좀 더 심오한 회계적 지식을 요구한다. 하지만 본 책의 취지상 이러한 내용까지 여러분이 알 필요는 없고, '내용연수'라는 단어와 정액법 계산법만 기억하도록 하자.

내용연수는 감가상각을 몇 년 동안 할 것인지를 정한 기준으로, 자산의 성격에 따라 일반적으로 적용되는 기준이 있지만 반드시 이에 따를 필요는 없고, 자산의 성격 및 여러분 회사의 업무 특성에 따라 합리적으로 결정해서 계속 일관되게 적용하면 된다. 회사의 규모 및 상황에 따라서 감가상각비가 회사의 손익에 미치는 영향이 아주 클 수도 있으므로, 후술하는 바와 같이 회계사와 사전에 논의해서 결정하는 것이 좋다.

✎ 참고하기: p.55 회계사에게 미리 물어 봐야 하는 것

정액법은 감가상각 대상 유형자산을 내용연수로 나눈 금액을 매년 동일하게 감가상각비로 처리하는 간단한 방법이다. 필자는 여러분 회사만의 특수한 상황이 없다면 정액법을 사용하기를 제안한다. 계산방법이 단순해서 여러 가지로 편리한 장점이 있기 때문이다.
만일 취득한 유형자산이 1천만 원이고 내용연수가 5년이라고 한다면, 유형자산과 관련된 회계처리는 아래와 같다(정액법으로 계산한 경우).

유형자산(비품)을 1천만 원에 구입

유형자산(비품) 1천만 원	현금과 예금 1천만 원

연말에 감가상각비 계산

감가상각비 200만 원 (1천만 원/5년)	유형자산 200만 원① 감가상각누계액 200만 원②

※ 재무상태표에 실제로 표시되는 형식은 감가상각비만큼 유형자산을 바로 차감①하는 것이 아니라 위의 붉은색처럼 감가상각누계액이②라는 계정과목을 사용한다. 하지만 이렇게 길고 어려운 계정과목은 몰라도 된다. 여러분은 감가상각비만큼 자산이 감소한다고 일단은 이렇게 기억하면 된다.

↓

<감가상각비 계산 후 재무상태표 표시형태>

유형자산	비품	10,000,000
	감가상각누계액	-2,000,000

(2) 특허권(산업재산권)

■ 의의

위에서 배운 유형자산처럼 물리적 실체는 없지만, 당사의 배타적 소유임을 주장할 수 있는 자산으로 산업재산권이라는 것이 있다.

산업재산권이란 일정 기간 독점적 배타적으로 이용할 수 있는 권리로서 특허권, 실용신안권, 상표권 등을 말한다.

■ 회계처리

특허출원 및 출원비 지급

특허권 10만 원	현금과 예금 10만 원

회계결산 시 상각

상각비 1만 원	특허권 1만 원

> 비품 등 유형자산에 대해서 감가상각비를 계산하듯이
> 특허권 등 무형자산에 대해서도 상각비를 계산해야 한다.
> 어러한 상각비는 '판매관리비'에 속하며,
> 명칭은 회사마다 조금씩 다르게 사용하기도 하는데
> 명칭은 관계없다.
> 위 유형자산처럼 감가상각누계액이라는 외우기 어려운
> 계정과목을 사용하지 않고, 상각비만큼 산업재산권을
> 바로 감액하는 방식으로 회계처리를 한다.

> ■ 산업재산권 상각 내용연수[8]
> - 특허권: 10년
> - 실용신안권: 5년
> - 상표권: 5년

*실무 TIP: 특허출원 비용과 관련된 정부의 지원책이 많으니 적극 활용하기 바란다.

---

8 내용연수: 유형자산에서 감가상각비 계산에 적용한 내용연수와 동일한 개념으로 생각하면 된다. 산업재산권의 종류별로 통상 위와 같은 내용연수를 적용하고 있다.

(3) 정책자금

■ 의의

정책 목적을 달성하기 위하여 각종 기금이나 정부 예산에서 지원해 주는 자금이다.

■ 회계처리

① 자산관련 보조금(예: 공장 매입 또는 건설을 정책자금을 수령하여 처리)

정책자금 수령

현금과 예금 5억 원	기타부채 5억 원

공장 구입/건설 완료

건물 8억 원	현금과 예금 8억 원

회계결산 시

건물 -5억 원	기타부채 -5억 원

회계결산/감가상각비 계산

※ 어려움. 사장은 몰라도 됨
아무튼 정책자금 금액에 비례해서
손익개선 Effect 발생

상기와 같이 수령한 정책자금이 자산관련 보조금일 경우에는 수령한 정책자금을 일단 부채로 회계처리해 두었다가, 공장 구입/건설이 완료되면 이렇게 회계처리해 둔 부채와 유형자산을 상계처리하면 된다.

그래서 이렇게 회계처리가 모두 끝나고 나면, 위 사례의 경우에는 8억 원의 건물을 정부의 도움을 받아서 3억 원에 소유하게 되는 것이다. 자금적으로 5억 원의 이득이 있었으며, 회계적으로는 유형자산의 금액이 5억 원 감소한 만큼 매년 그와 관련된 감가상각비가 줄어드는 효과가 생기게 된다.

② 수익관련 보조금(위 ①번이 아닌 경우)

위에서 살펴본 정책자금처럼 주로 유형자산의 구매 및 건설과 관련하여 구체적으로 지출용도를 지정한 정부자금과는 다르게 그 지출용도가 다양하고 자유로운 경우가 있다. 이 경우에는 아래처럼 수령한 정책자금만큼 수익으로 회계처리를 하든지, 비용을 차감하는 방식으로 회계처리를 하면 된다. 그런데, 개발 또는 사업이 성공할 경우 매출액의 특정 %를 로열티 등의 명목으로 환급해야 하는 단서가 붙어 있는 경우에는, 일단 부채로 인식한 다음 매년 로열티를 지급할 때마다 부채를 차감하는 방법을 사용하면 된다.

※ 일반적인 경우

정책자금 수령

현금과 예금 5억 원	영업외수익 5억 원

※ 정책자금 관련, 조건이 붙어 있는 경우
(예: 매출이 발생하면 매출액의 10%를 5년간 로열티로 지급)

정책자금 수령

현금과 예금 5억 원	기타부채 5억 원

회계결산/감가상각비 계산

※ 어려움. 사장은 몰라도 됨
회계사나 회계팀장에게 물어 볼 것.
정책자금 종류에 따라서 회계처리가
달라짐

↓

※ 회사의 귀책사유로 다시 돌려주지만 않는다면, 회계처리는 어떻게 되든간에

중요한 것은
① 회사에 돈이 들어왔다는 점
② 그에 따라 회사에 이익이 발생한다는 점

정책자금의 내용에 따라 이익금액이 조금 달라질 수 있고(예: 로열티 지급)
이익을 인식하는 기간이 달라질 수 있음(예: 5~10년 동안 안분해서 이익 처리)

9장 정리

우리는 이 장에서 유형자산과 특허권 및 정책자금과 관련된 회계처리 방법을 알아 보았다. 내용 중에 지나치게 어려운 부분은 여러분이 굳이 상세히 알 필요가 없어서 생략하였다.

이 책 서두에도 쓴 것처럼 여러분은 회계학의 기본 틀만 알고, 여러분이 무엇을 모르는지를 잘 인식하고 있으면 된다. 그 나머지는 회계팀장이나 회계사 등 타인의 도움을 받으면 되는 것이다. 아무쪼록 타인의 도움을 받는 일을 부끄러워하거나 귀찮아 하지 말기 바란다. 여러분의 사업성공을 위해서!

이외에도 앞으로 여러분과 관계가 있을 것으로 예상되는 중요한 회계처리법이 일부 더 존재하지만, 이것들은 본 책의 범위를 넘어서므로 생략하기로 하고, 다만 아래 5개 중요한 거래에 대해서는 부록 IV에 정리해 두었으니 참고하기 바란다.

✎ 참고하기: 사채, 스톡옵션, 신주인수권부사채, 전환사채, 지분법

10장. 회계결산 어떻게 하나

우리는 앞에서 재무제표 만들기(1), (2)를 공부했다. 그 내용은 쉽고 분량도 작았지만, 핵심은 그 속에 다 담겨 있다. 거기에다가 비(非)본질적인 것을 좀 추가하고, 보다 정교하게 세부적으로 쪼개는 일만 추가하면 최종 재무제표가 되는 것이다. 따라서 이러한 작업들을 쓸데없이 대단한 일로 평가하거나, 본인은 알 수 없는 대단히 고차원적인 일로 생각하지 말자.

이제는 우리의 지식을 보다 명확하게 하기 위해서 회계결산 절차를 정리해 보겠다. 이 장을 읽고 나면, 여러분은 여러분의 회계팀이 결산 시즌에 무엇을 하는지, 회계사나 세무사는 무엇을 하는지에 대해서 보다 깊이 이해하게 될 것이고, 사장님은 회계결산과 관련하여 어떤 지시를 해야 하는지, 또한 무엇을 지원해야 하는지를 알게 될 것이다.

■ 회계결산 절차

구분	마감일	관련 내용 참고
재고실사	12/31	
재고실사 리스트 정리	1/5	
전표 입력 마감	1/10	
계정과목 재분류	1/12	p. 166
결산수정분개	1/14	p. 163, 166
결산보고서 작성	1/24	
회계감사	1/25	
세무조정	1/27	
전표 추가 입력	1/28	p. 170
재무제표 확정	1/28	
감사보고서 수령	1/31	
세무조정계산서 수령	2/2	
법인세 신고/납부	3/31	p. 213

☞ 마감일은 12월 결산법인 기준으로 대략적으로 작성한 것이며, 회사의 사정에 따라 일부 달라질 수 있다.

① 재고실사: 회계연도 말일 기준으로 재고자산의 실제수량을 확인하는 절차. 통상 회계팀, 자재관리팀, 회계사가 모두 참석한 가운데 진행된다. 물론 외부감사 대상이 아닌 회사는 회계사가 참석할 필요는 없다. 원가계산의 기초가 되는 작업으로 정확한 재고실사 결과가 정확한 원가계산을 가능하게 하기 때문에 중요한 절차이다.

② 재고실사 리스트 정리: 재고실사 전에 작성한 재고조사표와 재고실사 결과를 비교하는 형식으로 문서를 작성하고, 차이에 대하여 회계팀은 결산수정분개를 하고, 자재관리팀과 함께 차이에 대한 분석을 실시한다.

③ 전표 입력 마감: 회계기간 내 일상적으로 발생하는 거래에 대한 전표입력을 마감한다.

④ 계정과목 재분류: 개략적으로 사용한 계정과목을 회사 내부적인 관리상의 목적 또는 기업회계기준의 준수 필요성에 따라 세부적으로 분류한다(기타자산, 기타부채, 기타자본 등).

⑤ 결산수정분개: 기업회계기준에 부합되게 결산수정분개를 한다.

✎ 참고하기_ p.166 결산수정분개란?

⑥ 회계감사: 기업의 규모에 따라 달라지지만 통상 3~5일 정도 소요된다.

⑦ 세무조정: 회계결산 종료 후 작성된 재무제표를 기초로 기업회계기준과 법인세 세법기준의 차이로 인한 당사의 세무조정 사항을 정리하고, 이를 바탕으로 법인세 계산 및 세무조정계산서[9]를 작성한다.

⑧ 전표 추가 입력: 결산수정분개에 대한 전표입력을 하며, 이로써 모든 전표입력은 종결된다.

⑨ 재무제표 확정

⑩ 감사보고서 수령: 재무제표가 확정되면 수일 뒤에 회계법인에서 감사보고서를 보내 준다.

⑪ 세무조정계산서 수령: 세무조정이 끝나면, 회계법인(또는 세무법인)에서 세무조정계산서를 보내 주는데, 이 책자를 세무서에 전달하는 행위가 법인세신고이다. 법인세신고 마감일[10]까지 신고 및 납부를 해야 한다.

---

9 세무조정계산서: 기업회계상의 당기순이익을 기초로 조정 과정을 통하여 법인세법상의 각 사업연도의 소득을 계산하는 조정절차를 표시한 서식을 세무조정계산서라 한다. 법인세신고의 세부내용을 기재하여 책처럼 만든 것으로, 법인세신고 시 세무사가 도와줄 것이다.

■ **회계결산 시 사장님이 챙겨야 하는 내용**

구분	
결산 시작 전	• 사장의 의도 전달 • 재고실사 지원 사격 • 예적금 잔액증명서, 거래처별 잔액증명서 양식 발송 – 진행사항 체크 및 독려 • 결산보고서 작성 체크
결산 진행 중	• 사장의 의도 재(再)전달 • 진행상황에 대해 관심 표현

(1) 결산 시작 전

① 사장의 의도 전달: 과거에는 정도의 차이가 있을 뿐 우리나라 대부분의 회사들은 분식회계를 많이 했었다. 그리고 지금도 이런 회사들이 적잖이 존재할 것이다. 이런 환경이다 보니 사장님들은 회계결산과 관련하여 회계팀장에게 원칙적으로 올바르게 회계처리 및 결산을 수행하라는 본인의 뜻을 명확하게 전달할 필요가 있다.

② 재고실사: 재고실사는 회계결산에서 아주 중요한 절차이다. 사장이 재고실사에 대한 본인의 관심을 적극적으로 표시함으로써, 재고관리 담당자가 재고실사를 더욱 철저히 준비할 수 있도록 하라. 이런 행위는 회계팀장에게 힘을 실어 주는 효과가 생기며, 단순히 올해 한 해의 재고실사에 관계되는 것이 아니라 향후에도 계속해서 철저한 재고관리 및 정확한 회계결산을 가능하게 한다.

③ 예적금 잔액증명서/거래처 잔액증명서: 회계연도 말 기준으로 예금 등 회사의 자산/부채 금액을 정확히 파악하기 위해서, 금융기관과 거래처에 해당 양식을 보낸다. 이렇게 보낸 양식을 수령하는 대로, 회계사는 회사의 재무제표 잔액과 상호 대조한다. 차이가 발생할 경우, 차이 규명 또는 회계처리 정정 등의 조치를 한다.

이러한 증명서는 통상 100% 회수가 되지는 않고, 회사는 회계사와 합리적

10 법인세신고 마감일: 대부분의 회사는 회계기간이 1월~12월까지이고, 이 경우, 법인세신고 마감일은 3월 말이다. 금융권 등 일부 회사들은 회계기간이 4월~3월까지이다.

인 수준에서 최대한 처리하고 본 절차를 종결한다. 하지만 은행의 예적금 잔액증명서는 100% 회수한다. 사장님이 관심을 표명함으로써 이러한 잔액 증명서 회수율이 더욱 높아질 수 있도록 하자. 필자의 경험에 의하면 어떤 회사들은 거래처와 모의(謀議)하여 거래처 잔액증명서를 조작하기도 한다. 이렇게 조작된 잔액증명서를 회계사가 눈치 채지 못하면 분식회계는 성공으로 끝난다. 정말 웃기지 않은가? 이러한 일이 발생하지 않도록 사장은 회계 관련 직원들을 철저히 교육 및 관리하여야 한다.

④ 결산보고서: 회계결산을 준비하면서 각 계정과목별로 주요 내용을 요약한 보고서이다. 이것은 회계사나 세무사에게 전달할 목적으로 작성하거나, 회사 내부의 관리목적 또는 그 외 이해관계인에게 전달할 목적으로 작성한다. 스타트업이나 작은 중소기업들은 대체로 작성하지 않고 있지만, 필자는 아래와 같은 이유 때문에 회계결산 시마다 결산보고서 작성을 제안한다.

※ 결산보고서를 작성하면 좋은 점

1. 회사 회계 데이터의 정확도 향상
2. 사장님이 회사 현황을 정확히 파악할 수 있음
3. 외부 이해관계인에게 좋은 회사 이미지를 심어 줄 수 있음
4. 실무자의 회계지식 향상
5. 회계감사와 세무조정의 편리성 향상

결산보고서의 주요 내용은 아래와 같다.

第13期 半期決算

決 算 報 告 書

事業年度 自 2016 年 01 月 01 日
至 2016 年 06 月 30 日

會社名 : 株式會社 후암

목 차

1. 재무제표

2. 계정명세서

3. 부속명세서

대 차 대 조 표

제13기 반기 2016년 06월 30일 현재
제12기 2015년 12월 31일 현재

과 목	제 13 (당)기	
	금 액	
자 산		
유 동 자 산		11,385,93
(1) 당 좌 자 산		2,663,10
1. 현 금 및 현 금 등 가 물		4,28
2. 단 기 금 융 상 품		530,39
3. 매 출 채 권	264,266,581	
대 손 충 당 금	1,648,597	262,61
4. 미 수 금		139,78
5. 미 수 수 익		37,28
6. 선 급 금	2,347,718,494	
대 손 충 당 금	1,154,506,143	1,193,21
7. 선 급 비 용		62,03

손 익 계 산 서

제13기 반기 2016년 01월 01일부터 2016년 06월 30일까지
제12기 2015년 01월 01일부터 2015년 12월 31일까지

과 목	제 13 (당)기		
	금 액		
I. 매 출 액		14,310,120,431	
1. 상 품 매 출	14,328,300		516,1
2. 제 품 매 출	14,295,792,131		29,898,9
II. 매 출 원 가		12,999,413,206	
(1) 상 품 매 출 원 가	14,328,300		407,1
1. 기 초 상 품 재 고 액			
2. 당 기 상 품 매 입 액	14,328,300		407,2
3. 관 세 환 급 금			[illegible]
4. 기 말 상 품 재 고 액			
(2) 제 품 매 출 원 가	12,985,084,906		[illegible]

2) 매출채권 명세서

2006년 06월 30일 현재

(단위 : 원)

거래처	적 요	금 액	비 고
삼성전자		₩4,323,208	$4,530.24
현대전자		₩18,716,748	$19,531.20
대우전자		₩1,674,570	$1,653.08
LG전자			
SK Telecom			
엔씨소프트			
네이버			
다음			
카카오			

,140,218		28,735,9:
,055,312		2,340,2:
	1,310,707,225	
	1,485,215,899	
,633,540		349,5(

17) 외상매입금 명세서

2006년 06월 30일 현재

(단위

거래처	금액	외화	비고
(주)거묵	2,346,320		L04P1605LL00541
뉴스타	7,355,959		
뉴스타	1,258,024		
뉴스타	3,227,951		
인터내셔날	1,255,240		L04P1601LL00331
인터내셔날	5.590.980		L04P1601LL00331
	40		L04P1601LL00331
	90		L04P1604LL00267
	20		L42S660400694
	40		L42S660400880

18) 미지급금 명세서

2006년 06월 30일 현재

(단위 : 원)

거래처	적 요	금 액	비 고
국민법인카드		3,828,914	
기업법인카드		10,667,439	
(주)대진항운			
(주)아라항역			
대호정보통신			
동해빌딩			

19) 예수금 명세서

2006년 06월 30일 현재

(단위 : 원)

거래처	적 요	금 액	비고
삼 성 세 무 서	갑 근 세 급 여 공 제 분	9,474,820	
국민연금관리공단	국 민 연 금 급 여 공 제 분	6,774,300	
		4,356,730	
		3,731,590	
		2,489,590	
		947,180	

20) 단기차입금 명세서

2006년 06월 30일 현재

(단위 : 원)

거래처	차입계좌	구 분	외화(US$)	원화
국 민 은 행	071666-0603995	무 역 금 융		82,100,000
국 민 은 행	071666-0604369	무 역 금 융		13,900,000
소 계				250,300,000
기 업 은 행	337-017322-58-04126			
기 업 은 행	337-017322-58-04133			
기 업 은 행	337-017322-58-04247			
기 업 은 행	337-017322-58-04254			
기 업 은 행	337-017322-58-04279			

23) 주주 임원 차입금 명세서

2006년 06월 30일 현재

(단위 : 원)

거 래 처	일자	차입	상환	잔액	적수
대 표 이 사	전기이월	1,510,276,233		1,510,276,233	22,654,143,495
	2006-01-16		2,000,000	1,508,276,233	6,033,104,932
	2006-01-20		1,000,000	1,507,276,233	7,536,381,165
	2006-01-25		3,000,000	1,504,276,233	22,564,143,495
	2006-02-09		2,223,767	1,502,052,466	1,502,052,466
	2006-02-10		52,466	1,502,000,000	27,036,000,000

(2) 결산 진행 중

① 사장의 의도 재(再)전달: 위 '결산 시작 전'의 내용과 동일함.

② 진행상황에 관심 표현: 사장이 관심을 많이 표현하는 일이면 직원들은 보다 열심히 그 일을 하게 된다. 회계결산은 회사에서 아주 중요한 일이므로 사장님은 지속적으로 적극적인 관심을 표현하라. 진심이 충분히, 또는 과장되게 전달될 수 있도록.

■ 회계감사 끝난 뒤에 사장님이 해야 하는 일

여러분의 회사가 회계감사 대상업체라면 자체적으로 한 회계결산으로 끝나는 것이 아니라 회계법인을 통해 회계감사를 받아야 한다. 이 경우, 여러분이 회사의 사장이나 주요 경영진이라면 아래와 같은 행동을 취하는 것이 좋다.

① 수정할 사항 확인(감사 수정 리스트)

회계사는 회계감사 후 회사의 회계처리 오류에 대하여 아래와 같은 자료를 준다.

내용	차변		대변		손익 Effect
1. 이자비용을 선급비용으로 계정재분류	선급비용	100,000,000	이자비용	100,000,000	100,000,000
2. 퇴직급여충당금 계산 오류	퇴직급여	10,000,000	퇴직급여충당금	10,000,000	-10,000,000
3. 법인세비용 계산	법인세비용	5,000,000	미지급법인세	6,000,000	-5,000,000
	이연법인세차	1,000,000			
4. 현금과 예금을 장기금융상품으로 계정재분류	장기금융상품	50,000,000	현금과 예금	50,000,000	0
합계					85,000,000

※ 당초 회계처리한 비용을 정정할 때는 차변에 (-) 기표를 해야 한다. 위의 파란색처럼 대변에 이자비용을 기재한 것은 편의상 주로 이렇게 기재하는 것일 뿐이고, 회계팀이 실제 전산에 입력할 때는 차변에 -100,000,000으로 입력해야 한다.

여러분이 사장님이라면 수정사항 리스트를 받아서 아래와 같이 분석 후 향후 적절한 조치를 취해야 한다. 하지만 대부분의 사장님들은 이런 수정 리스트가 있는지도 알지 못하며, 아래와 같은 일을 하지 않는다. 따라서 회계팀에 대한 적절한 평가 및 관리가 제대로 되지 않는 것이다.

구분	대응방안
단순 업무 실수	업무처리 관련 주의 및 경고
회계책임자 회계지식 부족	신입인 경우에는 교육 및 적극적인 훈련 경력자인 경우에는 육성 또는 신속한 교체
회계책임자 실무경험 부족	
회사 시스템 미비(*)	무지로 인한 것인지 의사소통의 문제인지 확인 및 조치

* 회사 시스템 미비: 단순히 관련 부서의 무지(無知)로 인한 것이면 교육을 통해 재발 방지를 하면 되지만, 만일 회계팀과 다른 부서 간의 의사소통(communication)의 문제이고, 그 주된 이유가 상호간에 협조가 이뤄지지 않기 때문이라면, 사장님이 직접 나서서 해결할 필요가 있다.

② 회계감사 받은 최종 재무제표와 각종 회사자료를 비교 분석

회계감사 받기 전에 여러분의 회사는 사업계획서와 자금계획표를 만들었을 것이며, 이러한 자료들은 자료를 만들던 그때까지의 회계지식을 기반으로 작성된 것이다. 따라서 회계감사를 받으면서 새롭게 회계지식을 알게 되거나 회사와 관련된 새로운 사실이 생기게 되면, 당연히 기존에 만들었던 각종 문서들은 수정되어야 할 것이다. 해당되는 주요 문서는 아래와 같다.

- 사업계획서
- 자금계획표

③ 인사고과 및 인사발령에 참고

회계감사 결과 회계팀장은 물론이고 회계팀 직원과 관련하여 새롭게 알게 된 사실이 있을 수 있는데, 이는 인사고과에 반영되어야 할 것이다. 필자가 '수정분개 리스트'를 사장님이 꼭 확인하라고 한 이유이기도 하다.

또한 자재관리팀이나 비(非)회계팀 직원에 대한 새로운 사실을 알게 될 수도 있는데, 이 역시 인사고과에 반영되어야 할 것이다. 앞으로 직원관리를 할 때 참고해서 금전적 또는 비금전적으로 회사에 손해가 발생하지 않도록 사전관리를 철저히 할 필요가 있다.

■ 회계감사 대응전략

회계사와 최대한 협조해서 서로가 편하게 일을 하면 된다.

성공하는 회사들은 회계감사를 '시어머니의 잔소리' '독기 서린 감시의 눈초리'가 아니라, 회사의 오류를 시정하는 좋은 기회, 회계실무자와 CEO의 부족한 회계지식을 업그레이드 시키는 즐거운 교육의 시간으로 생각한다. 따라서 결산보고서[11]를 미리 만들어서 회계감사가 원활히 진행될 수 있도록 하며, 회계사가 요청하는 자료를 최대한 신속히 성실히 제공한다.

■ 외부감사대상 법인요건

아래 요건 ①~④ 중 어느 하나에 해당되는 법인

① 전년도 자산총액이 120억 원 이상인 주식회사

② 전년도 부채총액이 70억 원 이상이고, 자산총액이 70억 원 이상인 주식회사

③ 주권상장 법인이거나, 올해 또는 내년에 주권상장법인이 되려는 주식회사

  * 주권상장법인: 거래소나 코스닥에 기업공개(IPO)한 법인

④ 전년도 말 종업원수가 300명 이상이고 자산총액이 70억 원 이상인 법인

⑤ 위의 규정에 해당하더라도 아래의 경우는 외감(외부감사) 대상이 아니다.

- 지방자치단체가 자본금의 1/2 이상을 출자한 주식회사
- '자본시장과 금융투자업에 관한 법률'에 따른 투자회사
- '기업구조조정투자회사법'에 따른 기업구조조정투자회사
- 청산 중이거나 1년 이상 휴업 중인 주식회사 등

---

11 결산보고서: 각 계정과목 명세서를 취합해 놓은 문서를 말한다.

10장 정리

회계결산은 회계팀이 주도적으로 잘 진행하겠지만 사장님 및 경영진의 관심은 중요하다고 생각한다. 특히 중소기업의 경우에는 더욱더 그렇다. 그리고 사실 사장님의 입장에서 그리 어려운 일도 아니다. 이것은 회계팀의 능력을 의심하거나 자재관리팀이나 거래처 등을 의심하기 때문이 아니다. 단지 안일해지기 쉬운 인간의 속성을 경계해서 실수를 예방하기 위함이다.

이 장에서는 회계결산 절차 및 회계결산 전/후에 사장님이 챙겨야 할 사항들에 대해서 알아보았다. 회계팀과 회계사(또는 세무사)가 알아서 잘 하겠지만, 사장님도 이러한 업무 흐름(Flow)을 대략적으로 이해하고 있으면서 적절한 타이밍에 적절한 관심표명을 하면, 보다 정확한 회계결산이 가능하게 될 것이다. 특히 회계결산이 끝나고 나면 이 장에 기재한 내용을 최대한 사장님이 할 필요가 있다. 하지만 대부분의 회사들은 이러한 일을 하지 않는다. 성공적인 회사가 많지 않은 이유이다.

회계결산 후에 사장님이 이 책에 쓰여진 대로 행동하면, 다음과 같은 효과가 생기게 된다 1. 회계팀 맨파워(Man－power) 향상 2. 전사 차원의 업무 효율성 및 정확성 향상

끝으로 분식회계는 하지 말자. 분식회계를 하지 않으면 회계감사는 더 이상 전쟁터가 아니고, 회계사는 적군이 아니다. 회계사는 우리에게 좋은 파트너가 될 수 있으며 그래야만 한다.

만일 이렇게 정당하게 회계처리를 하는 회사라면, 법과 규정을 따르면서 회사에 유리한 회계정책이 무엇인지 회계사에게 자문받을 수 있다. 또한 세상 돌아가는 이야기를 들을 수 있는 시간이 될 수도 있다. 신설회사 또는 중소기업들은 자칫 '우물 안 개구리'가 되기 싫기 때문에 이를 경계해야 한다. 회계사들은 다양한 회사를 접하는 사람이기 때문에 우리에게 아주 유익한 존재가 될 수 있다.

정당한 회사라면 회계감사의 대응전략과 사후관리는 필요 없다!

11장. 회계사에게 미리 물어 봐야 하는 것

사업을 하다 보면 향후 수년간의 손익을 예측할 때가 있는데, 이러한 예측이 크게 틀려 난처하게 되는 경우가 종종 발생한다. 회계처리와 관련하여 손익효과가 큰 거래에 대해서는 사전에 회계사에게 자문을 구해서 회사경영에 참고를 하는 것이, 혹시 있을지 모르는 혼란과 실수를 예방하는 좋은 방법이 될 수도 있다. 새로운 중요한 거래가 발생하거나 궁금한 점이 생기면 주저하지 말고 회계사와 상의하도록 하자.

■ 회계사와 사전에 상의할 주요 내용

구분	내용
원가계산 방법	원가계산 방법 선택 및 계산 로직(Logic) 자문
재고자산 평가	재고자산 평가방법 선택
재고실사	일정 및 세부 방법 협의
감가상각비	감가상각방법 및 내용연수[12]
개발비와 경상개발비	개발비와 경상개발비 구분
세무조정	우리회사와 관계 있는 세무조정 내용

위에 예시한 내용들은 회사설립 초기에 결정해야 할 사항이므로 회계사와 거래를 시작하게 되면 가급적 빨리 상담을 받고 결정(또는 수정)을 해야 할 사항들이다. 이외에도 사업을 하면서 새로운 중요한 거래가 발생하거나 기존 거래방식의 변경 또는 향후 발생 가능성이 있는 소송 등으로 회사자산 및 부채에 영향을 줄 가능성이 있다고 판단되면 이 역시 가능한 한 빨리 회계사에게 상의를 하기 바란다.

12 내용연수: 고정자산을 이용할 수 있는 회계상 연수(年數). 고정자산은 그 특성상 상당기간(내용연수)이 경과되면 폐기물로서의 가치밖에 가지지 못하는 것이 보통이다. 그래서 회계학에서는 각 자산마다 내용연수에 따라 감가상각을 하게 된다.

■ 회계사에게 적절히 자문 받지 않아서 생긴 실수 사례

① 기한부어음(Usance)에 대한 회계지식 부족으로 계정과목 오류 및 기표 누락과다

- 회계감사 과정에서 그 금액을 맞추지 못하고 결국 '의견거절'로 회계감사 종결되었음.

② '계산서'에 대한 세무지식 부족으로 세금신고 누락

- 3천만 원 가량의 가산세 납부

위에서 사례로 든 실수 2가지가 무엇인지 여러분은 알고 있는가? 이에 대해서 알든 모르든 여러분이 회계 및 세무와 관련하여 해박한 지식을 보유하고 있지 않다면, 회계감사 전후에 회계사나 세무사에게 자주 묻는 게 좋다. 그것은 여러분을 위한 현명한 방법이면서 동시에 회계사나 세무사를 당황스럽게 만들지 않는 좋은 방법이다. 안일하게 대응하지 말자. 회계사와 세무사를 귀찮게 해도 된다. 그러한 행위들이 결국은 모두를 위한 방법이기 때문이다.

※ 절대적으로 위험한 발상
- ✓ 맞겠지 뭐!
- ✓ 회계팀장이 별다른 말이 없었어.
- ✓ 틀리면 그때 고치면 되지
- ✓ 다른 사장님도 이렇게 한다던데!

■ 월별 주요 체크리스트

회계업무는 대부분 통상적인 순서대로 진행되는 업무이기 때문에, 회계와 세무일정에 맞게 아래 사항들에 대해서 사전에 체크만 하면 대부분의 실수는 예방할 수 있다.

아래 내용은 월별로 중요한 사항만 기재했을 뿐이고, 부록(월별 주요 일정표)에 기재되어 있는 사항들에 대해서 여러분이 잘 알기 전까지는 사전에 확실하게 묻고 챙기기 바란다. 여러분이 최소한 3~4년 동안은 이러한 일을 반복적으로 해서 여러분의 지식과 여러분 회사의 업무관행이 안정이 되고, 여러분과 거래하는 회계사나 세무사가 여러분 회사에서 발생하는 거래를 제대로 인식하기

전까지는 반드시 해야만 하는 일이다.

회계사나 세무사가 회계감사나 세무조정 작업을 하면서 여러분의 회사를 100% 정확히 파악하는 것은 불가능하다. 왜냐하면 대부분 그 일정이 촉박하기 때문이다. 따라서 여러분이 사전에 미리 묻고 챙기지 않다가 갑자기 중요한 오류가 발견되면, 회계감사나 세무조정 작업을 하면서 수정하는 것이 불가능하거나, 여러분 회사에 엄청난 손해가 발생할 수도 있다.

1월	2월	3월
• 세법 등 법규 변동사항 체크 • 부가세 신고(1/25) • 연말결산 및 법인세 신고 준비	• 정책자금 공고 확인 • 정책자금 회계처리법 문의 • 회계감사 수정사항 – 수정사항 내용 문의 – 회사 및 회계팀직원 평가	• 외부기장의 경우 – 부가세신고 준비사항 대응 • 자체기장의 경우 – 부가세신고 시 참고할 사항 문의 • 정책자금 공고 확인

4월	5월	6월
• 부가세 신고(4/25) – 신고 관련, 한 번 더 문의할 것	• 종합소득세 준비 – 신고 대상 여부 문의 – 종합소득세 신고 준비사항 문의(가급적 세무사에게 맡길 것)	• 법인세 중간예납 신고 – 예상금액 문의 – 회사가 할 일 문의/체크 • 부가세신고 준비

7월	8월	9월
• 부가세 신고(7/25) • 원가계산 – 원가계산 로직(Logic) 확인 – 현 원가계산 결과에 대한 정확여부 검증		• 부가세신고 준비

10월	11월	12월
• 회사와 관계된 신(新)제도/거래 문의 – 예: 스톡옵션, 우리사주 등 • 사업계획서 작성 관련 문의 • 부가세 신고(10/25)	• 사업계획서 작성 (11/11~11/30)	• 재고실사 – 일정/준비사항 문의 • 회계감사, 세무조정 – 일정/준비사항 문의 • 부가세신고 준비

※ 만기일(Due date)이 따로 정해져 있지 않은 경우에는 일반적인 중소기업의 회사상황을 고려해서 적절히 스케줄을 기재했으니, 회사의 상황에 맞게 탄력적으로 적용하기 바란다.

11장 정리

만일 여러분의 회사가 분식회계를 하려고 하지 않는다면 여러분의 회사는 회계사나 세무사와 좋은 파트너처럼 지낼 수 있다. 회계사를 사업의 파트너로, 때로는 친구처럼 친밀하게 지내기 바란다. 모르는 것은 묻고 상의하자.

사업초기에는 회사에 이런 실무자가 있으면 좋다. "잘 묻는 사람!" 이런 실무자가 필요한 이유는 여러분의 회사가 초보단계이므로 부족한 것, 잘 모르는 것이 많을 것이기 때문이다. 만일 실무자가 이런 유형의 사람이 아니라면 사장님이라도 그래야만 한다.

하지만 회계학지식이 부족하면 '몰라서 못 묻는 일'이 발생할 수도 있다. 그렇기 때문에 현재 하고 있는 사업내용, 사업하는 방법, 거래형태 등을 최대한 오픈(Open)하여 회사 직원을 대신하여 회계사들이 회계상 이슈(Issue)를 도출하게 할 필요가 있다. 우리가 인간적으로 다가가면 그들도 우리에게 친절하게 대할 것이다.

위의 실수 사례를 보면, 이 회사 회계담당자는 무역거래 용어인 Usance에 대한 지식이 전무해서, Usance의 종류에 따라 단기차입금과 외상매입금으로 구분해서 회계처리를 해야 한다는 것을 몰랐으며 은행에서 발급받은 금융거래확인서와 재무제표의 금액이 일치해야 한다는 사실도 모르고 있었다. 회계감사를 받는 과정에서도 본인의 무지와 업무 실수를 인정하지 않다가 결국은 확인 및 정정할 시간이 부족하여 정상적으로 회계감사를 종료할 수 없어서, 회계사는 '의견거절'을 한 경우이다. 두 번째 사례는 이 회사 회계담당자가 '계산서'와 '세금계산서'의 차이 및 관련 부가세법 지식의 부족으로 '계산서'에 대해서는 부가세신고를 누락시킴으로써, 수천만 원의 회사손실을 발생시킨 사례이다.

회계사나 세무사에게 회사가 먼저 다가가고 오픈(Open)하지 않으면 위와 같은 일은 여러분 회사에도 충분히 발생할 수 있다. 회계사나 세무사가 미리 알아서 챙겨 주기도 어렵고, 그들은 그럴 생각도 여유도 없다.

많이 질문하라. 절대로 과신하지 말고, 처음 발생한 거래는 알든 모르든 한 번은 꼭 물어 보기 바란다. 회계와 세법은 법과 규정이 자주 바뀌기 때문에 중소기업은 자칫 '우물 안 개구리'가 되기 쉽다.

제 2 부

자금조달

1장. 자금조달을 쉽게 하기 위해 현명한 CEO는 회계처리에 관심을 가진다

자금을 조달하는 방법은 차입(대출)하거나 투자유치를 하는 것이다. 우리는 뒤에서 투자를 받기 위해서 알아야 할 것들을 공부하게 될 것인데, 이는 비단 투자를 받는 경우에 국한되는 것이 아니라, 자금을 차입하는 경우에도 거의 동일하게 적용된다. 사장이 보다 구체적으로 해야 할 일은 무엇일까?

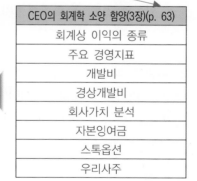

투자를 받고 싶다면(2장)(p. 62)		
필요요건	일반적인 사항	사업의 성공 가능성 ↑
		높은 이익/투자수익 가능성 ↑
		신뢰가 가는 회사/CEO
		법과 규정에 문제 없음
		투자조건 합당
	회계적인 사항	① 재무제표의 신뢰성 확보
		② 경영지표 체크 및 보완
		③ 손익분석 및 개선 활동

CEO의 회계학 소양 함양(3장)(p. 63)
회계상 이익의 종류
주요 경영지표
개발비
경상개발비
회사가치 분석
자본잉여금
스톡옵션
우리사주

CEO의 회사 회계처리에 대한 관심		
①	매년 회계감사 수감	감사보고서 전반적인 내용
	다양한 회사 소개자료 작성	디자인 및 표현력
②	매월 회계결산 및 결산보고서 체크	주요 경영지표 변동 여부 체크
		불리한 내용 정리/정산
③	원가분석	제조원가 검토
		월별 원재료 조달비용 체크

■ 현명한 CEO는 회계처리에 관심을 가진다

1. 매년 회계감사 수감

회사가 어느 정도 규모가 되면 법에 따라 회계감사를 받게 되어 있고, 이와 관계없이 투자유치를 계획하고 계신 사장님이라면 스스로 회계감사를 받게 될 것이다. 그런데 의외로 회계감사 전후에 CEO의 할 일에 대해서 대부분의 사장님들은 전혀 관심이 없거나 모르고 있다. 이렇게 되면 회계감사의 결과가 충실하기 어렵고, "회계감사 따로, 회사의 성장을 위한 노력 따로" 이렇게 된다. 회계감사는 받아야 하기 때문에 억지로 받는 것 이상의 의미가 있다. '제1부의 10장, 회계결산 어떻게 하나'에서 언급한 내용 정도는 따라 할 필요가 있다.
회계감사는 구체적으로 아래와 같은 효익이 있다.

1. 정확한 재무제표 작성
2. 회계팀의 실력 향상
3. 타사와 관계된 정보수집 및 당사와의 비교/평가
4. 회사에 유리한 회계정책의 수립

2. 다양한 회사소개 자료 작성

다양한 회사소개 자료를 만들다 보면 아래와 같은 효과가 있다. 스타트업도 적극적으로 만들어 보기 바란다.

※ 회사소개 자료작성의 효과

1. 회사의 현 상태에 대해서 정확히 인식하게 된다.
   ⟶ CEO 및 경영진에게 숙제를 만들어 준다.
2. 회계상의 오류를 발견하는 계기가 된다.
3. 디자인 실력과 문장 표현력을 향상시켜 준다.
4. 회사 내부에 디자인이 훌륭한 문서들이 축적되어 향후 활용이 용이하게 된다.

☞Tip. 문서의 형식과 디자인도 대단히 중요한데, 스타트업은 대체로 이에 취약하다. 회사 및 직원의 디자인 능력을 향상시키기 위하여 사장님 및 경영진의 관심과 의지가 절대적으로 필요하다.

3. 매월 회계결산 및 결산보고서 체크

① 매월 결산보고서에 관심을 갖고 중요한 경영지표 등을 점검할 필요가 있다. 경영지표 및 투자유치와 관련된 회계상 용어는 뒤에서 배우게 될 것이다.

② 가지급금 등 외부이해관계인들에게 좋은 이미지를 줄 수 없는 회계상 거래를 가급적 빨리 정리하라.

4. 원가분석

원가와 관계된 회계상의 용어와 전문적인 이론 따위를 사장님은 정확히 몰라도 된다. 하지만 원가를 낮추기 위한 관심과 노력은 절대적으로 필요하며, 여러분 회사의 원가에 대해서는 사장님이 그 누구보다 환히 꿰뚫고 있어야 한다.

1장 정리

사장님의 입장에서는 본인의 회사인만큼 회사를 성장시키기 위해서 최선을 다해서 노력을 할 것이다. 그런데 회계와 관계된 일은 회계팀장이 알아서 잘 할 것이라고 과도하게 믿고 관심과 노력을 별로 하지 않는 경향이 있다. 이 때문에 필자는 이 책 곳곳에서 사장님도 회계에 관심을 가질 것을 강조하고 있다.

사장님도 이 책을 몇 번 읽고 나면 어느 정도 회계학에 대한 지식을 갖추게 될 것이다. 이러한 회계지식을 바탕으로 사장님이 어떻게 행동하느냐에 따라서 회사의 미래 모습이 많이 바뀌게 된다.

이 장의 내용은 크게 어려운 것이 아니므로 더 이상 특별한 설명이 필요 없을 것이다. 투자유치 등 자금조달을 원활히 하기 위해서는 그 무엇보다 보기 좋은 재무제표가 중요하며, 이를 위한 사장님의 관심이 절대적으로 필요하다.

2장. 투자를 받고 싶다면

■ 필요 요건: 일반적인 사항

1. 사업의 성공 가능성이 높을 것
2. 사업 성공 시 높은 이익이 발생하고, 투자자가 높은 투자수익을 얻을 가능성이 높을 것
3. 회사, 특히 CEO가 제공하는 문서 또는 말(ment)이 신뢰가 갈 것
4. 각종 법과 규정에 저촉됨이 없을 것
5. 투자조건이 합당할 것

■ 필요 요건: 회계적인 사항

투자를 받고 싶다면, 위에서 말한 일반적인 사항들이 매력적이어야 할 것이다. 그렇다면 이러한 목적을 위해서, 회계적으로는 무엇을 준비하고 신경 써야 할까?

- 재무제표의 신뢰성 확보
- 경영지표 체크 및 보완
- 손익분석 및 개선 활동

1. 재무제표의 신뢰성 확보

〈회계감사 수감〉

스타트업이나 창업한 지 오래되지 않은 중소기업들은 대부분 외부회계감사대상[1]이 아니다. 이러한 회사들은 외부회계감사를 받을 필요가 없기 때문에 세무사와 계약하고 외부기장을 하거나 회사에서 자체기장을 하다가 연말에는 세무사의 도움을 받으면서 법인세신고를 하는 정도로 한 해의 회계결산이 마무리될

1 외부회계감사대상: 재무제표가 적정하게 작성되었는지 외부기간에게 회계감사를 받아야 하는 업체.

뿐, 회계처리에 대한 외부전문가의 책임 있는 모니터링(Monitoring) 절차가 없다. 그렇기 때문에 회사에서 제출하는 재무제표에 대한 신뢰성을 인정하기 어렵다.

이런 맥락에서 잘 알고 지내는 지인들의 소액 투자나 재무실적과는 별로 관계없는 '기술투자상장제도'의 경우를 제외하고는, 투자자들은 투자에 대한 의사결정을 하기 전에 회계감사를 받은 재무제표를 요구한다.

이러한 외부회계감사는 적정규모의 회계법인과 계약하여 진행하면 될 뿐 절차상 특별한 사항은 없으며, 회계사 시장(市場)이 점점 레드오션(Red Ocean)[2]으로 되고 있는 현실에서 귀사를 반기는 회계법인은 아주 많을 것이다.

회사가 이런 상황에 처했으며 CFO 또는 유능한 회계팀장이 없으면, 대부분의 회사는 이 시점에 구인광고를 낸다. CFO와 유능한 회계팀장이 필요할까? 물론 있으면 좋지만 없어도 가능은 하다. 아무튼 이러한 회계감사를 받을 수 있을 정도로 회사는 최소한의 준비가 되어 있어야 한다.

2. 경영지표 체크 및 보완

투자자들이 위와 같이 검증받은 재무제표를 보려고 하는 이유는, 재무제표를 통해서 회사의 각종 경영지표를 확인하고 투자 여부의 타당성 및 투자조건을 검토하기 위해서이다. 따라서 회사가 사전에 내부적으로 재무제표 분석을 실시해서, 취약한 경영지표에 대한 보완 및 개선노력을 할 필요가 있다.

✎ 참고하기_ p.66 투자유치와 관계된 기본 회계지식
p.99 재무제표를 통해서 무엇을 파악할 수 있을까?

3. 손익분석 및 개선 활동

지피지기면 백전백승(知彼知己면 百戰百勝)이라 했다. 우리회사의 실상을 정확히 알 필요가 있다. 사장님이 단순히 머릿속으로 생각한 것, 비(非)회계팀의 말과 자료만으로 판단한 것, 회사 외부에서 하는 말만 듣고 판단한 것, 이런 것들과 회계팀을 통해서 받은 회계 데이터(Data)는 많은 차이가 날 수 있다. 이 때문에 항상 회계팀 자료에 입각해서 판단하고 행동하는 것이 좋다.

---

2 Red Ocean: 이미 잘 알려져 있어서 경쟁이 매우 치열한 특정 산업 내의 기존 시장을 의미한다.

여러분은 어떤 방법을 사용하든 회사의 손익분석을 정확히 하고, 이에 대한 대응전략을 신속히 수립하고 실행에 옮겨서 손익구조가 개선되고, 그 결과로 각종 경영지표가 향상되어야 투자유치가 원활히 진행될 것이고, 투자조건도 유리하게 전개될 것이다.
물론 손익구조 개선을 위한 대응전략의 효과가 금방 나타나고, 그 결과로 재무제표가 금방 개선되는 것은 아니다. 하지만 미래에 대한 전망(Vision)의 있고 없고는 투자유치에 많은 차이가 있다. 최소한 기대감을 품을 수 있을 정도는 되어야 한다.

■ 차이점(경영지표 체크 및 보완 & 손익분석 및 개선 활동)

위에서 언급한 '2. 경영지표 체크 및 보완'은 회사가 빨리 시행할 수 있고, 그 결과도 비교적 빨리 나타나는 반면 '3. 손익분석 및 개선 활동'은 상대적으로 어렵고 효과도 더디기 때문에 장기적으로 접근해야 한다는 점에서 차이가 있다.
회사가 경상개발비로 회계처리한 내용을 '개발비'라는 자산 계정과목으로 변경하거나, R&D 인력을 신속히 증가시키거나 기타 R&D 관련 투자금액을 증가시키는 행위, 또 불필요한 자산매각을 통하여 부채비율을 감소시키는 행위 등은 위의 '2. 경영지표 체크 및 보완'에 해당된다.
반면 현재 100% 국내 자체공장에서 생산을 하고 있는데, 향후에는 50%는 종전 방식으로, 나머지 50%는 베트남에서 생산을 하는 방식으로 변경하거나, 또는 현재 사용 중인 원자재 A를 B로 바꾸거나, 생산방식을 변경함으로써 매출원가를 10% 절감시키는 행위는 '3. 손익분석 및 개선활동'에 해당된다.
정교한 손익분석 및 치열한 개선활동을 통해서 회사의 경영지표를 개선시키려는 노력은 끊임없이 해야 한다. No.1이 아니면 생존할 수 없는 현실이다. 삼성그룹을 '관리의 삼성'이라고 칭한다. 그들이 치밀하게 회사를 관리하는 이유가 분명 있으며, 그래서 삼성그룹은 계속해서 글로벌기업으로 성장하고 있는 것이다.

2장 정리

투자를 받을 수 있는 방법, 이와 관련된 교육 프로그램, 이와 관련된 컨설턴트 등 현재 여러분의 관심을 끄는 것들이 너무나 많이 존재하고 있어서 어쩌면 여러분의 생각을 흐리게 할 수 있다. 그러나 투자유치에 성공하기 위한 왕도(王道)가 있는 것은 아니다. 기본에 충실하면 된다. 즉 진실로 매력적인 회사를 만들고 이를 제대로 보여 주면 되는 것이다. 이 책에도 많은 내용을 담고 있지만, 그 본질은 이와 크게 다르지 않다.

이런 맥락에서 이 장을 다시 한번 읽어 보면, 필자의 의도가 무엇인지 제대로 파악할 수 있을 것으로 생각한다. 일단 투자유치를 위한 일반적인 요건은 실행하기가 어려운 뿐, 이론적으로는 누구나 다 아는 것이고, 그다음 투자유치를 위한 회계적인 사항 역시, 이론적으로는 그리 어려운 것이 아니다. 여러분들이 관심을 많이 가지고 지속적으로 행동을 하면 되는 일이다.

끝으로 이 장의 주제와 관련해서 사장님들에게 강조하고 싶은 것이 있다.

- 투자유치를 위해서 허둥대지 마라.
- 밖으로만 눈을 돌리지 마라.
- 잠재적 투자자가 몇 명 나타나고 귀에 달콤한 소리가 들릴 때, 절대 겉멋 들지 마라.
- 사장님의 눈을 내부로 돌려라. 기본에 충실하라. 회계적으로도 그러하다.

3장. 투자유치와 관계된 기본 회계지식

사업을 하다 보면 외부로부터 이런저런 투자를 받게 되거나, 투자를 받고 싶은 마음이 생기게 될 것이다. 그런데 투자자의 유형에 따라서, 회사의 대응이 달라져야 함은 지극히 당연하다. 지금 우리는 회계학을 공부하고 있으니, 우리가 관심을 가지고 대응을 해야 할 것들 중에, 일단은 회계와 관련된 것들을 정리해 보도록 하자.

(1) 완전 기초 회계지식

1. 회계상 이익의 종류
2. 주요 경영지표
3. 연구개발비, 개발비, 경상개발비
4. 기타
   - 자본잉여금
   - 스톡옵션
   - 우리사주

1. 회계상 이익의 종류

회계상으로는 매출이익, 영업이익, 경상이익, 법인세차감전이익, 당기순이익, 이렇게 5종류의 이익이 있다. 각각의 개념을 시험준비하는 사람처럼 달달 외울 필요는 전혀 없고 궁금하면 손익계산서를 보면 된다. 손익계산서를 보면서 각각의 이익이 어떻게 계산되는지 보면 된다. 실무적으로 가장 많이 사용되는 이익은 경상이익과 당기순이익이다. 따라서 이 두 단어는 외워 두는 게 좋다.

- 경상이익: 매출액에서 매출원가와 판매관리비를 차감하고, 영업외수익과 영업외비용을 +− 해서 계산된 이익으로, 법인세를 차감하기 전의 이익이다. 즉, 세금만 고려하지 않은 최종이익으로서 당기순이익보다도 더욱 눈여겨 보는 이익이다.
- 당기순이익: 상기 경상이익에서 법인세까지 차감한 최종이익이다.

이러한 설명으로 이해하려면 어렵다. 따라서 이러한 용어를 보게 될 때마다 앞서 배운 손익계산서를 다시 살펴보면서, 손익계산서의 이미지가 머리에 완전히 기억되도록 하자.

✎ 참고하기_ p.8 손익계산서

2. 주요 경영지표

아주 많은 지표들이 있어서 필자도 다 기억하지는 못하고 있다. 하지만 불편하지 않다. 궁금할 때는 찾아보면 되니까. 여러분도 마찬가지이다. 이 책에 중요한 경영지표를 대부분 기재해 두었으니 궁금할 때마다 이 내용을 참고하면 될 것이다.

아래의 경영지표는 앞으로 대단히 자주 보게 될 것이니 가급적 빨리 외우기를 제안한다.

- 매출액 증가율=〔(당기 매출액－전기 매출액)/전기 매출액〕×100
- 매출액 경상이익률=(경상이익/매출액)×100
- 매출액 영업이익률=(영업이익/매출액)×100
- 매출액 순이익률=(순이익/매출액)×100
- 매출원가율=(매출원가/매출액)×100
- 자기자본 비율=(자기자본/총자산)×100
- 부채비율=(부채/자본)×100
- BPS(주당순자산가치)=순자산/총발행주식수
- PBR(주가순자산비율)=주가/BPS
- PER(주가수익비율)=주가/주당순이익
- EPS(주당순이익)=당기순이익/총발행주식수
- ROA(총자산이익률)=(당기순이익/총자산)×100
- ROE(자기자본이익률)=(당기순이익/총자본)×100

✎ 참고하기_ p.99 재무제표를 통해서 무엇을 파악할 수 있을까

3. 연구개발비/개발비/경상개발비

① 연구개발비

우리는 회사에서 연구하거나 개발하는 데 든 비용을 통칭해서 연구개발비라고 말한다. 말 그대로 비용인 것이다. 하지만 회계학에서는 이러한 비용을 내용에 따라서 아주 엄격하게 구분해서 일부는 '개발비'라는 자산으로 처리하고, 일부는 '경상개발비'라는 비용으로 처리하고 있다.

② 개발비

무형자산의 하나로서 연구개발 활동에서 발생하는 비용 중에 아래 요건을 충족하는 경우에는 개발비(자산)로 처리할 수 있다.

- 사용 또는 판매하기 위해 그 자산을 완성시킬 수 있는 기술적 실현 가능성을 제시 가능
- 무형자산을 완성해 그것을 사용하거나 판매하려는 기업의 의도가 있을 것
- 완성된 무형자산을 사용하거나 판매할 수 있는 기업의 능력을 제시 가능

〈개발비 예시〉

- 무형자산의 창출에 직접 종사한 인원에 대한 급여, 상여금, 퇴직급여 등의 인건비
- 무형자산의 창출에 사용된 재료비, 용역비
- 무형자산의 창출에 직접 사용된 유형자산 감가상각비와 무형자산(특허권 등)의 상각비

③ 경상개발비

연구개발비 중에서 무형자산인 개발비로 처리하지 못하는 나머지이다. 판매관리비에 해당한다.

④ 구분의 실익

대부분의 회사는 그들의 회사가 이익이 많이 발생하는 회사이기를 원한다. 따라서 애매한 거래가 발생하면 가급적 자산으로 처리해서 비용을 줄이려고 한다.

이런 회사라면 연구개발비의 경우에는 경상개발비(비용)로 처리하지 않고

개발비(자산)로 처리하면 손익 개선 차원에서 회사에 도움이 된다. 이러한 관점에서 R&D 비중이 높은 회사일수록 연구개발비를 어떻게 회계처리할 것인지는 중요한 이슈(Issue)가 된다.

한편 세무적으로는 연구개발비와 관련된 각종 세액공제 등을 받기 위해서, 회계처리를 개발비로 하든 경상개발비로 하든, 연구개발과 관련된 비용을 빠짐없이 잘 회계처리를 해 둘 필요가 있다. 연구개발비의 비중이 큰 회사일수록 이와 관련하여 절세 효과(Effect)가 크기 때문에 빠짐없이 챙겨야 한다.

✎ 참고하기_p.200 절세방법

4. 기타

투자유치에 관심이 많은 스타트업, 특히 IPO까지 생각하고 있는 스타트업이라면 몇 가지 더 알아야만 하는 기본 개념이 있다. 이에 대한 세부적인 사항은 부록을 참고하기 바라며, 우선 이 장에서는 그 기본개념만 알기로 하자.

① 자본잉여금

대차대조표의 3대 항목 중 하나인 자본은 세부적으로 알려고 하면 아주 복잡한 것이 많다. 하지만, 우리는 그런 복잡한 것까지는 알 필요가 없고, 아래 5가지 개념만 정확히 알면 된다.

1. 자본은 자본금, **자본잉여금**, 이익잉여금, 자본조정, 이렇게 4개로 구성되어 있다.
2. 상기 1의 기본개념은 아래와 같다.
   - 자본금: 주주가 입금한 금액 중에서 주식 액면가에 해당하는 금액
   - **자본잉여금**: 주주가 입금한 금액 중에서 자본금을 제외한 금액
   - 이익잉여금: 주주와는 관계 없음. 영업활동으로 인하여 발생한 당기순이익의 누적금액
   - 자본조정: 기타
3. 상기 자본잉여금에 포함되는 개념으로 '주식발행초과금'이라는 것이 있으며, 이것은 정확히 알 필요가 있다.
4. 상기 2에서 알게 된 것처럼 자본잉여금은 회사의 영업활동으로 인한 이

익과는 관계가 없기 때문에 손익계산서와는 관계가 없는 개념이다. 따라서 자본잉여금이 많더라도, 보다 구체적으로는 자본잉여금에 포함되는 주식발행초과금이 아무리 많더라도 손익계산서와 관계되는 각종 경영지표에는 영향을 주지 않는다.

주식발행초과금은 대차대조표의 자본과 현금과 예금(자산)을 증가시킬 뿐이다. 보다 상세한 내용은 부록의 '주식발행초과금'을 참고하기 바란다.

5. 이 책에서 지금까지는 자본잉여금과 자본조정을 통칭하여 기타자본으로 설명했지만, 만일 여러분 회사가 '주식발행초과금'이 발생한 회사라면 앞으로는 보다 유식해 보이기 위해서라도 자본잉여금이라는 단어를 사용하도록 하자.

자본잉여금과 관련해서 다른 회계학 책에 나오는 이런저런 복잡한 내용들은 굳이 알 필요 없고, 자본잉여금에 포함되는 가장 중요한 개념인 아래 '주식발행초과금'과 관련된 설명만 정확히 숙지하기 바란다.

〈주식발행초과금〉

주식의 액면가액을 초과하여 발행한 경우 발행금액과 액면금액과의 차이이다.

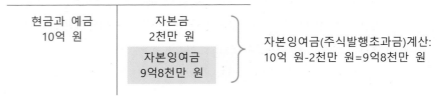

좋은 조건으로 10억 투자유치 성공

현금과 예금 10억 원	자본금 2천만 원 자본잉여금 9억8천만 원

자본잉여금(주식발행초과금)계산:
10억 원-2천만 원=9억8천만 원

② 스톡옵션

기업이 임직원에게 일정수량의 자기회사의 주식을 일정한 가격으로 매수할 있는 권리를 부여하는 제도이다. 이 정도는 대부분 알고 있을 것이고, 회사의 일반 사원이라면 이 정도만 알고 있으면 큰 문제 없다.

하지만 스타트업 CEO 혹은 주요 경영진이라면 스톡옵션의 부여 결과, 향후 회사의 손익에 어떤 영향을 주는지에 대해서는 알 필요가 있다. 세부적인 내용은 부록을 참고하기 바란다.

③ 우리사주

근로자들에게 자사주를 취득하게 하는 제도로서 근로자가 우리사주조합을 설립하여 자기회사의 주식을 취득, 보유하는 제도이다.

✎ 참고하기_ 부록. p.260 스톡옵션, p.275 주식발행초과금

(2) 자연스런 대화를 위해 알면 좋은 개념들

투자유치와 관련하여 스타트업이 반드시 알아야 하는 기본적인 개념은 위에서 살펴본 내용이면 충분하다.

하지만 무엇이든 알아서 나쁠 것 없다는 관점에서, 스타트업들이 투자유치와 관련하여 외부 사람들을 만나게 되면서 접하게 될 단어들을 선별해서 기본 개념만 정리해 보겠다. 이 정도 기본 개념만 숙지하면 되고 나머지 부족한 점이 있으면 네이버를 활용하든지 내외부 전문가의 도움을 받도록 하자.

■ 기업가치

기업의 총가치로 기업매수자가 기업 매수 시 지급해야 하는 금액을 말한다. 기업가치는 자기자본의 가치와 부채의 가치를 더하거나 주식의 시가총액에서 순차입금(차입금－현금성 자산)을 더해 구한다.

■ 기업신용등급

AAA~D의 10개로 구분

신용등급	등급정의
AAA	상거래를 위한 신용능력이 최우량급이며, 환경변화에 충분한 대처가 가능한 기업
AA	상거래를 위한 신용능력이 우량하며, 환경변화에 적절한 대처가 가능한 기업
A	상거래를 위한 신용능력이 우량하며, 환경변화에 대한 대처능력이 제한적인 기업
BBB	상거래를 위한 신용능력이 양호하나, 경제여건 및 환경악화에 따라 거래안전성 저하가능성이 있는 기업

BB	상거래를 위한 신용능력이 보통이며, 경제여건 및 환경악화 시에는 거래안정성 저하가 우려되는 기업
B	상거래를 위한 신용능력이 보통이며, 경제여건 및 환경악화 시에는 거래안정성 저하가능성이 높은 기업
CCC	상거래를 위한 신용능력이 보통 이하이며, 거래안정성 저하가 예상되어 주의를 요하는 기업
CC	상거래를 위한 신용능력이 매우 낮으며, 거래의 안정성이 낮은 기업
C	상거래를 위한 신용능력이 최하위 수준이며, 거래위험 발생가능성이 매우 높은 기업
D	현재 신용위험이 실제발생하였거나, 신용위험에 준하는 상태에 처해 있는 기업
R	1년 미만의 결산재무제표를 보유하였거나, 경영상태급변(합병, 영업양수도 등)으로 기업신용 평가등급 부여를 유보하는 기업

■ 배당률

주당 액면가에 대한 배당금의 비율

■ 배당성향

당기순이익 중 배당금의 비율

■ 배당수익률

주당배당금/주식가격×100

주주들이 해당 주식을 보유하고 있을 때 얻을 수 있는 수익을 나타내는 지표 중의 하나로 한 주당 주식가격 대비 배당금의 비율이다. 투자자가 주식을 보유하여 얻을 수 있는 수익은 주식가격 상승과 배당에 의해 결정된다.

■ 순자산가치(Net Asset Value)

총자산가치에서 총부채가치를 차감한 것. 1주당 순자산가치는 모든 자산을 현행 시장가치로 매각하고, 미지급 부채를 변제하고 남은 금액을 주주들에게 분배할 때, 주주가 받을 수 있는 금액을 나타낸다.

*주당 순자산가치: 자본(순자산) 총액을 발행 주식수로 나눈 것

■ 이익배당

회사가 주주(株主) 또는 사원에게 이익을 분배하는 일. 지급은 현금을 원칙으로 하지만, 주식회사의 경우 주식 배당이 예외적으로 인정된다.

■ BPS(Book-value Per Share): 주당 장부가치

순자산(총자산－총부채)을 총 발행된 보통주식의 수로 나눈 가치로서 위에서 설명한 '주당 순자산가치'와 동일하다.

■ Cash Flow: 현금흐름법

미래의 현금흐름을 적정한 할인율로 할인하여 구한 현재가치로 기업가치를 측정하는 방법 중 하나이다.

■ PBR(Price Book Value Ratio): 주가순자산비율

주가를 주당 장부가치로 나눈 값(주가/BPS). 주가와 1주당 순자산을 비교한 수치로서, PBR이 1이라는 것은 주가와 기업의 1주당 순자산가치가 같다는 의미이다. 수치가 낮을수록 해당기업이 저평가되었다고 볼 수 있다.

■ EPS(Earning Per Share): 주당순이익

기업이 벌어 들인 순이익을 발행한 총 주식 수로 나눈 것.

1주당 이익을 얼마나 창출하였느냐를 나타내는 지표. 회사가 얼마나 장사를 잘 하는지를 보여 주는 지표로서, EPS가 증가하는 주식이 좋은 주식이라고 할 수 있다. 주당순이익이 높을수록 수익성 관점에서 경영실적이 양호하고 배당여력이 크다는 것을 의미하므로 주식가격에 긍정적인 영향을 미친다. 다만 주당순이익이 높다고 하여 반드시 배당금액이 큰 것은 아니기 때문에 배당가능이익에 대하여 완전한 정보를 제공한다고 볼 수는 없다.

■ PER(Price Earning Ratio): 주가수익비율

주가를 주당순이익으로 나눈 수치(주가/주당순이익)

주가가 1주당 수익의 몇 배인가를 나타내는 수치. 예를 들어 A기업의 주가가 6만6천만 원이고 EPS가 1만2천만 원이라면 A사의 PER는 5.5가 된다. PER가 높다는 것은 주당순이익에 비해 주식가격이 높다는 것을 의미하고, PER가 낮다는 것은 주당순이익에 비해 주식가격이 낮다는 것을 의미한다. 그러므로 PER가 낮은 주식은 앞으로 주식가격이 상승할 가능성이 크다.

■ EPS(Earning Per Share: 주당순이익)와 관련된 개념들

주당순이익:

'기본주당이익'과 '희석주당이익'으로 나누어지며, 우리나라 회계규정인 한국채택국제회계기준[K-IFRS]에서는 2가지를 모두 공시하도록 규정하고 있다.

기본주당이익:

현재 유통되고 있는 보통주만 고려하여 계산한 주당순이익

희석주당이익:

유통되고 있는 보통주뿐 아니라 미래에 권리를 행사하여 보통주가 될 수 있는 **잠재적보통주**[3], 전환우선주, 주식매수선택권, 신주인수권부 사채 등이 모두 보통주로 바뀌었다고 가정하고 계산한 가상의 주당이익이다.

당기순이익: 포괄 손익계산서의 당기순이익을 뜻하며, 유통주식 수는 발행총주식수에서 자기주식 수(특정 기업이 보유하고 있는 자신의 주식수)를 뺀 주식수이다.

■ P/FCF(Price to Free Cash Flow): 주가잉여흐름 배수

회사의 주가를 주당잉여흐름(FCF)과 비교하는 주식평가 지표(=현재 주가/주당 FCF)

3 잠재적 보통주: 보통주로 전환할 수 있는 전환사채 등

■ PSR(Price to Sales Ratio): 주가매출액비율

주가를 주당매출액으로 나눈 것으로 기업의 성장성에 주안점을 두고 상대적으로 저평가된 주식을 발굴하는 데 이용하는 성장성 투자지표를 말한다. PSR가 낮을수록 저평가되었다고 본다.

PSR=주가/주당매출액

*주당매출액=총매출액/발행주식 수

■ ROA(Return On Assets): 자산수익률

기업의 당기순이익을 자산총액으로 나누어 얻어지는 수치로 특정 기업이 자산을 얼마나 효율적으로 운용했는지를 나타내는 지표이다.

■ ROE(Return On Equity): 자기자본이익률

기업의 자기자본에 대한 기간이익의 비율. 경영자가 기업에 투자된 자본을 사용하여 이익을 어느 정도 올리고 있는가를 나타내는 기업의 이익창출능력으로 자기자본수익률이라고도 한다. 산출방식은 기업의 당기순이익을 자기자본으로 나눈 뒤 100을 곱한 수치이다. 예를 들어 자기자본이익률이 10%라면 주주가 연초에 1,000원을 투자했더니 연말에 100원의 이익을 냈다는 뜻이다.

자기자본이익률이 높은 기업은 자본을 효율적으로 사용하여 이익을 많이 내는 기업으로 주가도 높게 형성되는 경향이 있어 투자지표로 활용된다. 투자자 입장에서 보면 자기자본이익률이 시중금리보다 높아야 투자자금의 조달비용을 넘어서는 순이익을 낼 수 있으므로 기업투자의 의미가 있다. 시중금리보다 낮으면 투자자금을 은행에 예금하는 것이 더 낫기 때문이다.

기간이익으로는 경상이익, 세전순이익, 세후순이익 등이 이용되며, 자기자본은 기초와 기말의 자본(순자산액)의 단순평균을 이용하는 경우가 많은데 이는 기간 중에 증·감자가 있을 경우 평균잔고를 대략적으로 추정하기 위한 것이다. 기간 중에 증·감자가 없었다면 기초잔고를 이용해도 된다.

3장 정리

투자를 받기 위해서는 일차적으로 투자자와 대화가 가능해야 하기 때문에, 관련된 최소한의 회계단어는 알 필요가 있다. 또한 투자유치를 성공하기 위해서 예쁜 회사의 모습을 미리 갖추는 것이 필요한데 이것을 위해서도 투자자들이 관심을 가지는 내용에 대한 기본적인 회계지식이 필요하다.

이 장에서는 이러한 목적을 위해서 최소한의 회계지식 및 중요 단어의 기본개념을 소개하였다. 이 장을 읽고 나서 부록의 해당 내용을 읽어서 관련 지식을 보완하기 바란다.

이 장에 나오는 용어들은 투자유치뿐 아니라 은행 등에서 차입을 진행할 때나 개인적으로 주식투자를 할 때도 흔히 접하게 되는 단어들이다. 소위 '숫자'와 관계된 일을 하는 사람들은 흔히 쓰는 단어들이니까 틈틈이 읽어서 익숙해지기 바란다.

이 외에도 알면 좋은 단어들은 물론 더 있다. 하지만 바쁜 여러분들이 만물박사가 될 수는 없기 때문에 생활하다가 모르는 용어가 나오면 이 책 끝에 있는 '찾아보기'를 확인해 보기 바란다. 만일 이 책에 나오지 않는 단어라면 그렇게 많이 사용되는 단어는 아니라는 의미이다. 즉, 그리 중요한 개념은 아니라는 뜻이다.

4장. 회사 성장을 위해 미리 준비할 사항

이 회사가 10배, 100배 커질 때를 미리 대비해야 하지 않을까?

※ 회사 성장을 대비해서 미리 준비해야 하는 것

1. 유능한 회계팀장

절대적으로 필요하다. 유능한 회계팀장을 영입할 수 있다면 회사가 할 수 있는 최선을 다할 필요가 있다. 그런데 명심할 점은, 유능한 회계팀장을 뽑는 일도 어려운 일이지만 기존의 회계팀장을 새로운 회계팀장으로 교체하는 일은 그보다 몇 배 더 어려운 일이라는 점이다. 따라서 아래 사항을 유념할 필요가 있다.

- 처음 뽑을 때 정말 신중히 결정하라.
- 회사와 사장님의 약점을 만들지 마라.
- 인수인계를 용이하게 하라.

2. 적합한 회계 소프트웨어

회사가 회계팀장으로 과장급 이상의 직원을 채용할 형편이 된다면 가급적 신속히 회계팀장을 채용하고 이때부터는 회계 소프트웨어를 구입하고 세무사를 통한 외부기장은 중단하는 것이 좋다. 외부기장을 하면 회계 데이터를 활용한 효율적인 회사경영은 불가능하다.

우리가 주목할 것은 **"적합한"이란 단어이다.** 적합하지 않은 소프트웨어는 크게 도움이 되지 않을 뿐 아니라, 장기적으로는 해악을 일으키게 되고, 또 다른 새로운 소프트웨어를 구입하게 만든다. 지나치게 단순한 소프트웨어나 ERP 소프트웨어의 사용은 자제해 주기 바란다.

3. 효율적인 소프트웨어 세팅(Setting)

요즈음 시판되고 있는 회계 소프트웨어들은 대체로 그 기능이 비슷하고 상당히 잘 만들어져 있다. 따라서 각 소프트웨어의 메뉴를 잘 이해하고 잘 세팅(Setting)해서 사용하면 아주 유용하게 사용할 수 있다.

4. 유식하고 현명한 경영자

여러분이 주요 경영진이라면 이 책을 최소한 2~3회는 읽기 바란다.

※ 누구를 몇 명이나 추가로 채용해야 할까?

회사를 설립할 때는 대부분, 사무보조를 해주는 역할로 여직원 1명 정도 채용해서 그 직원을 통해서 회계, 자금, 인사, 총무, 채권관리 등 참 많은 일을 해결한다. 그러다 보니, 각 분야별로 전문성을 가질 수는 없고, 최소한의 숫자 맞추기 정도를 하면서, 세무신고나 4대연금은 어쩔 수 없이 세무사나 회계사의 도움을 받게 된다.

그러다가 어느 순간부터 매출이 증가하면서 거래량도 많아지고 복잡해져서 세무사를 통한 외부기장의 한계를 느끼기도 하고, 또 주변에서 이런저런 소리로 부추기기도 해서 회계나 자금업무를 잘 할 수 있는 경력자를 채용하고 회계 소프트웨어를 구입해서 세무사를 통한 외부기장을 그만 두고 자체 기장(직접 회계처리)을 시작한다. 여기까지는 중소기업의 일반적인 성장모습이다.

그렇다면 우리는 인원을 얼마나 증가시켜야 할까? 그리고 어느 정도 스펙(spec)의 인원을 채용해야 할까?

우리는 1부의 6~7장에서 재무제표 만들기를 공부했다. 재무제표를 만드는 작업은 회계상 거래가 발생할 때마다 T자분개를 하고, 그 내용을 재무제표에 반영(합산)하면 대부분 끝나고, 보다 정확하게 하기 위해서 연말 또는 반기 결산 시에 결산수정분개를 추가해 주면 최종 종결된다.

거래량이 많아질수록 비례해서 증가하는 일은 T자분개를 하는 일로서, 현 직원이 매일 야근을 해도 다 처리할 수 없다면, 이런 일을 할 수 있을 정도의 직원은 계속 충원할 필요가 있다. 그다음 과정인 T자분개 내용을 재무제표에 반영

(합산)하는 것은, 회계 소프트웨어가 자동적으로 수행하기 때문에, 인력충원과는 직접적인 관계가 없다. 끝으로 결산수정분개[4]는 거래량에 비례해서 증가하지는 않는다. 즉, 거래량이 많아지고 거래가 복잡해지면 결산수정분개를 하는 데 소요되는 시간이 증가는 하지만, 거래량 증가율 대비 현격하게 낮은 증가율을 보인다. 또한 미리 준비하고 시스템화해 둔다면, 결산수정분개를 위해서 그리 많은 인력이 필요하지 않다.

■ 결론

회사가 성장함에 따라 인력 충원을 할 필요가 있다. 첫 번째는 회계나 자금업무를 책임질 팀장급이 필요하며, 그다음에는 단순 실무(예: T자분개)를 주로 수행할 직원들을 충원할 필요가 있는데, 거래량이 증가할수록 이러한 인력은 계속 증가하게 된다. 다만, 회사가 아무리 성장해도 팀장급을 계속 증가시킬 필요는 없으며 그래서도 안 된다. 또한, 회사가 성장하고 거래가 많아지고 아무리 복잡해지더라도, 회계팀은 항상 조용하고 안정적이어야 된다. 이것이 가능하려면 회계팀과 사장님은 미리 뭔가를 준비해야 하는 것인데, 이 책에서 많은 아이디어를 얻기 바란다.

■ IPO(기업공개: Initial Public Offering)

□ IPO 진행 세부절차

① 주관사 선정 후 주관사가 하는 일
- 기업실사를 통해 이 회사의 상황을 파악하고 일종의 감시 역할 진행
- 예비심사청구서[5]를 작성하여 거래소에 승인받는 업무를 진행

② 기업실사

③ 예비심사청구서 제출 및 승인
- 승인이 탈락하면 청구서 재작성 혹은 기술평가서 재제출로 재승인을 받아야 한다.

---

4 결산수정분개: p. 166 결산수정분개란? 참고

5 예비심사청구서: 그 기업의 대외비를 제외한 모든 사항을 작성하는 자료로 증권신고서보다 더 깊은 내용을 담기도 한다. 기업의 재무/상장 이유/인력/영업 현황/향후 전략/기술적인 내용/제품 내용/대표의 이력/주관사의 견해 등

④ 증권신고서 제출

– 증권신고서는 기업공시시스템(DART)에 올라가며 예비심사청구서와 달리 모든 투자자들이 볼 수 있는데, 증권신고서의 주요 내용은 재무제표와 사업의 내용으로 구분되며 깊은 내용을 담지는 않는다.

⑤ IR

– 애널리스트, 매니저, 기자를 주 대상으로 하는 소규모 간담회, 은행, 보험, 운용사, 자문사 등을 대상으로 하는 대규모 간담회, 주요 대규모 운용사를 대상으로 하는 1대1 미팅(DR 진행)이 진행되는데 통상 소요시간은 5일~7일 정도이다. 이 과정에서 IR컨설팅사와 업무를 진행하기도 한다.

⑥ 수요예측

– IR을 진행하며 주어진 이틀 동안 수요예측 과정을 거친다. 수요예측 결과는 기업마다 천차만별이며, 수요예측이 마감된 후 기업은 결과에 따라 주관사와 일종의 거래를 진행한다. 상단이라면 무난하겠지만 하단 혹은 하단 아래로 수요예측이 마감된다면 재상장을 진행하기도 한다. 그러면 승인 후 6개월 이내에 증권신고서를 재제출하며 IPO IR 또한 재진행해야 한다.

⑦ 청약 및 배정

– 수요예측을 성공적으로 끝냈다면 일반인 투자자를 대상으로 청약을 진행하며 이틀의 시간을 갖게 된다. 기업의 경우 수요예측 이후 실질적인 IPO IR이 끝났다고 보며, 보통 수요예측이 잘되면 청약의 결과도 좋다.

⑧ 상장

– 상장 신청을 하여 상장을 하게 된다.

□ IPO 관련 미리 준비할 사항

① 회계기준 변경

일반기업회계기준을 사용하던 회사는 IPO 전에 반드시 국제회계기준(IFRS)으로 변경해야 한다. IPO를 생각하고 있는 회사라면 1~2년 전에는 회계법인을 선정하여 진행하는 것이 좋으며, 소요되는 비용은 4천만 원±α(알파) 정도가 될 것이다.

② 정관 확인 및 수정

스톡옵션, 우리사주, 제3자신주인수권, 주식양도기준에 관한 내용 등이 코스닥등록법인 표준정관에 준하는 수준으로 정비되어야 하며, 상법 등에서 정하는 절차를 준수해야 한다.

③ 내부통제시스템[6] 구축

상근감사 규정, 재고자산 관리문서, 주주총회 의사록 등 심사청구서에 기재된 사항과 관련된 장부의 점검 등이 필요하다.

☞ 위 ②번과 ③번은 본 책의 범위를 넘어서는 관계로 세부적인 사항은 생략한다.

④ 예쁜 재무제표로 메이크업(make-up)[7]

가지급금, 가수금, 종업원대여금 등 지저분한 계정과목들은 최대한 정리하는게 좋고, 회계처리를 했든 하지 않았든 우발채무가 발생할 가능성이 있는 거래나 계약 등은 조속히 깨끗하게 정리해야 한다.

⑤ 주요 경영지표 확인 및 보완

각종 경영지표를 개선시키면 가장 좋을 것이나, 이것이 어렵다면 개선의 가능성이라도 준비할 필요가 있다.

□ IFRS(국제회계기준)에 맞게 조정할 주요 내용

① 금융자산 분류

② 확정급여채무

③ 회원권 및 보증금

④ 감가상각방법 조정

⑤ 전환사채 및 상환전환우선주

---

6 내부통제시스템: 기업이 경영목적을 달성하기 위하여 설치·운영하는 내부통제제도의 일부분으로서, 기업회계기준에 따라 작성·공시되는 회계정보의 신뢰성을 확보하기 위하여 기업내부에 설치하는 회계통제시스템 등을 말한다.

7 Make−up: 사전적 의미는 '화장을 하다'는 뜻인데, 필자는 외부인의 눈에 훌륭한 회사로 평가받을 수 있도록 재무제표를 잘 관리하는 행위를 은유법으로 표현하였다.

□ IPO 관련 주요 용어

– 상장예비심사

기업이 예비심사청구서를 제출하면 한국거래소는 제출서류 검토, 대표주관회사 면담, 현지심사, 추가서류 제출 및 검토 등을 거쳐 예비심사 결과를 통보하게 된다. 이 과정은 대략 2~4개월 가량이 소요된다. 예비심사가 통과되면 기업은 증권신고서와 투자설명서를 제출하고 공모를 진행하게 된다. 공모가 성공적으로 마무리될 경우 기업은 상장신청서를 제출하고 거래소로부터 최종 승인을 얻어 상장된다. 예비심사 통과 후 상장까지는 6개월 안에 마무리해야 한다.

– 공모(公募)

새로 주식이나 사채 따위를 발행할 때에 특정 거래처나 은행 등을 통하지 아니하고 다수의 일반으로부터 모집하는 일을 말한다.

– IR(Investor Relation)

기업이 자본시장에서 정당한 평가를 얻기 위하여 주식 및 사채투자자들을 대상으로 실시하는 홍보활동을 말한다. 투자자관계 · 기업설명활동이라고 한다. 유사한 개념으로 PR이 있는데, PR(Public Relations: 홍보)은 일반 사람들을 대상으로 기업활동 전반에 대하여 홍보를 하는 반면, IR은 주식시장에서 기업의 우량성을 확보해 나가기 위해서 투자자들만을 대상으로 기업의 경영활동 및 이와 관련된 정보를 제공하는 홍보활동을 말한다. 또한 PR은 일반 대중을 상대로 하고 회사의 장점만을 전달하는 반면, IR은 기관투자가를 상대로 하고 회사의 장점뿐 아니라 단점까지도 전달한다는 데 차이가 있다.

– IFRS(International Financial Reporting Standards)

2005년 경제공동체 EU가 IFRS를 강제적용하기로 결정하고 나서면서 유럽식인 IFRS가 단일 기준으로서의 위상을 얻게 되었다. 유럽과 미국의 오랜 기간 동안의 회계기준 다툼에서 유럽이 승기를 잡게 된 것이다. 여기에 엔론과 월드콤 회계부정 사건이 발생하면서 미국이 결정적으로 힘을 잃었다. 이후 주요국가들이 발빠르게 IFRS 도입을 표명했다. 일본, 중국뿐 아니라 세계 대부분의 국가가 IFRS를 따르고 있다. 우리나라 정부도 예외는 아니다.

사장님들이 피부로 느낄 수 있는 것은 재무제표 구성이 달라진다는 점이다. 이 책은 과거 규정에 따라서 재무제표를 표시하고 있지만, IFRS에 따를 경우 일부 바뀌게 된다.

✎ 참고하기_ 부록. p.255. IFRS

4장 정리

회사 성장을 위해서는 여러 가지 사전 준비가 필요하겠지만 핵심 사항은 인력과 시스템 구축이다. 아무리 회사가 크고 복잡하더라도 유능한 직원과 효율적인 소프트웨어, 이것을 잘 관리할 수 있는 훌륭한 경영진이 있다면 회사의 성장, 복잡함, 변화 등에 대해서 효과적으로 대응할 수 있다.

IPO를 통해 대박을 터뜨리는 것은 대부분 스타트업의 꿈이다. 성공적인 IPO를 위해서, 그리고 그 누군가와의 원활한 소통(Communication)을 위해서, 이 책에 나오는 회계 및 재무와 관련된 지식을 증가시키기 위해서 평소에 조금씩 노력을 하기 바란다.

5장. 투자를 받고 싶은데 투자유치에 실패했다면

우선, 투자유치를 실패한 이유를 먼저 분석해야 한다. 우리가 2장, '투자를 받고 싶다면'에서 살펴본, 투자를 받기 위한 일반적인 필요 요건과 필요한 회계적인 사항은 아래와 같았다.

〈필요 요건_ 일반적인 사항〉
사업의 성공 가능성이 높을 것. 사업 성공 시, 높은 이익이 발생하고, 투자자가 높은 투자수익률을 얻을 가능성이 높을 것. 회사, 특히 CEO가 제공하는 문서와 말(ment)이 신뢰가 갈 것. 각종 법과 규정에 저촉됨이 없을 것. 투자조건이 합당할 것.

〈필요 요건_ 회계적인 사항〉
재무제표의 신뢰성 확보. 경영지표 체크 및 보완. 손익분석 및 개선 활동

이 장에서는 앞서 알아본 내용 외에 투자유치에 실패한 이유 및 향후 대응전략을 좀 더 알아보기로 하자.

1. 사업의 성공 가능성을 낮게 평가하지는 않았을까?

- 여러분의 회사가 연구개발 투자에 인색하다는 평가를 받지는 않았을까? 회사의 재무제표에서 개발비와 경상개발비 금액이 동종 업종 대비 많이 작지는 않았는지 확인해 볼 필요가 있다. 외부에서 회사의 연구개발 투자를 판단할 수 있는 객관적인 지표는 바로 이것이기 때문이다.

✎ 참고하기_ p.66 투자유치와 관계된 기본 회계지식

– 회사가 보유하고 있는 **지적재산권**[8]이 있는지도 중요하게 평가하는 점이다. 회사가 기술력이 높다는 것을 강조하기 위해서 다수의 특허권을 보유하고 있는 것이 중요하며, 이와 관련하여 발생한 금액이 재무제표의 무형자산 중에서 지적재산권으로 회계처리가 되어 있어야 한다.

2. 높은 이익이 발생하고 있는가? 향후의 전망이 회의적이지는 않은가?

– 이러한 관점에서 회계상의 많은 이익들 중에서 가장 중요한 이익은 **매출이익**[9]이다. 그 이유는 회사가 구조조정이나 경비절감 등을 통해서 다른 이익을 향상시키는 것은 상대적으로 빠른 시간 내에 가능하지만 매출원가를 단기간에 감소시키는 일은 거의 불가능하기 때문이다. 전기, 전자 등 IT 업계에서는 좋은 회사라고 하면 매출원가율은 40%를 넘기면 안된다. 이보다 매출원가율이 높은 회사는 전망이 어둡다.
이러한 회사의 단점을 보완하려면 아주 강력한 시장 지배력이 있어서 매출액이 매우 크거나, 매출 증가 가능성이 아주 높은 회사이어야 한다.
– 매출이익은 물론이고 그 밖의 다른 이익들도 동종 업종 대비 매력적이지 않다고 하면, 투자유치는 쉽지 않을 것이다. 이 때문에 설혹 현재는 이익률이 낮다고 하더라도 향후에는 이를 개선할 수 있는 계획(Plan)은 제시할 수 있어야 한다.

3. 신뢰할 수 있는가?

– CEO의 말에 믿음이 가야 한다. 따라서 언변이 좋으면 훨씬 유리하며, 만일 그렇지 못한 CEO라면 미팅 전에 스피치(speech) 연습을 많이 하는 것이 좋다.

8 지적재산권: 특허권, 실용신안권, 상표권, 디자인권을 총칭하는 개념이다. 회계적으로는 무형자산에 해당한다.
9 매출이익: 매출액 – 매출원가. ✎ 참고하기_ p.8 손익계산서

– 제공하는 문서도 중요하다. 본질적인 내용이 좋아야 하는 것은 물론이고, 문서의 내용이 논리적이어야 하며, 이해하기 쉽게 잘 표현되어야 한다. 이를 위해서 적절한 디자인도 아주 중요한 요소이다. 필자가 이 책 뒤에서 강조한 것처럼 설혹 현재는 관리손익 등 분석자료를 작성하는 것이 실질적인 가치가 낮더라도 많은 자료를 만들 것을 제안한 이유가 여기에 있는 것이다. 문서는 많이 만들수록 실력이 늘고 그렇게 잘 만들어 둔 문서는 그 이후에 다양한 용도로 활용할 곳이 많다.

4. 투자조건이 합당한가?

– 회사가 원하는 투자조건을 제시하기 전에 회사 내부적으로 회사의 가치를 스스로 평가해 보기 바란다. 이것이 가능한 회사가 아니고 투자금액이 클 경우에는 외부의 전문가를 이용하는 것도 좋다. 무리한 투자조건을 제시하면 계약이 성사되기 어려울 것이며, 어떤 투자조건으로 계약이 성사되든 회사 스스로 회사가치를 평가한 자료를 보유하고 있지 않으면, 성사된 투자조건에 대해서 계속 의문이 남을 것이기 때문이다.

■ 위의 내용이 가능하려면?

지금까지 언급한 내용들을 회사내부에서 충실하게 대응할 수 없다면 최대한 빠른 시간 내에 회사 직원들을 육성하거나 교체 또는 충원해야 한다. 또한 사장님도 직접 IPO나 기타 투자와 관계된 책 등을 읽어 볼 필요가 있다. 만일 이러한 내용이 모두 어렵다면 외부 전문가에게 컨설팅을 받는 것도 좋다.

컨설팅을 받기 원한다면 일단은 컨설팅 업체를 잘 선택해야 한다. 현재 국내에는 아주 많은 컨설팅 업체들이 존재하지만, 전문적인 지식이 없고 겉만 번드레한 회사들이 적지 않다. 이런 회사들의 컨설팅 내용은 단순히 인터넷에서 구글링(googlng)을 한 결과이거나, 다른 회사에 제시했던 내용을 디자인과 단어만 조금 편집해서 계속 사용하는 경우가 많다.

■ 직원에게 필요한 덕목은?

아무리 많이 알아도 전달을 제대로 할 수 없다면 그 결과는 초라할 수밖에 없을 것이다. 여러분 회사에서 투자유치를 담당하는 직원은 업무지식은 기본이고 아래와 같은 내용이 필요하다.

관련 지식 / 디자인 감각 / 문서 작성 능력과 센스 / 언변 / 논리력 / 인맥

5장 정리

이 장에서는 만일 투자유치에 실패했을 경우에 그 실패요인이 무엇인지를 알아보았다. 그런데 이러한 내용은 실제로 투자유치에 실패했을 때 비로소 참고해야 할 내용이 아니라 투자유치에 관심 있는 회사라면 사전에 점검하고 준비해야 할 사항이다.

회사의 기술 및 참된 가치가 투자유치에서 가장 중요한 요소임은 분명하다. 하지만 이것만으로는 부족하다. 오로지 회사의 기술력 또는 영업력만 믿고 단순하게 밀어붙이는 것이 능사는 아니다. 투자자를 만나기 전에 투자자의 입장에서 회사를 바라보고 미비한 점을 보완하기 바라며, 이 장에서 이와 관련된 힌트를 얻었기를 바란다.

스타트업에게 투자유치는 사업의 성패를 좌우할 수도 있는 큰 사건이다. 최선을 다하자!

6장. 사업계획서 작성

어느 정도 규모가 되는 회사라면 매년 말에 내부적인 목적으로, 다음해 또는 그 이후 몇 년간의 사업계획서를 작성한다. 그리고 이와는 별도로 대부분의 회사는 외부에 제출하기 위해서 다양한 형식의 사업계획서를 작성하게 된다. 아래 정부자금 신청용 간단한 사업계획서의 목차를 살펴보자.

목 차

스타트업 CEO 육성 On-line based S/W 개발

사업계획서를 작성하는 이유는 90% 이상이 각종 투자자에게 전달할 목적이거나 정부자금을 신청하는 경우이고, 나머지 10% 정도는 금융기관 등으로부터 처음으로 차입(대출)을 신청할 때이다.

사업계획서의 구체적인 양식은 경우에 따라 조금씩 다르지만, 그 본질적인 내용은 거의 동일하다. 이 책은 회계학에 관한 책인 만큼 사업계획서 내용 중에서 위 붉은색 네모로 표시한 부분에 대해서만 언급하기로 한다. 위 붉은색 네모에서 보는 바와 같이, 모든 사업계획서에는 생산, 판매, 투자, 고용과 관련된 계획을 넣게 되어 있다. 이러한 내용은 소설 쓰듯 대충 기재하면 절대 안 된다. 회계와 관련된 기본지식을 바탕으로 정확하게 계산을 하고 기재해야 한다.

하지만 실제로는 많은 회사들이 이런저런 이유로 마치 소설 쓰듯 대충 입력하곤 하는데, 이렇게 작성된 문서는 전문가가 보면 금방 알 수 있다.

이와 관련된 구체적인 실무는 회사의 회계팀장 또는 자금팀장이 알아서 잘 하겠지만, 최소한 아래사항은 챙겨가며 작성하기를 바라고, 만일 여러분이 스타트업의 사장님이나 주요 경영진이라면 회사의 사정 및 회계팀장의 캐릭터와 능력을 고려하여 회사 직원을 잘 컨트롤(control)하기 바란다.

■ 주요 체크 포인트

구분	내용
예상 매출액의 적정성	국내외 시장규모 대비 당사 예상 매출액의 적정성 → 적용한 점유율, 추정 근거의 타당성
매출원가율	동종 업종 대비 당사 원가율 비교 및 당사 원가율 추정의 타당성
비용 추정의 합리성	추정 임금 및 제경비의 물가상승률 반영 여부, 적용률(%), 적용근거
숫자 상호간의 연관성	예: 인력충원을 위한 자금 보유 여부
검토사항 누락 여부	추정 재무제표 작성 시 검토되어야 할 주요항목의 누락이 없는지 (예: 감가상각비 기입 여부)

보다 구체적으로 이해하기 위해서 각종 정부지원자금의 기본적이면서 공통적인 내용인 아래 표를 살펴보기로 하자.

※ 사업화 계획

(단위: 백만 원)

구분		사업화 연도			
		2021년	2022년	2023년	3년 누계
사업화 제품					
투자계획					
판매계획	내수				
	수출				
	계				
수입대체효과					
고용창출(명)					

위 표와 같이 각종 정부지원 자금용으로 관련 정부기관에서 만들어 놓은 양식은 지극히 단순해서 그 구체적인 내용과 계산근거를 파악할 수 없다. 그런데 여러분의 회사가 위 양식에 단순히 숫자만 기재하지 않고, 본 양식의 백 데이터(Back-data)[10]로 아래와 같은 내용을 첨부한다면 심사위원들은 어떻게 반응할 것 같은가?

10 Back-data: 사실 또는 논리를 입증하기 위한 근거 자료를 말하는데 사업계획서 등 문서를 만들 때 가급적 제시하는 것이 좋다. Back-data와 비슷한 개념으로 '출처'가 있는데 이보다는 훨씬 넓은 개념이다. Back-data가 부족한 계획서는 계획이 아니라 소설로 치부되기 쉽다.

※ 추정 세부내용

(단위: 원 개)

		해외		국내		합계
시장규모	U$	14,210,000,000	U$	3,333,333,333		17,543,333,333
	환율	1,200	환율	1,200		
	KRW	17,052,000,000,000	KRW	4,000,000,000,000		21,052,000,000,000
점유율/3년차		5%		10%		
매출액	1년	170,520,000,000		40,000,000,000		210,520,000,000
	2년	341,040,000,000		200,000,000,000		541,040,000,000
	3년	852,600,000,000		400,000,000,000		1,252,600,000,000
	4년	852,600,000,000		400,000,000,000		
	5년	1,023,120,000,000		400,000,000,000		1,423,120,000,000
생산수량	1년	341,040		80,000		421,040
	2년	682,080		400,000		1,082,080
	3년	1,705,200		800,000		2,505,200
인건비	1년					900,000,000
	2년					2,000,000,000
	3년					6,000,000,000
재료비	1년	매출액의 35%				73,682,000,000
	2년					189,364,000,000
	3년					438,410,000,000
설비투자비	1년					5,000,000,000
	2년					40,000,000,000
	3년					50,000,000,000
재료비+설비투자비	1년					78,682,000,000
	2년					229,364,000,000
	3년					488,410,000,000
경상운영비	1년	인건비의 250%				2,250,000,000
	2년					5,000,000,000
	3년					15,000,000,000

위와 같이 Back－data를 첨부하는 것이 정석이다. 그리고 위와 같은 Back－data를 첨부하기로 결정하였다면 사업계획서 해당 내용 하단에 바로 첨부하거나, 이것이 부자연스러운 경우에는 사업계획서 말미에 첨부하는 형식을 취하면 된다. 이 경우 사업계획서 말미에 부록처럼 첨부된 Back－data 내용을 읽고 안 읽고는 심사위원의 자유일 뿐, 여러분에게 해가 될 일은 절대 없다.

예를 하나 들어 보겠다. 예전에 삼성건설이 당시 동남아에서 가장 높은 초고층 건물 신축공사에 입찰할 때 관련된 서류를 거의 한 트럭 분량을 제출하여 관계자들을 놀라게 한 적이 있었다. 반면, 현대건설은 다수의 박스를 제출했을 뿐이다. 반드시 그 때문이라고 장담할 수는 없지만, 상대적으로 후발주자인 삼성건설이 현대건설 등을 제치고 그 계약을 체결했다.

이 시점에서 절대 오해가 없길 바라면서 강조하고 싶은 것은 중언부언, 횡설수설하면서, 쓸데없는 내용으로 자료를 많이 만들면 안 된다는 것이다. 내용은 간략/명료해야 한다. 위에서 사례로 든 삼성건설의 경우는 관련 Back-data를 충분히 많이 제공하다 보니 제출한 서류가 많아진 것이지, 반드시 제출해야 하는 핵심 서류의 분량이 쓸데없이 많았다는 것을 의미하는 것은 아니다.

이러한 맥락에서 예상 재무상태표, 손익계산서, 현금흐름표도 만들 수 있다면 추가하는 것이 좋다. 대부분의 회사들의 추정 재무제표는 아래와 같은 형태의 기본가정과 계산으로 작성된다. 자세히 살펴보면 손익계산서에 들어가는 주요 내용이 모두 포함되어 있음을 발견하게 될 것이다. 이런 식으로 작성해 본 경험이 없는 스타트업이라면 한번 도전해 보길 제안한다.

1. Sales Amount (예상 매출액)

Product	Unit	Total	4월	5월	6월	Q2	7월	8월	9월	Q3	10월	11월	12월	Q4
A제품	Q'ty(K)	24	22	2		24								
	U/P($)		48.0	45.0		47.8								
	Amount	1,146	1,056	90		1,146								
B제품	Q'ty(K)	75	68	7		75								
	U/P($)		45.0	44.0		44.9								
	Amount	3,368	3,060	308		3,368								

2. Cost of Goods Sold (매출원가)

① Material Cost (재료비)

Product	Unit	Total	4월	5월	6월	Q2	7월	8월	9월	Q3	10월	11월	12월	Q4
A제품	U/P($)		19.32	19.32										
	U/P(¥)		1,383.8	1,383.8										
	U/P(₩)		2,837	2,837										
	Total (₩)		47,083	42,238										
	백만원	1,120	1,036	84		1,120								
710AM	U/P($)		17.92	17.88										
	U/P(¥)		1,383.8	1,383.8										
	U/P(₩)		2,816	2,776										
	Total (₩)		44,988	40,368										
	백만원	3,342	3,059	283		3,342								

※ Loss율 0.5%

② Outsourcing (외주생산비)

Unit: M₩

Product	Unit	Total	4월	5월	6월	Q2	7월	8월	9월	Q3	10월	11월	12월	Q4
710AS	U/P(₩)		6,027	6,027										
	Amount	145	133	12		145								

③ Overhead (노무비+제조경비)

Unit: M₩

Classification	Total	4월	5월	6월	Q2	7월	8월	9월	Q3	10월	11월	12월	Q4
Labor Cost	978	54	54	54	161	54	54	215	322	205	175	115	495
Consumable	362	29	31	36	97	50	60	64	174	55	24	12	91

④ Depreciation (감가상각비)

Unit: M₩

Classification	Total	4월	5월	6월	Q2	7월	8월	9월	Q3	10월	11월	12월	Q4
Running Depreciation	513	57	57	57	171	57	57	57	171	57	57	57	171
New Invest. Depreciation	347	22	22	22	67	34	40	49	122	53	53	53	158

3. SG&A, R &D Expense (판매관리비)

Unit: M₩

Classification		Total	4월	5월	6월	Q2	7월	8월	9월	Q3	10월	11월	12월	Q4
Sales Expense	Salary Exp.	298	33	33	33	99	33	33	33	99	33	33	33	99
	Freight Exp	616	62	52	61	175	83	100	107	290	92	40	20	152
	Sub-Total	914	95	86	94	274	116	133	140	389	125	73	53	251
Admin. Expense	Salary Exp.	584	65	65	65	195	65	65	65	195	65	65	65	195
	Travel/Enter.	90	10	10	10	30	10	10	10	30	10	10	10	30
	Sub-Total	674	75	75	75	225	75	75	75	225	75	75	75	225
R & D Expense	Salary Exp.	1,259	140	140	140	420	140	140	140	420	140	140	140	420
	R&D Exp.	380	30	30	30	90	50	60	50	160	50	40	40	130

4. Investment Plan (투자계획)

Unit: M₩

Classification	Total	4월	5월	6월	Q2	7월	8월	9월	Q3	10월	11월	12월	Q4
Machine & equipment													
Molding	1,869	577			577	300	405		705	400			400
Other	87	9	41	32	82	1			1				
1) R & D Invest.	1,956	586	41	32	659	301	405		705	400			400
2) Production Invest.	568	10	80		90		299	39	337				

추정 재무제표의 구체적인 작성법은 이 책의 취지상 언급하지 않기로 한다. 궁금하신 분은 다른 저자의 책 또는 필자의 블로그나 유튜브 동영상을 참고하기 바란다. 최소한 위와 유사한 형태의 엑셀문서를 정성껏 만든 다음, 그 결과를 바탕으로 외부 제출용 사업계획서를 작성해야 한다.

끝으로 사업계획서 작성과 관련하여 중요한 몇 가지를 더 소개하며 본 장을 마무리하겠다.

■ 높은 점수를 받는 사업계획서 작성 요령 2가지

1. 상대편의 입장에서 작성하라.

– 정말 중요한 내용임에도 많은 회사들이 이렇게 하지 않고 있다.

□ 주요 제품

주요제품	비중
NI-1203LM	30%
NK-0615LM	20%
NK-1175-EW	20%
LK-0606-LM	15%
LK-0603-EM	15%

□ 주요 제품

주요제품	비중
NI-1203LM	30%
NK-0615LM	20%
NK-1175-EW	20%
LK-0606-LM	15%
LK-0603-EM	15%

LED 실내조명등 70%
LED 다운라이트 15%
LED 경관조명등 15%

상기 이미지는 흔히 볼 수 있는 사업계획서 내용의 일부로서, 회사가 현재 판매하고 있는 주요 제품을 기재하는 양식이다.

그런데 좌측처럼 본 사업계획서를 심사하는 위원은 전혀 알 수 없는, 자기 회사만의 제품코드만 잔뜩 기재해 놓은 것과, 우측처럼 그 표 하단에 심사위원이 이해할 수 있는 용어로 해당 회사 제품을 유형별로 그 판매비중을 다시 정리해 놓은 것 중에 어느 것이 더 좋은가?

너무나 당연한 내용임에도 아주 많은 회사들은 좌측처럼 자료를 작성한다. 왜냐하면 예제로 주어진 사업계획서 양식에는 우측처럼 하단에 뭔가를 기재하는 공간이 없어서 이러한 노력을 해야 한다는 것을 인지하기 못하기 때문이다.

이와 유사한 다른 경우를 하나 더 살펴보기로 하자.

□ 주요 판매처

업체명	비중
서울시	30%
경기도	25%
경상남도 교육청	25%
제주도	15%
기타	5%

□ 주요 판매처

업체명	비중
서울시	30%
경기도	25%
경상남도 교육청	25%
제주도	15%
기타	5%

나라장터 조달비중
95%

위의 표는 회사의 주요 판매처를 기재하는 양식이다. 사업계획서에 왜 이런 내용을 기재하게 되어 있을까? 심사위원은 해당 회사의 판매처를 파악해서 거래처의 건실함과 그로 인한 이 회사 매출채권 회수의 안정성을 확인하고 싶은 것이다. 또한 거래처가 과도하게 편중되어 있어서 회사의 향후 매출이 불안하지는 않은지를 확인하고 싶은 것이다.

그런데 위 회사의 경우처럼 나라장터를 통한 지자체 판매비중이 95%로 아주 높은 경우라면 당연히 이러한 사실을 강조해서 심사위원들을 안심시켜야 하지 않을까? 많은 심사위원들은 이러한 사소한 노력에 감동을 받고 후한 점수를 주게 된다.

2. 출처를 반드시 기재하고 최대한 보기 좋게 작성하라.

〈의료기기 시장규모〉

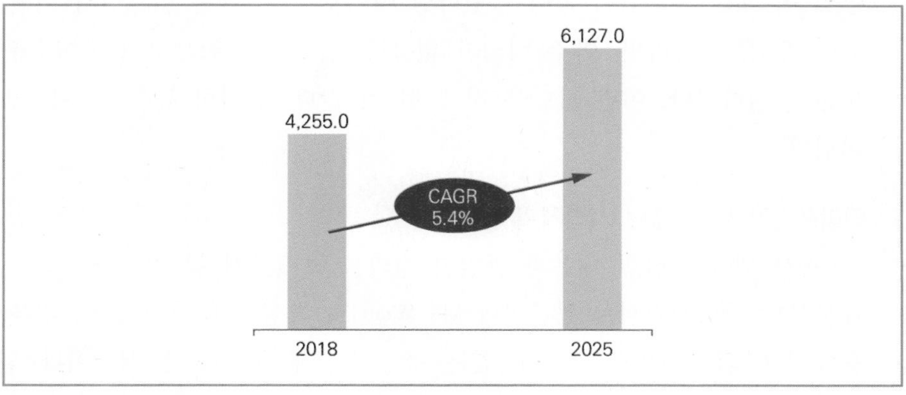

〈의료기기 시장규모〉

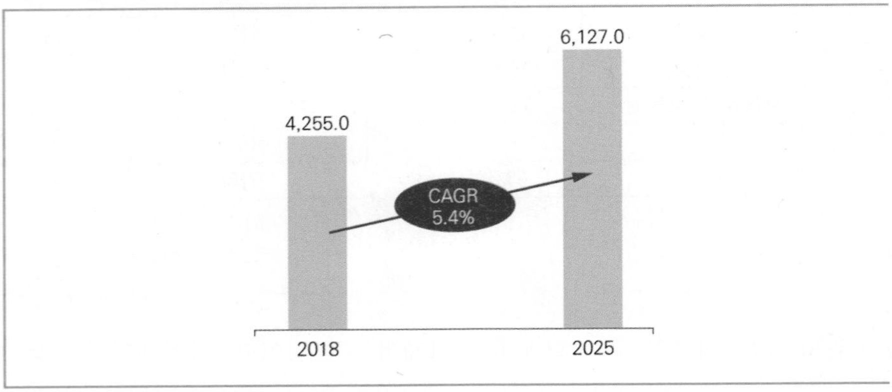

* 자료: Fortune Business Insights. '19

위 2개의 이미지를 비교해 보라. 하단의 이미지는 본 이미지가 '의료기기 시장 규모'에 대한 것임을 네모와 색을 사용함으로써 선명하게 전달하고 있으며, 하단에 보기 좋고 깔끔하게 그 출처를 기재하고 있다. 어느 경우가 더 높은 점수를 받을까?

그리고 상기 두 경우 모두 2018년과 2025년의 CAGR을 붉은색 원과 화살표를 사용해서 강조하고 있는 점도 눈여겨볼 사항이다.

■ 이런 사업계획서는 절대 No!

1. 맞춤법이 많이 틀린 사업계획서

   만일 이 책의 맞춤법이 많이 틀렸다면 여러분은 이 책을 읽으면서 어떤 느낌이 올까? 필자라면, 아주 성의가 없구나, 급하게 졸속으로 만들어졌구나, 또는 무식하구나, 이런 판단을 하게 될 것 같다. 당연히 높은 점수를 받기 어렵다.

2. 띄어쓰기가 많이 틀린 사업계획서

   이 역시 위에서 말한 내용과 동일한 결과를 초래하게 될 것이다.

   대부분의 사업계획서는 한글이나 MS Word로 작성하게 되는데, 이 경우 맞춤법이나 띄어쓰기에 오류가 있는 경우에는 관련 S/W가 색깔이나 밑줄

(Under-bar)로 오류 있음을 알려 준다. 이러한 경고 메시지를 무시하지 말기 바란다.

만일 파워포인트 S/W 등을 사용해야 하는 경우라면 이러한 경고 기능이 없으므로, 여러분의 문서를 제대로 감수(監修)해 줄 사람이 주변에 없다면 반드시 Word S/W로 먼저 텍스트(Text)를 작성해서 맞춤법과 띄어쓰기를 확인한 다음 파워포인트 문서에 옮기기 바란다.

3. 주제와 맞지 않는 내용을 기재한 사업계획서

사업계획서를 쓰다 보면 기본 양식에 해당되는 내용을 채우기가 어려운 경우가 종종 있다. 그런데 사업계획서에 입력해야 할 내용은 정말 기본적이고 꼭 필요한 내용들이다.

따라서 기본양식에 제대로 내용을 채울 수 없다면 사업준비가 덜 되었거나 실패할 확률이 높은 사업이라는 얘기가 된다.

절대 사업계획서 기본양식에서 제공하는 각 제목(title)에 부합되지 않는 내용으로 분량만 늘리지 말기 바란다. 이럴 경우 당연히 높은 점수는 못 받는다.

4. 중언부언/횡설수설 장황하게 기재한 사업계획서

대부분의 경우 심사위원들이 읽어야 할 사업계획서가 엄청나게 많다. 심사위원들도 인간이다. 분량이 많은 서류를 보면 짜증이 난다.

횡설수설하면서 분량만 많은 사업계획서를 끝까지 제대로 읽어 주기를 절대 기대하지 말라.

5. 이해하기 어려운 사업계획서

사업계획서 제출 행위는 본인의 박식함을 자랑하는 경연장(contest)이 아니다. 어려운 단어와 어려운 표현으로 절대 이해하기 어려운 사업계획서를 작성하면 안 된다. 그 이유는 바로 위 4번에서 언급한 바와 같다.

하나 더 강조 및 제안하고 싶은 것은 전문적인 용어를 사용해야 할 경우, 친절하게 '각주'를 달기 바란다. 심사위원들 모두가 여러분의 사업과 관련된 전문용어를 다 알고 있는 것은 아니다.

6. 논리가 약한 사업계획서

미래는 누구도 알 수 없다. 계획이라는 것은 기본적으로 가정과 예측에 기반해서 작성하는 것이다. 사업계획서 역시 예외가 아니다. 논리가 빈약한 사업계획서로 자금조달은 절대적으로 어렵다. 설혹 실현 가능성이 낮더라도 논리가 탄탄하면 심사위원들은 그 일이 충분히 가능한 일로 판단할 수도 있다.

7. 숫자가 틀린 사업계획서

필자의 경험으로는 숫자가 틀린 사업계획서가 주는 실망감이 그 어떤 오류보다 큰 것 같다. 틀린 숫자 한두 개를 발견하는 순간 이 사업계획서는 믿을 수 없는 사업계획서로 판정이 나게 된다.

8. 절박함이 결여된 사업계획서

많은 사업계획서를 보다 보면 이 사업계획서를 작성한 사람이 어느 정도의 관심과 노력을 쏟았는지 저절로 알 수 있게 된다.

밥 달라고 칭얼대는 아기가 밥을 얻어먹는 법이다. 진심으로 노력하는 사람에게 자연스레 마음이 끌리게 된다.

절박함이 느껴질 정도로 최선을 다해서 진지하게 사업계획서를 작성하기 바란다. 위에서 말한 내용들을 하나둘 놓치게 되면 그만큼 절박함과는 멀어지게 되는 것이다.

6장 정리

이 장에서는 외부제출용 사업계획서를 작성할 때 참고해야 할 사항들을 다뤄 보았다. 그 주된 내용은 사업계획서의 체크포인트가 무엇인지에 대한 것과, 사업계획서에서 회계와 관계된 숫자들을 소설 쓰듯 아무렇게 기재하지 말고, 먼저 회사 내용용 사업계획서 전체를 정성스럽게 작성해야 한다는 것이다. 그리고 이러한 내용을 외부제출용 사업계획서의 Back－data로 첨부하라는 것이었다.

전문가는 대충만 봐도 문서 작성자의 내공이 어느 정도인지, 이 문서를 얼마나 신경 써서 만들었는지, 논리의 오류가 없는지를 금방 알 수 있다. 그래서 전문가인 것이다. 그러니까 자만하지 말고, 절대로 경솔하게 대응하지 마라! 소설 쓰듯 대충 작성한 사업계획서라는 사실을 전문가들은 쉽게 파악한다.

여러분이 이 책을 수 회 읽고 나면 회계학에 대한 기본적인 틀을 이해하게 될 것이고 관련된 용어와 지식도 상당히 늘어날 것이기 때문에, 사업계획서 작성을 위해서 이론적인 면에서는 크게 무리가 없을 것이다. 이제부터 여러분에게 필요한 것은 관심과 노력, 진지한 자세이다.

이 장에 있는 내용들은 대부분 지극히 상식적인 것이다. 그래서 대수롭지 않게 여겨질 수도 있고 여러분 본인은 다르다고 생각할 수도 있다. 하지만 필자가 경험한 바로는 대다수의 회사들이 이 장에서 언급한 이런저런 실수와 바람직하지 않은 행위들을 하고 있었다.

'정책자금은 눈 먼 돈이다'라고 흔히 말하지만, '눈 먼 돈'도 자격 있는 사람, 노력하는 사람만이 받을 수 있는 것이다.

7장. 재무제표를 통해서 무엇을 파악할 수 있을까?

■ 동종 업종 대비 우리 회사의 재무 및 경영상태 비교 평가

재무제표의 정보를 이용, 해당 회사의 주요 경영지표를 계산하여 아래 4가지 사항에 대하여 동종업종 대비 비교평가할 수 있다.

1. 성장성 평가

   기업의 경영 규모와 경영 활동 성과가 이전 연도보다 얼마나 증가했는지를 검토하여 기업의 경쟁력과 미래 가치를 간접적으로 판단할 수 있다.

2. 수익성 평가

   기업이 얼마나 효율적으로 관리되고 있는가를 판단할 수 있다.

3. 안정성 평가

   일정 시점에서 기업의 자산 구성, 자본 배분, 지급 능력 따위를 판단하여 기업의 채무 변제 능력과 경기 변동 대처 능력을 알아볼 수 있다.

4. 활동성 평가

   기업이 얼마나 활발하게 영업하고 있는가를 판단할 수 있다.

■ 각 평가지표 계산방법

성장성 지표	
총자산 증가율	〔(당기말 총자산−전기말 총자산)/전기말 총자산〕×100
유형자산 증가율	〔(당기말 유형자산−전기말 유형자산)/전기말 유형자산〕×100
매출액 증가율	〔(당기 매출액−전기 매출액)/전기 매출액〕×100
수익성 지표	
총자산 경상이익률	(경상이익/총자산)×100
매출액 경상이익률	(경상이익/매출액)×100
매출액 영업이익률	(영업이익/매출액)×100
매출액 순이익률	(순이익/매출액)×100
자기자본 경상이익률	(경상이익/자기자본)×100 *자기자본=자산−부채=자본
기업 경상이익률	〔(경상이익+이자비용)/총자본〕×100 *총자본=부채+자본

매출원가율	(매출원가/매출액)×100
차입금 평균이자율	〔금융비용/(회사채+장/단기 차입금)〕×100
이자보상비율	영업이익/금융비용
EBITDA	순이익+법인세+이자+감가상각비
안정성 지표	
자기자본 비율	(자기자본/총자산)×100
유동 비율	(유동자산/유동부채)×100
당좌 비율	(당좌자산/유동부채)×100
고정 비율	〔(고정자산+투자자산)/자기자본〕×100
고정 장기적합률	(고정자산/장기자본)×100
부채 비율	(부채/자본)×100
차입금 의존도	〔(장/단기 차입금+회사채)/총자본〕×100
활동성 지표	
총자산 회전율	(매출액/총자산)×100
유형자산 회전율	(매출액/유형자산)×100
재고자산 회전율	(매출액/평균재고자산[11])×100
매출채권 회전율	(매출액 중 외상으로 판매한 금액/평균매출채권[12])×100
매입채무 회전율	(매출액/평균매입채무)×100

■ 각 평가지표의 의미

1. 성장성 지표

■ 총자산 증가율

전기 대비 총자산의 증가율을 보여 주는 지표로 한 기업의 규모가 전기 대비 얼마나 성장했는지를 보여 준다.

■ 유형자산 증가율

당해연도에 유형자산에 대한 투자가 어느 정도 이루어졌는가를 나타내는 지표로서, 기업의 설비투자 동향 및 성장 잠재력을 나타낸다.

11 평균 재고자산: (기초 재고자산+기말 재고자산)/2

12 평균 매출채권: (기초 매출채권+기말 매출채권)/2

■ 매출액 증가율

전기 대비 매출액이 얼마나 증가했는지를 보여 주는 지표.

2. 수익성 지표

■ 총자산 경상이익률

보유 자산에 비해 얼마나 장사를 잘 하느냐를 보여 주는 지표. ROA(Return on Assets)라고 한다. ROA 계산식의 분자는, 경상이익, 당기순이익, 영업이익이 모두 사용되고 있다.

■ 매출액 경상이익률

매출액에 대한 경상이익의 비율로, 기업경영활동의 성과를 총괄적으로 표시하는 대표적인 지표.

■ 매출액 영업이익률

매출액에 대한 영업이익의 비율로, 제조 및 판매활동과 직접 관계가 없는 영업외손익을 제외한 개념인 영업이익과 매출액을 대비한 비율.

■ 매출액 순이익률

매출액과 순이익과의 관계를 나타내는 비율.

■ 자기자본 경상이익률

기업이 경상이익을 창출하기 위하여 자기자본(자산－부채)을 얼마나 효율적으로 사용했는지를 판단하는 지표.

■ 기업경상이익률

자금원천이 무엇인가는 따지지 않고, 기업에 투입된 총자본이 얼마나 효율적으로 운용되었는가를 나타내는 지표로서, 경상이익에 이자비용을 더한 금액과 총자본을 대비한 것.

■ 매출원가율

매출액 중에서 매출원가가 차지하는 비율로서, 실무적으로 많이 사용하는 지표.

■ 차입금 평균이자율

회사채, 금융기관 차입금과 같은 이자부 부채에 대한 금융비용의 비율로서 외부차입금에 대한 평균이자율을 의미.

■ 이자보상비율

기업이 영업이익으로 금융비용(이자비용)을 얼마나 감당할 수 있느냐의 지표. 이자보상비율이 1이면, 영업이익으로 금융비용을 지출하면, 남는 것이 없는 상태. 따라서 숫자가 클수록 좋은 것이며, 통상 1.5배 이상이면 양호한 상태라고 판단한다.

■ 마진율
매출을 통해 어느 정도의 현금이익을 창출했는가를 나타내는 지표로서, 마진율이 높을수록 기업의 수익성이 좋다고 판단한다.

3. 안정성 지표

■ 자기자본비율
총자산에 대한 자기자본의 비율로서, 통상 은행은 자기자본비율이 8%, 상호저축은행 및 할부금융사는 4%, 일반 기업의 경우 50% 이상이면 건전하다고 한다.

■ 유동비율
기업이 보유하는 지급능력을 판단하기 위하여 쓰이는 아주 중요한 지표. 통상 200% 이하이면 양호한 것으로 판단한다.

■ 당좌비율
기업이 보유하는 지급능력을 판단하기 위한 지표로서, 단기지급능력을 평가하기 위해서는 유동비율보다 더욱 구체적인 지표라고 할 수 있다.

■ 고정비율
고정자산의 자기자본에 대한 비율로서, 단기간 내에 현금화하기 어려운 고정자산은 자기자본 범위 내에서 운용하는 것이 적절하다는 취지에서 평가하는 지표이다. 통상 100%를 표준치로 보고 있다.

■ 고정장기적합률
장기자본의 고정화 정도를 파악하기 위한 지표. 고정비율에 대한 보조적인 지표로서 사용되는데, 고정비율이 100%를 초과하고 있더라도 고정 장기적합률이 100% 이하이면, 기업의 재무유동성에 큰 영향을 주지는 않은 상태이므로 아직은 자본배분이 양호하다고 판단한다.

■ 부채비율
타인자본의 의존도를 표시. 기업의 건전성 지표로 많이 사용되고 있다. 100% 이하가 이상적이다.

■ 차입금 의존도
기업이 차입금에 의존하는 정도를 나타내는 지표. 차입금 의존도가 높을수록 이자 등 금융비용이 커서 수익성은 낮아지고 재무 안정성도 낮아진다.

4. 활동성 지표

■ 총자산 회전율
매출액을 총자산으로 나눈 수치. 수치가 높을수록 효율적으로 자산을 활용하고 있다는 의미이다. 산업마다 특성이 다르기 때문에 일괄적으로 평가할 수는 없고, 동일 산업군별로 비교하여야 한다.

■ 유형자산 회전율
유형자산과 매출액의 비율. 높을수록 유형자산의 이용도가 높은 상태이다.

■ 재고자산 회전율
재고자산 회전율이 높을수록 기업은 양호한 상태이며, 이 비율이 낮다는 것은 재고자산에 과잉투자가 발생했다는 것을 의미하며, 매출액 대비 과다한 재고자산을 보유함으로써 기업의 유동성이 낮아진 상태이다.

■ 매출채권 회전율
외상으로 판매한 금액이 얼마나 빨리 회수되느냐를 보여 주는 지표. 낮을수록 재무 건전성이 불량한 회사라고 할 수 있으며, 흑자도산의 중요한 사전 징표이다.

■ 매입채무 회전율
매입채무의 변제속도를 표시해 주는 비율로서, 매출채권 회전율과 상반되는 개념이다. 일정한 기준은 없고 동종 대비 높고 낮음으로 상대 평가한다.

■ 주요 경영지표 계산 연습

방금 바로 위에서 배운 각종 재무제표 측정지표를 실제 재무제표를 가지고 직접 계산해 보면서 자신감을 갖도록 하자.

재 무 상 태 표

(단위: 백만 원)

계정과목	2019년	2018년
자산	**1,742,374**	**1,580,580**
유동자산	797,143	783,352
비유동자산	945,231	797,228
부채	**693,077**	**524,279**
유동부채	341,251	260,850
비유동부채	351,826	263,429
자본	**1,049,298**	**1,056,300**
자본금	58,433	58,433
자본잉여금	322,619	322,619
기타자본항목	-35,702	-35,702
기타포괄손익누계	-942	342
이익잉여금	704,889	710,608

손 익 계 산 서

(단위: 백만 원)

계정과목	2019년	2018년
매출액	**1,146,094**	**1,141,423**
매출원가	**836,425**	**848,859**
매출이익	**309,669**	**292,563**
판매관리비	267,808	246,253
영업이익	**41,861**	**46,311**
기타수익	12,237	9,850
기타비용	24,530	12,513
금융수익	9,026	28,673
금융원가	24,926	10,032
종속기업투자처분손익	2,364	-151
종속기업투자주식손상차손	-543	-2,011
법인세비용차감전순이익	**15,488**	**60,127**
법인세비용	3,647	12,194
당기순이익	**11,841**	**47,933**
기타포괄손익	-4,778	-9,985
총포괄손익	**7,063**	**37,948**

* 발행주식 수: 11,686,538주(자기주식은 없음) *주가: 423,500원 *액면가: 5,000원

❑ 매출액 증가율: 〔(당기 매출액－전기 매출액)/전기 매출액〕×100

=〔(1,146,094－1,141,423)/1,141,423〕×100=0.41%

❑ 매출액 영업이익률: (영업이익/매출액)×100=(41,861/1,146,094)〕×100=3.7%

❑ 매출액 순이익률: (순이익/매출액)×100=(11,841/1,146,094)〕×100=1.0%

❑ 매출원가율: (매출원가/매출액)×100=(836,425/1,146,094)〕×100=73.0%

❑ 자기자본 비율: (자기자본/총자산)×100

=〔(1,742,374－693,077)/1,742,374〕×100=60.2%

☞ 자기자본=자산－부채

❑ 부채비율: (부채/자기자본)×100＝(693,077/1,049,298)×100＝66.1%

❑ BPS: 순자산/발행주식수 *순자산＝자산－부채

(자산－부채)/발행주식수＝〔(1,742,374－693,077)/11,686,538〕×100만 원

＝89,787원

❑ PBR: 주가/주당순자산가치(BPS)=423,500/89,787=4.7배

❑ EPS: 주당순이익=순이익/총 (유통)주식 수

=11,841백만 원/11,868,536주=1,013원

❑ PER: 주가/EPS=423,500원/1,013원＝418배

❑ ROA: 순이익/자산총액×100=11,841/1,742,374×100=0.7%

❑ ROE: 순이익/자기자본×100

=11,841/(1,742,374－693,077)×100=1.1%

✎ 참고하기_ p.83 각종 재무제표 측정지표

✎ 참고하기_p.161 투자유치와 관련된 용어: 내가 모르는 것이 무엇일까?

■ 경영지표의 한계

주요 경영지표를 계산하여 해당 회사의 성장성 등을 평가할 수 있다. 하지만 경영지표는 좋고 나쁨을 판단할 수 있는 절대적인 기준이 존재하지 않기 때문에 동종업종과 상호 비교만 가능하다는 한계를 갖고 있다. 이러한 경영지표들은 주로 외부이해관계인들이 회사를 대략적으로 판단하는 수단으로 사용할 뿐이다.

■ 수익성과 안정성 평가지표 실지 사례

아래는 엔씨소프트의 기업실적분석 지표이다. 안정성 지표 중에 아래 부채비율과 당좌비율을 살펴보면 연도별로 일관된 추세는 보이지 않고 있다. 물론 이런 지표는 기본적인 정보일 뿐이고, 시장상황 및 동종업종의 데이터와 상호비교 과정을 거쳐야 한다.

기업실적분석

더보기 ▸

주요 재무정보	최근 연간 실적				최근 분기 실적					
	2017.12	2018.12	2019.12	2020.12 (E)	2019.09	2019.12	2020.03	2020.06	2020.09	2020.12 (E)
	IFRS 연결	IFRS 연결	IFRS 연결	IFRS 연결	IFRS 연결	IFRS 연결	IFRS 연결	IFRS 연결	IFRS 연결	IFRS 연결
매출액(억 원)	17,587	17,151	17,012	23,966	3,978	5,338	7,311	5,386	5,852	5,432
영업이익(억 원)	5,850	6,149	4,790	8,350	1,289	1,412	2,414	2,090	2,177	1,672
당기순이익(억 원)	4,440	4,216	3,592	6,355	1,136	540	1,954	1,584	1,525	1,232
영업이익률(%)	33.26	35.85	28.16	34.84	32.41	26.44	33.02	38.80	37.20	30.78
순이익률(%)	25.25	24.57	21.11	26.52	28.56	10.12	26.73	29.41	26.06	22.69
ROE(%)	19.14	16.43	14.72	22.87	14.99	14.72	19.30	20.00	19.78	
부채비율(%)	29.21	23.64	33.21		29.27	33.21	36.98	30.64	30.58	
당좌비율(%)	388.82	132.60	287.70		219.83	28.70	247.47	326.00	225.98	

Tip

1. 네이버금융 사이트를 방문하면 위와 같이 기업의 주요 경영지표를 확인할 수 있다.
2. 금융감독원 전자공시시스템
   금융감독원 전자공시시스템 사이트에 들어가면 기업공개를 했거나 외부감사대상인 법인들의 재무제표와 사업계획서 등을 확인할 수 있다. 여러분과 관계된 업체의 꽤 유용한 정보를 얻을 수 있다.

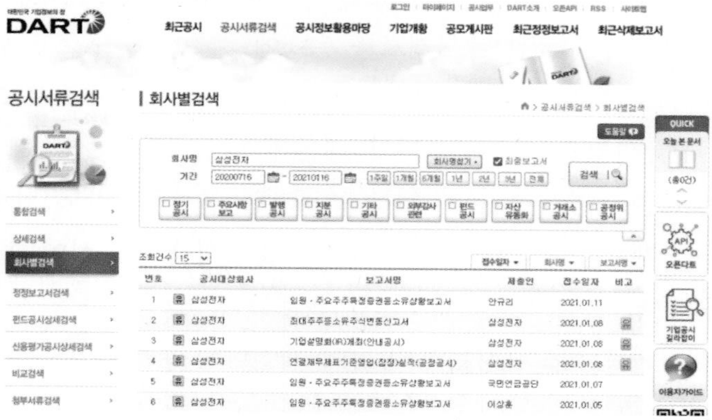

■ 재무제표를 통해서 알 수 있는 또 다른 사항

상기 내용은 재무제표를 통한 회사의 일반적인 평가내용이다. 하지만 이외에도 재무제표는 다음과 같은 회사분석이 가능하게 한다.

CEO의 도덕성

재무제표를 통해서 CEO의 도덕성 또는 가치관을 엿볼 수도 있다. 예를 들어서 재무상태표에 가지급금이나 종업원대여금이 많은 회사는 회사의 돈을 사적으로 사용하거나 회사자금 사용을 대수롭지 않게 여기는 업체가 아닌지 의심해 볼 필요가 있다. 물론 종업원대여금이 회사직원의 복지향상 차원에서 발생한 것일 수도 있지만, 사장의 가불 잔액을 연말결산하면서 종업원대여금으로 계정 재분류한 것으로 가지급금이나 종업원대여금이 실질적으로 동일한 것일 수도 있다. 회사의 가지급금이 많다는 것은 대체로 나쁜 신호라고 할 수 있다.

CEO와 회계팀의 내공

회계업무를 오래했거나 재무제표를 많이 다뤄 본 사람들은 재무제표와 몇 가지 부속자료만 봐도 이 회사가 외부기장을 했는지 자체기장을 했는지 알 수 있으며, 회사 회계팀의 내공을 판단할 수 있다. 회계팀의 수준은 회사를 평가하는 하나의 지표(barometer)가 될 수도 있으며, 이는 CEO와 회사의 현 수준을 간접적으로 가늠하는 지표가 되기도 한다.

분식회계 여부

예전에는 분식회계를 한 재무제표를 은행에 제출해도 모르고 넘어가는 경우가 있었지만, 요즈음은 금융권이 개발한 체크 프로그램을 통해서 분식회계 가능성이 있는 재무제표로 자동구분되기 때문에 예전처럼 분식회계를 하기가 더욱 어려워졌다. 이러한 금융권의 체크 프로그램이 아니더라도 회계업무를 오래한 전문가들은 재무제표를 자세히 살펴보면 분석회계 가능성이 높은 전표라는 것을 알 수 있다. 따라서 혹시라도 분식회계를 통해서 회사의 가치를 높일 수 있다고 기대하거나 의도하시는 사장님이 계신다면 하루빨리 그런 생각을 접으시기 바란다.

회사 자금흐름의 평가

회사 사장님의 개인 돈을 회사에 입금시키는 경우(회사에 임시로 빌려주는 경우)에는 통상 가수금이라는 계정과목을 사용한다. 따라서 재무상태표에 가수금이라는 계정과목에 큰 금액이 있으면 이런 회사는 자금흐름이 좋지 않을 가능성이 높다.

금융권 등 외부에서 자금조달이 용이하지 않아서 회사 사장님의 개인 돈으로 회사의 부족한 자금을 해결했을 확률이 높기 때문이다.

7장 정리

재무제표의 정보를 바탕으로 이해관계자들은 성장성, 수익성, 안정성, 활동성에 대한 경영지표를 계산하고 이를 동종업종과 비교함으로써, 이 회사의 현재 및 미래를 판단하게 된다. 이러한 목적 때문에 재무제표를 만드는 것이다.

또한 재무제표를 통해 이 회사의 CEO와 회계팀에 대한 도덕성, 내공 등 정성적인 평가도 가능하다는 것도 알게 되었다.

이제 여러분은 심심해서 재무제표를 만드는 게 아니며 재무제표에는 꽤 많은 의미가 있다는 것을 알게 되었을 것이다. 만일 당신의 회사가 매력적으로 보이기를 원한다면, 또는 불필요한 오해를 유발하기 싫다면, 재무제표를 만드는 회계팀의 업무에 좀 더 관심을 가질 필요가 있다. 이 책 속에 이와 관련된 많은 해답이 숨어 있다.

우리는 자격증 시험을 준비하기 위해 이 책을 보는 것이 아니다. 위의 지표에 대한 공식은 절대 외울 필요가 없다. 기억이 나지 않으면 이 책을 다시 보거나, 네이버에서 검색해 보면 된다.

다만 이 책을 틈틈이 읽어서, 나중에 이런 단어가 나오면 이 책에서 보았던 단어라는 것을 기억할 수 있으면 된다.

위의 지표는 모두 다 자주 사용되는 것이다. 실 계산연습도 이 책을 따라서 해보기 바란다. 이러한 지표는 차입을 위해서도, 투자를 받기 위해서도 아주 중요한 지표이다.

물론 이러한 지표와 관계없이 사장님들은 회사가 좋게 되도록 최선을 다하고 있기 때문에, 그 결과로 위의 지표들도 자연스럽게 좋아질 것이다. 하지만 사장님이 올바르게 가고 있는지 틈틈이 중간 점검을 할 필요는 있다.

이제 여러분들은 재무제표가 많이 낯설지는 않을 것이며, 이러한 경영지표를 직접 계산해 볼 만큼 자신감도 생겼을 것이고, 본인 회사와 타 회사의 재무제표를 비교하려는 욕구도 생겼을 것이다. 이러한 바탕에서 주식시장의 요동치는 주가와 관련된 회사의 주요 경영지표를 비교해 보는 것도 꽤 재미있는 일이 될 것이다.

8장. 회계/자금 관련 어려운 용어들: 어떻게 공부할까?

사업을 하다 보면, 회계학과 재무관리와 관련하여 새로운 단어를 많이 접하게 되는데, 그중에는 꽤 중요하게 느껴지고 자신에게 많은 도움이 될 것 같은 단어나 이론 등도 있다. 그럴 때마다 호기심과 막연한 불안감으로 적잖은 걱정이 될 수도 있다.

■ 새로운 것들을 과감히 무시하라

1. 이 책을 읽으시는 여러분은 아마도 회계사나 세무사는 아닐 것이다. 그리고 대부분 회계팀장도 자금팀장도 아닐 것이다. 여러분은 그러한 역할과는 다른 본인 저마다의 더 중요하고 시급한 일을 하는 사람일 것이다.
   따라서 회계나 자금과 관련된 복잡한 일들은, 회사 내부의 유능한 직원의 도움을 받거나, 회계사나 세무사 등 외부 전문가의 도움을 받는 것이 훨씬 효과적인 방법이기 때문에, 이 책에서 보지 못한 회계나 재무관리 분야의 새롭고 낯선 단어나 이론들은 과감히 무시하는 것이 좋다. 또한 회계와 자금업무의 특성상, 앞으로 새로운 이론이 나오고 사회가 많이 변하더라도, 기존의 회계나 자금업무 지식과 경험만으로 계속 똑같이 살더라도 큰 문제는 생기지 않는다. 만일 여러분이 스타트업 사장이나 주요 경영진의 입장이면 더욱 그러하다.
2. "선무당이 사람 잡는다"는 말이 있다. 각종 경영서적에 나오는 지식이나 이론들을 온전히 이해하지 못하면서 섣부르게 회사에 적용하려고 하면, 대부분 특별한 효과가 없고 때로는 역효과가 난다. ERP 시스템을 가급적 도입하지 말라고 한 것도 비슷한 이유이다.
   여러분이 경영과 관련된 책에서 보는 대부분의 것들은 여러분의 회사에 적용하기에는 부적절하거나 아무런 효과(effect)가 없는 것들이다.

■ 쓸데없는 경영이론에 현혹되지 말자

과거부터 지금까지 수많은 경영이론이 존재했으며 지금도 새로운 이론들이 계속 나타나고 있다. 하지만 그 이론의 옳고 그름에 관계없이 스타트업이나 중소기업의 사장님은 너무나 바쁘고, 회사의 다른 구성원 역시 대체로 바쁘다. 한

마디로 인력과 자금, 시스템 모두 아주 많이 열악해서 설혹 좋은 이론을 알게 되었다고 하더라도 실제 도입하는 것은 결코 쉬운 일이 아니다.

그리고 회계학이 만병통치약도 아니고, 새롭게 적용한 이론이 반드시 맞다는 보장도 없다. 특히 스타트업일 경우에는 회사의 본질적인 활동에 집중해야 한다. 별로 중요하지 않은 일에 소중한 시간을 낭비하지 마라.

■ 생소한 개념(이론)을 접했을 때, 어떻게 할까?

- 최소한의 시간을 쓰자.
- 가능하면 회계팀장이 대응하도록 조치하자.
- A4 1페이지 분량 정도의 개념 요약본만 읽자.
- 일단은 회사가 잘 굴러가고 회사의 덩치을 많이 키운 다음에 생각하자.

※ 여러분은 이 책 한 권이면 충분하다.

■ 이 책을 내 것으로 만드는 방법

1. 처음부터 끝까지 중단없이 최대한 빨리 1회독을 하라.
2. 텍스트 옆에 이미지가 표시되어 있는 내용은 처음에는 몰라도 관계없다는 마음으로 가볍게 읽어라. 그 외의 내용들은 언젠가는 반드시 다 알아야 하는 것이니 좀 더 집중해서 읽어라.
3. 이 책의 취지에 맞게 항상 핵심을 먼저 파악하려고 노력하고 핵심에 집중하라.
4. 사업하다가 모르는 단어나 내용이 나오면, 이 책 어디를 보면 알 수 있는지, 최소한 이 정도가 될 때까지는 틈틈이 계속 읽어라.
5. 이 책의 내용 및 용어들을 온전히 다 파악하기 전에는 다른 경영서적은 읽지 마라. 이 책이 시시해지고 다른 책들이 보고 싶어 미칠 것 같을 때, 그때 다른 책을 보라.

- 외우려고 노력하지 말라. 쓸데없이 지적 호기심을 남발하지 마라.
- 회계학 공부가 내 사업의 본질이 아님을 망각하지 마라.
- 천천히 한 번 읽기보다는 좀 더 빠르게 수 회 읽는 편이 좋다.
- 내가 이 책을 어떻게 활용할 수 있을 것인지에 집중하라.

효과적인 학습을 위해서 텍스트 옆에 이미지 로 구분해 두었지만, 여러분이 사업과 관계된 활동을 계속하는 한 언젠가는 이 책 내용을 모두 다 알아야 하고, 아마도 자연스럽게 그렇게 될 것이다. 그렇다면 이 책에 나오지 않은 단어 중에 꼭 알아야만 하는 단어는 없을까? 물론 있을 것이지만 그리 많지는 않을 것이다.

여러분이 가급적 빨리 니즈(Needs)를 느낄 중요한 회계단어는 필자가 이 책에 거의 다 담았다고 자신한다. 따라서 이 책에서 보지 못한 회계와 재무와 관련된 단어는 몰라도 사업하는 데 거의 지장이 없을 것이며, 대부분 모르는 편이 훨씬 더 좋을 것이다. 쓸데없이 많은 것들을 머릿속에 넣어 두면 오히려 혼란스러울 수 있다.

여러분이 사업을 하다가 모르는 단어가 나오면, 이 책의 '찾아보기'에서 찾아보고, 여기에 없는 단어는 과감히 무시해도 될 것이라고 생각한다. 그래도 본인이 궁금하다면 포털 사이트를 검색해서 기본개념만 이해하면 그것으로 충분할 것이다.

■ 흔히 접하게 될 이론 몇 가지

사업하면서 다른 사람들과 원활하게 의사소통(Communication)하도록 몇 가지 이론을 간략히 소개한다. 가볍게 읽으면 된다.

□ 손익분기점(BEP[13]: Break Even Point) 분석

손익분기점 분석이란, 손익이 제로(Zero)가 되는 매출액인 손익분기점 매출액을 파악하고 손익 구조를 분석하는 것을 말한다. 이를 위하여 비용을 변동비와 고정비로 구분하는데, 앞서 배운 매출원가와 판매관리비가 구분의 대상이 된다.

BEP를 그래프로 표시하면 아래와 같다.

13 BEP: Break－even Point. 손익분기점. 사업하면서 자주 듣게 될 단어이니 외우도록 하자.

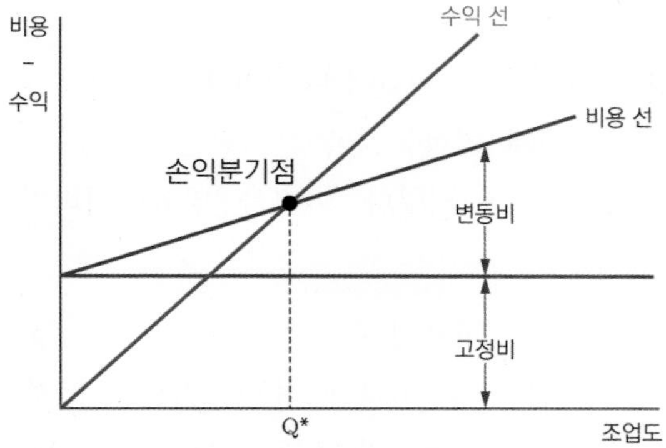

손익분기점에 해당되는 매출량(*Q)과 매출액을 구하는 계산식은 아래와 같다.

> 손익분기점 판매수량=고정비/(판매단가−단위당 변동비)=고정비/단위당 공헌이익
> 손익분기점 매출액=고정비/[1−(변동비/매출액)]=고정비/공헌이익률

필자가 회계학을 공부하면서 제일 처음 이 개념을 접했을 때는, '사업가에게 아주 유용한 분석 도구(Tool)가 되겠구나'라고 생각했던 기억이 난다. 그런데 다양한 경험을 하고 나니, 이론은 이론일 뿐 별다른 활용가치가 없는 이론들이 참 많음을 깨닫게 되었는데, 손익분기점 분석 역시 그중의 하나이다.

아주 크고 복잡하고, 우수한 직원들이 많은 회사는 다르겠지만, 대부분의 스타트업이나 기타 중소기업들은 손익분기점 같은 것을 생각할 여력이 없는 것이 현실이다.

□ 레버리지 분석(Leverages Analysis)

회사는 유형자산의 사용에 따라 감가상각비가 발생하며, 금융기관에서 차입을 하면 이자비용이 발생하는데, 이러한 비용들은 회사의 조업도와 관계없이 고정적으로 발생한다. 이러한 고정비 부담을 '레버리지'라고 하며, 고정비 비중에 따라서 매출액과 이익률이 어떻게 변하는지를 분석하는 것을 레버리지 분석이라고 한다.

이러한 레버리지 분석은 아래 3가지로 구분해서 진행할 수 있다.

1. 영업레버리지 효과

유형자산을 보유함에 따른 고정비(감가상각비) 발생금액에 따라서 매출액과 이익률이 어떻게 변하는지를 분석하는 것으로, 그 결과는 고정비가 클수록 레버리지 효과가 크다. 이것을 '영업레버리지'라고 한다.

2. 재무레버리지 효과

차입 등 타인자본을 이용함에 따른 고정비(이자비용 등) 발생금액에 따라서 매출액과 이익률이 어떻게 변하는지를 분석하는 것으로, 그 결과는 고정비가 클수록 레버리지 효과가 크다. 이것을 '재무레버리지'라고 한다.

3. 결합레버리지 효과

영업레버리지와 재무레버리지를 종합한 효과이다. 결합레버리지가 높을수록 매출액 변화에 대한 이익률의 변화 폭이 크다.

4. 의미

유형자산을 많이 보유하고 있거나, 금융기관 등의 타인자본을 많이 이용할 경우, 감가상각비와 이자비용이 고정적으로 발생해서 회사 사장님에게는 즐거운 일이 아니다. 만일 회사의 매출이 없거나 아주 미약하다면, 이러한 고정비 발생은 사장님에게 더욱더 즐거운 일이 아니다.

그러나 반드시 나쁜 것만은 아니다. 위에서 살펴본 레버리지 분석 결과에 따르면, 향후 우리 회사의 매출이 증가하면 이에 대해서 회사의 이익은 급속히 증가하게 된다. 고정비가 크면 클수록 더욱 빠르게 이익률이 증가하기 때문이다.

□ 스왓 분석(SWOT Analysis)

회사의 현재 상황을 강점, 약점, 기회, 위협, 이렇게 4가지 요인으로 분석하는 것을 스왓 분석이라고 한다. 이 4개의 영어단어 머리글자를 딴 것이다. 즉, Strong, Weak, Opportunity, Threat의 머리글자를 딴 것이다.

외부에서 우리 회사를 평가할 때 또는 각종 문서를 작성할 때 많이 사용하는데, 이 4개 요인을 분석할 때 마이클 포터(Michel E. Porter) 교수의 5가지 경쟁요인을 주로 활용한다.

1. 신규 진입의 장벽: 사업초기 높은 설비투자가 필요하거나 특허권 등 강한 기술장벽이 있으면 우리 회사의 이익률은 높아진다.
2. 대체품의 위협: 대체품이 많을수록 불리하다.
3. 공급자의 교섭력: 우리 회사에 공급하는 업체의 파워가 클수록 우리 회사의 이익률은 나빠진다.
4. 구매자(고객)의 교섭력: 구매자 파워가 클수록 우리 회사의 이익률은 나빠진다.
5. 경쟁회사: 경쟁회사가 많을수록 불리하다.

〈귀사의 SWOT 분석결과는?〉

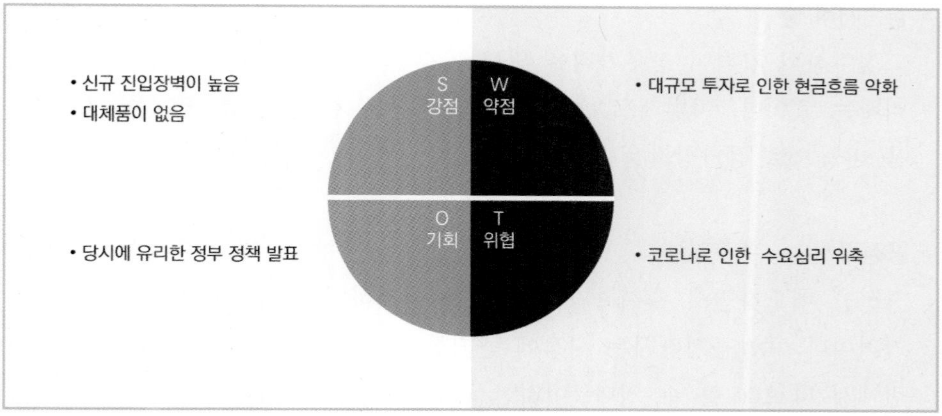

8장 정리

여러분의 상황은 아마도 회계학을 완벽하게 알아야 하는 것이 아닐 것이다. 본인의 입장을 망각하지 말고 이 책 내용 중에서 핵심에 집중하기 바란다.

회계학과 관계된 단어와 이론들은 당분간은 이 책을 벗어나지 말기 바란다. 여러분에게 지금 필요한 것은 이 책 정도면 충분하다. 이 책이 만화책보다 훨씬 쉽게 느껴질 때까지는 이 책만 보기 바란다.

여러분은 앞으로 다양한 사람들과 만나게 될 것이기 때문에 회계나 재무와 관련된 약간의 상식은 필요할 것이고 그에 대한 준비를 미리 하는 정도로 가볍게 생각하면 된다.

회사가 커지면 자연스럽게 각 부서마다 유능한 전문가들을 채용하게 될 것이고, 이때가 되면 그들이 다양한 기안을 하게 될 것이며, 외부에서도 아주 많은 제안을 받게 될 것이다. 새로운 것들은 그때 생각하면 된다. 회계와 관련해서는 더욱 그러하다.

9장. 재무관련 어려운 용어들: 일단 이것만 공부하자

사업과 관련된 활동을 하다 보면 자신이 모르는 것이 참 많다는 것을 느끼게 되지만, 바쁜 현실에서 그러한 것들을 모두 다 공부할 수는 없다. 이러한 맥락에서 회계 및 재무와 관련된 것 중에서 중요한 것과 덜 중요한 것, 신속히 알아야 할 것과 느긋하게 대응해도 되는 것을 구분해 주는 것이 이 책을 집필한 중요한 이유 중 하나이다.

이러한 관점에서 아래에 나오는 단어들은 종종 접하게 될 단어들이기 때문에 이번 기회에 아래 설명 정도의 기본 개념은 숙지하기 바란다.

> 감손처리

고정자산의 가격이 장부가격을 밑도는 경우, 고정자산의 장부가액을 감액처리하는 것이다. 이렇게 감손처리를 한 자산은 감손손실을 공제한 장부가액을 바탕으로 감가상각을 한다.

> 공정가치

자산을 매도하면서 수취하거나, 부채를 이전하면서 지급하게 될 정상 거래가격이다. 즉, 공정가치는 시장에 근거한 측정치이며 사용가치와는 그 성격면에서 다르다 볼 수 있다. 이러한 공정가치를 측정하는 목적은 현행 시장상황에서 측정일에 시장참여자 사이에 자산을 매도하거나 부채를 이전하는 정상거래가 일어나는 경우의 가격을 추정하는 것이다.

> 내용연수

고정자산의 이용 가능 연수. 기업회계에서는 각 자산마다 내용연수와 잔존가액을 추정하여 감가상각을 하게 된다.

> 배당성향

당기순이익 중 배당금의 비율. 기업이 벌어들이는 소득에서 주주들에게 돌아가는 몫의 비율을 나타내는 것으로 배당금을 당기순이익으로 나누어 구한다.

배당성향이 큰 기업일수록 주식가격이 높은 경향을 보인다. 주주의 입장에서는 배당이 현금흐름을 발생시키므로 그만큼이 주식가격에 반영되기 때문이다. 그러나 배당성향이 높으면 그만큼 투자할 금액이 줄어들고 사내유보율이 낮아지므로 회사의 가치 평가 시 부정적인 영향을 주기도 한다.

기업들의 배당 현황을 보여 주는 또 다른 지표에는 주식가격 대비 1주당 배당금의 비율을 나타내는 배당수익률이 있다.

> 배당수익률

주가 대비 1주당 배당금의 비율

배당수익률(%)=주당배당금/주식가격*100

> 사용가치

사용적 측면에서 본 재화 또는 용역의 가치를 사용가치라고 한다. 재화 또는 용역의 사용가치를 측정하는 단위는 그 재화 또는 용역이 소비재인가 생산요소인가에 따라서 다르다. 소비재의 사용가치는 인간이 이 재화 또는 용역을 소비하는 경우에 느끼게 되는 만족도의 크기로써 표현될 수가 있다.

소비재의 경우 그 사용으로부터 느끼는 만족도는 소비자에 따라서 다르다. 즉, 갑은 사과 1개의 사용가치를 배 1개보다 높게 평가하는 데 반하여, 을은 반대로 배 1개의 사용가치를 사과 1개의 사용가치보다 더 높게 평가할 수도 있는 것이다. 그러므로 소비재의 사용가치는 본질적으로 주관적 가치(subjective value)의 특성을 가진다.

> 선입선출법(FIFO: First In First Out)

재고자산의 출고단가를 결정하는 방법. 여러 단가의 재고자산이 실제로는 어떤 순서로 출고되든, 장부상 먼저 입고된 것부터 순차적으로 출고되는 것으로 간주하여 출고단가를 결정하는 원가주의 평가방법이다.

이 방법의 장점은 ① 재고자산의 평가액이 시가에 비교적 가깝고, ② 장부상 처리가 실제 재고자산의 흐름과 다르더라도 재고관리상 편리하며, ③ 디플레이션 때에 이익이 과대 계상되지 않는다는 점 등이다.

단점으로는 ① 인플레이션 때에 과대이익을 계상하며, ② 동종의 물품을 동시에 출고할 때에도 각기 다른 수준의 단가를 적용하게 되어 계산이 복잡하다는 점 등이 있다.

잔존가액

자산이 사용불능이 되어 폐기처분될 때 받을 수 있으리라고 기대되는 금액. 우리나라 법인세에서는 유형자산 및 무형자산은 잔존가치를 0으로 일률적으로 정해 놓고, 정률법을 채택하는 경우에만 잔존가치를 취득원가의 5%로 하도록 하고 있다.

장부가액

자산, 부채 또는 자본의 각 항목에 관하여 일정한 회계처리 결과를 장부상에 기재한 금액. 당해 자산에 속하는 평가성충당금 등이 있는 경우에는 그 금액을 공제한 순액(純額)을 말한다. 즉, 감가상각비를 간접법에 의해서 계상하고 있는 경우에는 그 유형자산의 금액에서 감가상각충당부채계정의 금액을 공제한 것이 장부가액이 된다.

후입선출법(LIFO: Last In First Out)

재고자산의 단가를 계산하기 위해 적용하는 가정 중 하나로, 가장 최근에 입고한 재고부터 판매 또는 제조에 사용된다고 가정한다.

신주청약증거금

신주 청약을 보증하기 위하여 청약자가 납입한 금액. 신주를 발행할 때 자본금으로 대체한다.

영업권

눈으로 식별되진 않으나 기업이 입지조건이나 브랜드 충성도, 기술, 조직의 우수성 등에 의해 동종업계의 다른 기업들에 비하여 초과 수익력을 갖는 배타적 권리를 말한다.

우회상장

비상장기업이 상장기업을 인수·합병하는 방법을 통해 증권시장에 진입하는 것을 말한다.

비상장기업이 상장적부심사나 공모주청약 등의 정식 절차를 거치지 않고 우회적인 방법을 통해 증권거래소나 코스닥시장 등 증권시장에 진입하는 것을 뜻하며, 백도어리스팅(back door listing)이라고도 한다. 우회상장은 상장요건을 충족시키기에는 미흡하지만 성장성이 높고 재무적으로 우량한 비상장기업에게 자본조달의 기회를 주려는 취지로 도입된 제도이다.

우회상장의 대표적인 방법은 이미 상장된 기업과의 합병을 통해 경영권을 인수받아 상장하는 것으로, 자금 사정이 좋지만 상장요건을 갖추지 못했거나 복잡한 절차를 피해 빠른 시일 내에 상장하려는 비상장기업이 대주주 지분율이 낮고 경영난에 빠진 부실한 상장기업을 인수·합병하는 방식으로 이루어진다.

우회상장에 대한 심사가 허술할 경우 자격미달의 부실기업이 쉽게 자본시장에 진입하여 투자자들을 현혹하고 투자자들의 돈만 챙겨 가는 사례가 발생할 수 있다.

자사주 매입

회사가 자기 회사의 주식을 주식시장 등에서 사들이는 것. 자사주 매입은 주식 유통 물량을 줄여 주기 때문에 주가 상승 요인이 되고 자사주 매입 후 소각을 하면 배당처럼 주주에게 이익을 환원해 주는 효과가 있다.

하지만 자사주 매입은 투자활동으로 성장해야 하는 기업이 자기 주식을 사는데 돈을 쓰는 것은 성장할 만한 사업영역을 못 찾고 있다는 의미로도 해석될 수 있기 때문에 주가에 대한 영향이 단기적이라는 시각도 있다.

주식배당

일반적으로 주식의 배당은 현금으로 지급되는데, 이를 신규발행 주식으로 대신하는 배당을 말한다. 주식배당의 목적은 배당지급에 소요되는 자금을 사내에 유보하여 외부 유출을 막고, 이익배당을 한 것과 동일한 효과를 올리는 데 있다. 또 주식배당에 의하여 회사의 자본금이 증액되므로 자본구성의 개선에도 유효하다. 주주의 입장에서도 주가가 높은 수준에 있을 때는 현금배당보다 유리하다.

중간배당

파산절차에서 파산재단소속 전 재산의 환가 전에 또는 주식회사에서 결산기 전에 하는 배당. 파산절차에서 일반의 채권조사가 끝난 후 파산재단소속 재산 전부의 환가 전에, 파산관재인이 배당을 함에 정당한 금전이 있다고 인정할 때마다 행하는 배당과, 주식회사에서 영업연도의 중간에 예상되는 이익 또는 임의준비금(任意準備金)으로 하는 배당을 말한다.

주식회사에서의 중간배당은 영미법에서는 인정되고 있던 제도이며, 한국 상법도 1998년의 개정으로 "연 1회의 결산기를 정한 회사는 영업연도 중 1회에 한하여 이사회의 결의로 중간배당을 할 수 있음을 정관으로 정할 수 있다"는 규정을 신설하여 이를 인정하였다.

취득원가

자산 매입에 소요된 금액. 역사적 원가라고도 하며, 여기에는 매입자산의 매입대가에다 취득에 소요되는 부대비용을 포함하는 것이 일반적이다. 부대비용에는 매입수수료·운반비·하역비·설치비·시운전비·등기비용 등이 있다. 기업회계원칙에서는 취득원가를 자산평가의 기준으로 하고 있으며, 대차대조표 가액의 결정도 취득원가기준이 택하여진다. 이를 취득원가주의라고 한다.

출자금

조합, 합명, 합자, 유한회사 등 주식회사 이외의 기업에 자본출자를 한 것을 말한다. 형식적으로 투하자본이 증권화되어 있지 않을 뿐 주식투자와 같다.

파생금융상품

외환·예금·채권·주식 등과 같은 기초자산으로부터 파생된 금융상품을 말한다. 경제여건 변화에 민감한 금리·환율·주가 등의 장래 가격을 예상하여 만든 상품으로, 변동에 따른 위험을 소액의 투자로 사전에 방지, 위험을 최소화하는 목적에서 개발되었다. 발행자가 자금조달을 목적으로 발행하는 전통적인 금융상품과 달리 계약 당시 거래당사자 사이에 자금의 흐름이 일어나지 않는 부외거래를 특징으로 한다.

파생금융상품 거래의 확대는 경제주체의 의사결정에 있어서 불확실성을 줄임으로써 경제활동을 촉진시킨다는 면에서는 긍정적이지만 투기적 목적에 의한 거래의 증가와 더불어 이에 따른 제반 리스크를 효과적으로 관리하지 못할 경우에는 금융시장의 안정성을 저해할 수도 있기 때문에 적절한 규제와 감독이 필요하다.

9장 정리

회계학과 재무관리에 대해서 사장님이 반드시 전문가가 될 필요는 없다. 이런 맥락에서 사장님이 아시면 좋을 단어들만 엄선하였다.

일단은 이 책이 시시해질 때까지 수 회 반복해서 읽기를 제안한다.

Ⅱ

재무업무 실무지식 Level-Up

1. 자금관리
2. 회계결산

II

제1부

자금관리

1장. 자금업무와 회계업무를 보다 효과적으로 할 수 없을까?

시너지(Synergy)라는 말을 우리는 심심찮게 듣는다. 이러한 개념을 자금과 회계 업무에도 적용해 보자. 스타트업이나 업력(業力)이 짧은 중소기업의 경우에는 통상 자금팀과 회계팀이 구분되어 있지 않은데, 이런 회사라면 사소한 준비와 조정을 통해서 일을 더욱 효과적으로 할 수 있다. 그럼에도 필자가 경험한 많은 회사들이 그렇게 하고 있지 않아서 많이 안타까웠다.

(1) 두 업무의 통합으로 인한 시너지 효과

■ 사장님 입장

① 자금집행 시 자금계획표와, 관련된 회계전표를 동시에 결재할 수 있어서 편리하다.

② 상기 결재 시 자금계획표와 회계전표를 비교해서 보기 쉽다.

③ 이런 식으로 매일 결재를 하고 나면 그 이후에는 자금지출과 관계된 회계전표는 사장님이 다시 살펴볼 필요가 없고, 자금집행한 내용이 궁금할 경우 사장님은 본인이 결재한 일일 자금계획표만 확인하면 된다.

■ 직원 입장

① 자금 집행 관련, 사장님의 이해도를 높일 수 있으므로 결재가 편리하고 결재 시간이 절약된다.

② 자금계획 및 운용 관련, 사장님과의 의사소통(Communication)이 원활하게 되어 시간 절약 및 불필요한 오해와 의심을 불식시킬 수 있다.

자금운용 계획(2017년 1월)

구분			월간計	7월1일 화	7월2일 수	7월3일 목	7월4일 금	7월5일 토	7월6일 일	7월7일 월
이월시재			621,317,099	621,317,099	375,843,958	375,843,958	375,843,958	340,755,459	340,755,459	340,755,459
수입	제품매출		500,000,000						500,000,000	
	수입이자		0							
	기타		0							
	기타		126,146							
	계		500,126,146	-	-	-	-	-	500,000,000	-
지출	수입자재대		0							
	국내자재대		915,200	915,200						
	관세/부가세		100,000,000						50,000,000	
	급여		453,175,560							
	외주경비		5,100,000							
	판관비		314,138,549				17,615,760		50,000,000	
	지급이자		56,180,774				17,472,739			
	예적금		0							
	투자		0							
	기타		131,109,190							
	계		1,060,619,273	915,200	-	-	35,088,499	-	100,000,000	-
수지차			-560,493,127	-91						
재무대책	증자		0							
	일반대	차입	1,500,000,000							
		상환	0							
	구매자금	차입	0							
		상환	0							
	USANCE	차입	0							
		상환	0							
	기타	차입	0							
		상환	0							
	계		1,500,000,000							
조정후과 부족자금			1,560,823,972	620,40						
자금운용	기업자유	불입	2,244,557,941	244,55						
		인출	1,050,000,000							
	외화예금	불입	0							
		인출	0							
	기타	불입	0							
		인출	0							
	계		1,194,557,941	244,557,941	-	-	1,500,000,000	-	400,000,000	-
이월시재			366,266,031	375,843,958	375,843,958	375,843,958	340,755,459	340,755,459	340,755,459	340,755,459

회 계 전 표

회계단위 영창건설주식회사 현장원가 기본단위
일 자 2014년 05월 09일 담당자 홍길동
자료번호 000033 거래증빙 거래명세서

결재: 담당 | 대리 | 이사 | 사장

계정과목	관리번호/적요	차 변	대 변
532900(해외출장비)	[illegible]	112,740	
131100(현금)	[illegible]		112,740
합 계		112,740	112,740

원화운용장

(단위:원)

구 분		외환은행	한미은행	하나	기타	계
기초시재		25,490,511	59,039	12,099,999	822,086,987	859,736,536
입금	예금인출					-
	대 출					-
	잔고이동	하나은행에서 10,000,000				10,000,000
	기 타					-
계		10,000,000	-	-	-	10,000,000
지급	수입결제 ($,￥)				Intel 송금 62,620,000	62,620,000
	국내결재 (₩)					-
	관세/부가세					-
	급여					-
	판관비	해외출장비 3,857,810				
	외주가공비					
	차입금상환					-
	지급이자					-
	예금불입					-
	기 타	송금수수료등 9,500				9,500
	잔고이동			외환은행으로 10,000,000		10,000,000
계		3,867,310	-	10,000,000	62,620,000	76,487,310
이월시재		31,623,201	59,039	2,099,999	759,466,987	793,249,226

Credit 현황

(단위:천 원,USD)

구 분		한 도	사 용 액	사용가능액	약정기일	비 고
일반대	신한은행	200,000	200,000	0		3.50%
	신한은행	800,000	800,000	0		
	하나은행	1,000,000	1,000,000	0		
	계	2,000,000	2,000,000	0		
회전대	신한은행	1,200,000	1,000,000	200,000		
	외환은행	5,000,000	2,000,000	3,000,000		
	계	6,200,000	3,000,000	3,200,000		
구매자금				0		
				0		
				0		
	계	0	0	0		
Usance				$0		
				$0		
				$0		
	계	$0	$0	$0		
당좌대월	신한은행	100,000	0	100,000		
	중소기업은행	100,000		100,000		
				0		
	계	200,000	0	200,000		
정책자금		716,000	716,000	0		
		475,000	475,000	0		
	계	1,191,000	1,191,000	0		
	계($)	$0	$0	$0		
	계(₩)	9,591,000	6,191,000	3,400,000		

(단위:원)

구 분	원화운용장세부현황					
	외환	한미	하나	기업	국민	신한
입금						
합계	**0**	**0**	**0**	**0**	**0**	**0**
지출	해외출장비					
	3,857,810					
	송금수수료					
	9,500					
합계	**3,867,310**	**0**	**0**	**0**	**0**	**0**

가용자금현황(전일자잔액기준)

(단위:원)

구		분		외 화	원 화	이자율	비 고
예금	원 화	보통예금	우리(한빛)		2,377,114		
			신 한		500,718,929		
			제 일		31,652,571		
			외 환		22,252		
			기 타		12,159,038		
			소계	-	546,929,904		
		기타제예금 (JUMP)	외 환		92,645,189		
			신 한		50,911,252		
			현대증권(MMF)		1,000		
			기 타				
			소계	-	143,557,441		
		적 금	외 환				
			한 미				
			하 나				
			소계	$0.00	0		
		기 타					
		계		$0.00	690,487,345		
	외 화	보 통	외 환	$21,346.29	25,468,259		@ 1,193.10
			한 미				@
			하 나				@
			기 타	$43,694.29	52,131,657		@ 1,193.10
			JPY(신한)	JPY 23,605,415.00	235,206,716		@ 9.9641
		소계		$65,040.58	312,806,632		
		정 기	외 환				@
			한 미				@
			하 나				@
			기 타				@
		소계		$0.00	0		
		계(USD)		$65,040.58	77,599,916		
		계(JPY)		JPY 23,605,415.00	235,206,716		
	합 계			$65,040.58	1,003,293,977		
적금							
	합 계			-	0		
총 계				$65,040.58	1,003,293,977		

(2) 시너지 효과를 위한 사전 준비

제목은 거창하지만 사전에 준비할 것은 계정과목을 잘 세팅(setting)하는 것, 이 한 가지뿐이다.

이 일은 전혀 어렵지 않다. 회계에서 사용하는 계정과목과 자금계획표에서 사용하는 단어를 가급적 일치가 되도록, 회계 소프트웨어의 계정과목 기초 세팅을 조정하기만 하면 된다. 100% 똑같은 단어를 사용하는 것이 어려울 수도 있는데, 이 경우에는 단어는 약간 다르게 쓰더라도 관련 내용을 입력할 때 회계상 단어와 자금상 단어가 1:1 매칭이 될 수 있도록 하면 된다.

이렇게 세팅해 두면 사장님은 자금계획표를 결재하면서 자금계획표 각 항목의 금액과 회계 데이터를 상호 비교하기 쉽다.

아는 듯 모르는 듯, 만일 여러분이 사장님이라면 지금까지의 내용이 확실하게 머릿속에 정리가 되지 않을지도 모르겠다. 그래도 관계없으니 이 책을 계속해서 읽기 바란다. 아마도 2회독 할 때는 이해도가 훨씬 높아질 것이다.

(3) 회계팀장 혹은 재무팀장이 없다면?

아직은 위와 같은 시너지를 논할 때가 아닌 듯하다. 현재 회계와 자금업무를 담당하는 직원에게 이 장의 내용을 보여 주고 이해를 잘 못하면 때를 기다리기 바란다.

하지만 만일 회계팀장이 있다면 역시 이 장의 내용을 회계팀장에게 보여 줘라. 그러면 본인이 무엇을 해야 하는지를 이해하고 스스로 잘 할 것이다. 그런데 만일 이해를 못하는 회계팀장이라면? 문제가 심각하다고 본다.

(4) 자금업무와 회계업무를 통합해서 일하는 구체적인 방법

① 자금계획표에서 사용하는 항목들과 회계에서 사용하는 계정과목이 1:1 매칭이 될 수 있도록 회계 계정과목 명칭을 수정한다.

② 매일 자금 결재를 할 때, 위와 같이 자금계획표와 회계전표를 같이 결재 상신해서 결재자가 크로스 체크(Cross－check)할 수 있도록 한다.

③ 매월 결산 종료 후, 한 달 동안 매일 결재했던 상기 자금계획표와 결산 보고자료 중 하나인 자금수지표, 그리고 회계 S/W의 각 계정별원장 금액이 일치하는지 상호 비교한다.

④ 사장님이 결재한 전표가 100% 회계 S/W에 반영이 되었다면 위 프로세스(Process)를 통해서 자금계획표, 자금수지표, 자금관련 회계 데이터는 모두 일치하게 된다.

✎ 참고하기: p.137 계정별원장 & 거래처원장

(5) 계정과목 세팅 핵심 사항

1. 미래를 대비해서 여유 있게 계정과목을 세팅할 것
   - 현재 사용하지 않는 계정과목이라도 전산 S/W 초기 세팅할 때 미리 만들어 둘 것(필자의 제안: 벤치마킹 회사가 사용하는 계정과목과 거의 동일하게 세팅하기)
2. 자금계획표에서 사용하는 계정과목을 회계에서 사용하는 계정과목에 일치시킬 것
   - 계정과목으로 일치가 곤란할 경우, 계정과목의 세부항목에 일치시킬 것.

   만일 여러분이 회계나 자금업무를 하고 있는 실무자가 아니라면 조금은 어려울 수도 있다. 그럴 경우 이 책을 여러분 회사의 회계팀이나 자금팀 직원과 공유하기를 제안한다.

(6) 자금계획표

우선 위에서 소개한 자금운용 계획표를 다시 살펴보기 바란다.
위의 자금계획표는 한 달 동안의 자금계획을 일자별로 입력할 수 있도록 되어 있는데, 아래와 같은 특징이 있다.

- 영업활동 및 투자와 관계된 자금의 흐름을 수입과 지출로 구분하여 표시하였다.
- 자금활동과 관계된 현금흐름을 영업활동으로 인한 현금흐름과 구분하였으며, 자금활동 거래는 다시 재무대책과 자금운용으로 구분하여 세부적으로 관리 가능하다.
- 매일매일의 내용이 한 달 단위로 집계되도록 되어 있다.

다시 위 표를 천천히 살펴보기 바란다. 이제 본 자금계획표 양식이 더욱 선명하게 이해될 것이다. 한 가지 부연 설명을 하면, 재무대책과 자금운용은 아래와 같은 차이가 있다.

- 재무대책: 금융기관 등으로부터 자금을 빌린 내용
- 자금운용: 회사가 보유한 예금통장 내에서의 이동

상기 자금계획표는 위와 같은 특징을 갖고 있어서, 이 표 두 장이면 매일마다 발생한 자금거래를 한 달 단위로 일목요연하게 볼 수 있으며, 동시에 현재 회사의 차입현황과 예적금 현황까지 손쉽게 파악할 수 있다.

이 자금계획표는 기본적으로 자금업무를 위하여 만들어진 양식인데, 자금업무를 이 장에서 소개하는 것과 같이 진행하면 자금업무와 회계업무 간에 시너지 효과가 발생하게 된다.

예를 들어, 지출항목 중에 있는 지급이자나 외주비의 세부내용이 궁금하다면, 회계 S/W의 계정별원장이나 거래처원장을 살펴보면, 궁금한 내용을 손쉽게 확인할 수 있다. 수입항목 중에 제품매출 월 합계액인 5억 원의 세부내용이 궁금하다면, 이 역시 회계 S/W의 계정별원장이나 거래처원장을 확인해 보면, 현재 외상매출금 잔액이 얼마나 있고, 그중에서 어떤 것들이 금월에 입금될 예정인지, 그리고 그 결과 남아 있는 잔액이 거래처별로 얼마인지를 정확하게 알 수 있다.

(7) 기타

사장님은 매일 아침 정해진 시각에 한 번만 자금계획표와 관련 회계전표를 결재하는 방향으로 회사 업무 틀을 구축하자.

사장님은 매일 아침 한 번만 자금결재를 하는 사람이 되어야 한다. 이렇게 할 수 있도록 회사를 세팅하는 것이 좋다. 물론 충분히 가능하다. 그리고 자금결재를 할 때는 위에서 언급한 것과 같은 방법으로 자금계획표와 관련 회계전표의 총 금액을 상호 비교하면서 한꺼번에 처리하도록 하라.

그런데 아침에 결재했던 자금계획표에 누락된 내용이 있어서 오후에 추가로 결재가 올라오기도 한다. 이것은 회계팀이 실수했거나 다른 현업부서의 실수 때문일 것이다. 이러한 일의 발생빈도를 줄여서 사장님의 회사가 계획적이고 시스템적으로 돌아가도록 조치하라.

일하는 방식이 너무 딱딱한 것 아닐까? 보다 자유롭게 일하는 것이 옳지 않을까?

자유롭게 일한다는 것이 무절제, 무계획, 무원칙을 의미하는 것은 아니다. 일부 벤처회사들이 창의와 자유로운 업무를 핑계로 아무렇게 행동해도 되는 것으로 착각하는 경우가 있다. 사장님과 회계팀이 갑(甲)질을 해서는 안 되지만, 회사 내부에 최소한의 룰(Rule)은 반드시 있어야 한다. 자금의 속성상 자금집행은 엄격한 기준하에 진행할 필요가 있다.

(부록)

회계 소프트웨어 세팅

■ 회계 소프트웨어를 사용하게 되는 과정 및 형태

Ⅰ. 소박하게 사업을 시작한 경우(회계팀장이 없는 경우)

① 회계처리, 세무신고, 4대연금 신고를 세무사에게 맡긴다.

▼

② 자금집행은 사장님이 직접 하거나 사장님의 아내가 주로 한다.
사무보조 직원이 대신할 경우에는 사후에 철저하게 확인하려고 한다.

▼

③ 단순히 세무신고와 4대연금 신고 목적에만 부합되는 방식으로 회계처리가 된다.
회계 데이터가 체계적으로 정리가 안 된 상태로 쌓여만 간다.

▼

④ 회계나 자금 관련 실력 있는 경력자를 채용한다.
회사 내부 데이터 관리의 미흡함을 발견하고 비상이 걸렸다.

▼

⑤ 회계 소프트웨어를 구입해서 사용한다.
세무사가 하던 외부기장 업무는 중단하고, 연말에 법인세 신고만 맡긴다.

▼

⑥ 적정 규모나 조건이 되면, 회계사에게 회계감사도 받는다.

Ⅱ. 기본적인 세팅을 해서 시작한 경우(회계팀장이 있는 경우)

① 회계나 자금 관련, 실력 있는 경력자를 채용한다.

▼

② 회계 소프트웨어를 구입해서 사용한다.
중저가의 회계 소프트웨어 또는 ERP S/W를 구입한다.

▼

③ 회계처리, 세무신고, 4대연금 신고를 회사가 직접 처리한다.

▼

④ 연말에 세무사나 회계사와 함께 법인세 신고를 한다.

▼

⑤ 적정 규모나 조건이 되면, 회계사에게 회계감사도 받는다.

■ 회계 소프트웨어 사용, 이렇게 하는 게 좋다

Ⅰ. 소박하게 사업을 시작한 경우(회계팀장이 없는 경우)

① 세무사와 협의하여 계정과목 세팅을 잘 하자

여러분의 회사가 회계 S/W를 사용하든 않든 세무사는 회계 S/W를 사용하고 있는데, 세무사는 바쁘고 현재 외부기장료[1]가 작기 때문에 세무사가 편한 방식으로 일처리를 하기 쉽다. 사업초기에는 별 문제가 되지 않지만, 사업이 번창하면서 초기에 잘못 세팅한 계정과목이 사장님의 회사를 자주 불편하게 만든다. 아래는 계정과목을 잘 세팅하지 못해서 흔히 발생하는 형태이다.

㉠ 계정과목을 적절하게 세분화하지 않아서 생기는 문제

사업초기에는 거래도 작고 거래유형도 단순해서 현재 발생하는 거래에 대한 계정과목 위주로 세팅해서 지내다가, 시간이 가면서 매출이 늘고 거래유형도 복잡 다양해져서 자의 반 타의 반으로 새로운 계정과목을

2018년		2019년	
계정과목	금액	계정과목	금액
매출액	**80,597,844,956**	**매출액**	**90,597,844,956**
		① 제품매출액	90,594,688,471
		② 상품매출액	3,156,485
매출원가	**69,885,747,117**	**매출원가**	**69,688,141,563**
		① 제품매출원가	69,684,999,563
		② 상품매출원가	3,142,000
매출이익	**10,712,097,839**	**매출이익**	**20,909,703,393**
판매관리비	**6,534,926,941**	**판매관리비**	**6,634,926,941**
급료및수당	868,082,866	급료및수당	617,075,573
		상여금	351,007,293
퇴직급여충당금전입액	69,499,623	퇴직급여충당금전입액	69,499,623
		연구개발비	1,967,806,901
기타	3,097,689,939	기타	1,129,883,038
영업이익	**4,177,170,898**	**영업이익**	**14,274,776,452**

1 외부기장료: 세무사나 회계사에게 회계처리와 간단한 세무신고를 의뢰하고 지급하는 수수료.

추가하거나, 기존 계정과목을 좀 더 세분화하게 된다. 이렇게 할 경우, 위 표에서 알 수 있는 것처럼 연도별 비교가 불가능하다. 단순하게 되어 있는 2018년도 기준으로 두 손익계산서를 조정하는 것은 단순한 일이지만, 복잡하게 되어 있는 2019년 기준으로 두 손익계산서를 조정하는 것은 상당히 힘들고 성가신 일이다. 필자는 그동안 이런 일을 많이 겪었다.

㉡ 각 계정과목의 관리항목을 제대로 세팅하지 않으면 생기는 문제

일자	적요	코드	거래처	차변	대변	잔액	전표번호	코드	부서/사원	코드	현장명	손금산입	A
	전기이월			6,920,000	5,100,000	1,820,000							
12/1	가습기	A00001	삼성전자	1,260,000		3,080,000	000001						
12/1	가습기	A00001	삼성전자	2,320,000		5,400,000	000003						
12/1	전기청소기	A00003	현대전자	6,270,000		11,670,000	000006						
12/1	가습기	B00001	대우전자	1,910,000		13,580,000	000005						
12/5	가습기	B00005	포스코	4,000,000		17,580,000	000012						
12/6	가습기	B00005	포스코	2,000,000		19,580,000	000020						
12/8	가습기	A00001	삼성전자		1,260,000	18,320,000	000001						
12/9	전기청소기	A00003	현대전자		6,270,000	12,050,000	000004						
12/10	전기청소기	A00003	현대전자	3,280,000		15,330,000	000008						
12/20	가습기	B00001	대우전자		1,910,000	13,420,000	000007						
12/21	가습기	A00001	삼성전자		2,320,000	11,100,000	000015						
12/22	가습기	B00005	포스코		4,000,000	7,100,000	000001						
12/25	전기청소기	A00003	현대전자		3,280,000	3,820,000	000003						
12/30	가습기	B00005	포스코	2,000,000		5,820,000	000040						
	월계			23,040,000	19,040,000	4,000,000							
	누계			29,960,000	24,140,000	5,820,000							

위의 표는 외상매출금이라는 계정과목의 계정별원장을 엑셀로 다운로드[2]한 것이다.

위 붉은색 네모 부분은 거래처에 대한 정보인데, 만일 계정과목을 세팅할 때 거래처정보를 필수 입력항목으로 설정해 두지 않았다면, 전표입력[3] 시 거래처

2 엑셀로 다운로드: 대부분의 회계 소프트웨어는 S/W에 입력한 내용을 엑셀 형식으로 변환이 가능하게 되어 있다.

3 전표입력: T자분개한 내용을 회계 S/W에 입력하는 행위를 말하며, 이렇게 전표입력한 내용을 취합해서 회계 S/W는 자동으로 재무제표와 각종 보조부를 만들어 보여 준다.

정보를 입력하지 않을 수도 있다. 이럴 경우, 외상매출금이라는 계정과목에 대해서, 거래처별로 발생금액이나 잔액들을 정확히 파악할 수 없게 된다.
위 노란색 네모 부분은 전표의 일련번호인데, 회계 S/W를 처음 세팅할 때 만일 일련번호의 자릿수를 두 자리로 세팅했다면 전표 입력 시 100번 이상은 입력할 수 없는 어처구니없는 일이 발생하게 되며, 이와는 반대로 위에서 보는 것처럼 지나치게 자릿수를 많이 설정해 놓으면 회계팀의 입장에서는 성가시게 된다.
끝으로, 위 보라색 네모 부분은 각 계정과목별로 회사의 필요에 맞게 관리항목을 세팅/필요한 내용을 입력할 수 있는 공간이다. 이 기능을 적절히 활용하면, 위와 같이 회계 S/W 데이터를 엑셀로 변환해서 아주 편하게 작업할 수 있다.

② 업무는 가급적 증거를 남겨라

이런 유형의 회사는 사업초기부터 회계 및 세무와 관계된 업무를 거의 전적으로 세무사에게 의존하고 있다. 그런데 대부분의 회사들이 세무사와 책임 소재 등에 관한 명확한 계약서를 만들지 않고 일을 진행하고 있다. 그렇기 때문에, 향후 혹시 있을지 모르는 문제에 대비할 필요가 있다. 업무는 이메일 등을 활용, 가급적 증거를 남겨서 책임 소재를 명확히 하도록 하자.

③ 회계사나 세무사에게 최대한 협조하라

이들은 그들이 받는 수고료에 비해, 너무 바쁘게 살고 있다. 인간적인 차원에서도 잘해주는 게 좋다. 또한, 여러분들이 적극 협조해야 그들의 업무가 원활하게 되고, 그래야만 실수도 줄게 되고, 서로가 편하게 된다.

④ 결산이 끝나면 재무제표와 보조부의 금액이 일치하는지 반드시 확인하라

의외로 틀리는 경우가 상당히 많으며, 주로 거래처원장의 잔액 오류가 많이 발생한다. 이러한 오류를 몇 년 동안 쌓아 놓았다가 나중에 바로 잡으려면 상당히 힘들다. 매년 정확히 관리하는 것이 필요하다.

⑤ 경력자를 채용하는 대로 가급적 빨리 외부기장을 중단하라

Ⅱ. 기본적인 세팅을 해서 시작한 경우(회계팀장이 있는 경우)

① 계정과목 세팅을 잘 하자

이유는 위의 경우(case)와 동일하며, 향후의 예상되는 거래를 고려해서 미리 여유 있게 세팅하라. 예를 들면, 지금은 회사가 보유한 건물이 없을지라도, 추후를 대비해서 건물이라는 계정과목은 미리 설정해 두는 게 좋다.

② 권한 설정을 잘 하라

시중의 쓸 만한 회계 소프트웨어는 기본 설정 메뉴에서 사용자별로 권한을 다르게 설정할 수 있도록 되어 있다. 예를 들면, A사용자는 재무제표를 보는 권한만 있고, B사용자는 전표작성은 할 수 있으나 최종 재무제표에 반영시키는 권한은 없고, C사용자는 전표작성도 할 수 있고, 전표를 최종 재무제표에 반영시키는 권한도 있다.

이렇게 사용자별로 권한을 다르게 부여해서 사용할 수 있도록 되어 있다. 그런데 유능하고 믿을 수 있는 회계팀장이 있다면 재무제표에 최종 반영시키는 권한은 회계팀장에게만 부여하는 것이 좋다. 그 이유는 혹시 있을지 모르는, 데이터 오류에 대한 책임 소재를 명확히 하기 위해서이다. 여러 명이 권한이 있으면, 누구의 실수인지를 판단하기 어렵기 때문이다.

그리고 사장님도 재무제표와 보조부를 볼 수 있도록 세팅하라. 만일 여러분이 사장님이라면 가끔씩 회계 데이터를 직접 살펴보기 바란다. 그리고 이러한 사실을 회사 직원들이 느끼게 하라.

③ 회계 S/W 도입 시점은 빠를수록 좋다

회계팀장이 있으면 사장이 말하기 전에 회계팀장이 회계 소프트웨어 구입을 기안할 것이고, 외부기장 대신에 회사가 직접 자체 기장하려고 할 것이다. 이 경우, 회사가 자금적으로 감당할 수만 있다면 회계팀장의 의견을 꺾지 않는 것이 좋다. 대부분의 회계 소프트웨어 이용료[4]는 크게 비싸지 않다.

1장 정리

회사가 어느 정도 성장을 하면 회계팀 인력을 보강하고 회계 소프트웨어를 준비해서 회사 자체적으로 회계처리를 하는 것이 좋다. 이렇게 할 경우 무엇보다 중요한 것은 회계 소프트웨어의 계정과목 세팅이다. 계정과목 세팅을 어떻게 하느냐에 따라서 회사 업무가 많이 바뀔 수 있다.

이런 맥락에서 이 장에서는 자금계획표에서 사용하는 단어와 매칭이 될 수 있도록 회계에서 사용하는 계정과목을 잘 세팅해야 한다는 것과 이러한 준비가 끝난 뒤 매일 자금결재를 효과적으로 하는 방법에 대해 알아보았다.

중요한 것은 조속한 시일 내에 유능한 회계팀장을 채용하여 이러한 일을 그가 주도적으로 할 수 있도록 조치해야 한다는 점이다.

물론 처음에는 다소 낯설고 서툴 수 있다. 가장 좋은 사용설명서(Manual)는 직접 해보는 것이다. 대부분의 일은 특별한 설명이 없어도 직접 몸으로 부딪혀 보면 스스로 방법을 찾아가면서 할 수 있다. 이 일을 시도한다고 해서 여러분에게 해가 되는 어떠한 일도 생기지 않을 것이다.

4 회계 소프트웨어 이용료: 대부분 렌탈거래와 유사하게 사용자 수에 비례해서 월 이용료를 지급하는 방식이다.

2장. 계정별원장 & 거래처원장

우리는 앞 장에서 '계정별원장'과 '거래처원장'이라는 단어를 접하게 되었는데, 이 단어가 생소한 분을 위하여 이 장에서는 이와 관련된 이야기를 하도록 하자. 회계상의 거래가 발생하면 T자분개를 하는데 회계 소프트웨어는 이 데이터를 갖고 와서 자동으로 재무제표를 만들어 준다.

그렇다면 재무제표에 있는 각 계정과목에 대해서 그 세부내용을 날짜별이나 거래처별로 구분해서 살펴볼 수도 있을까?

"물론, 모두 가능하다!"

'계정별원장'과 '거래처원장'은 바로 이런 보조부[5]를 말한다. 이 보조부의 개념은 텍스트로 된 설명따위는 필요 없고, 아래 이미지로 직관적으로 파악하면 된다.

계정별원장

계정과목: 외상매출금

2020년 12월 1일 ~ 2020년 12월 31일

(단위: 원)

월/일	적요	거래처명	차변	대변	잔액
	(전월이월)		6,920,000	5,100,000	1,820,000
12/1	가습기	삼성전자	1,260,000		3,080,000
12/1	가습기	삼성전자	2,320,000		5,400,000
12/1	전기청소기	현대전자	6,270,000		11,670,000
12/1	가습기	대우전자	1,910,000		13,580,000
12/5	가습기	포스코	4,000,000		17,580,000
12/6	가습기	포스코	2,000,000		19,580,000
12/8	가습기	삼성전자		1,260,000	18,320,000
12/9	전기청소기	현대전자		6,270,000	12,050,000
12/10	전기청소기	현대전자	3,280,000		15,330,000
12/20	가습기	대우전자		1,910,000	13,420,000
12/21	가습기	삼성전자		2,320,000	11,100,000
12/22	가습기	포스코		4,000,000	7,100,000
12/25	전기청소기	현대전자		3,280,000	3,820,000
12/30	가습기	포스코	2,000,000		5,820,000
	[월 계]		23,040,000	19,040,000	4,000,000
	[누 계]		29,960,000	24,140,000	5,820,000

5 보조부: 회계 업무상 주요 장부에 모두 기재할 수 없는 사항을 더 명료하게 기록·계산함으로써 주요 장부의 보조적인 역할을 담당하는 장부.

거래처 원장

계정과목: 외상매출금

2020년 12월 1일 ~ 2020년 12월 31일

회사명: 삼성전자 (단위: 원)

월/일	적요	거래처명	차변	대변	잔액
	(전월이월)		6,920,000	5,100,000	1,820,000
12/1	가습기	삼성전자	1,260,000		3,080,000
12/1	가습기	삼성전자	2,320,000		5,400,000
12/8	가습기	삼성전자		1,260,000	4,140,000
12/21	가습기	삼성전자		2,320,000	1,820,000
	[월 계]		3,580,000	3,580,000	0
	[누 계]		10,500,000	8,680,000	1,820,000

회사명: 현대전자 (단위: 원)

월/일	적요	거래처명	차변	대변	잔액
	(전월이월)		6,920,000	6,920,000	0
12/1	전기청소기	현대전자	6,270,000		6,270,000
12/9	전기청소기	현대전자		6,270,000	0
12/10	전기청소기	현대전자	3,280,000		3,280,000
12/25	전기청소기	현대전자		3,280,000	0
	[월 계]		9,550,000	9,550,000	0
	[누 계]		16,470,000	16,470,000	0

■ 계정별원장의 유용성

계정별원장이라는 보조부는 회계팀이 아주 많이 사용하는 가장 중요한 보조부 중의 하나이다. 그런데 사장님이 이 보조부를 자세히 살펴보고 그러실 필요는 없다. 더 바쁘고 중요한 일이 많기 때문이다.

그러나 사장님은 가끔 전략가일 필요가 있다. 회사라는 조직을 잘 관리하기 위해서 약간의 쇼맨십(showmanship)도 필요하다.

매월 결산이 끝나면 사장님은 재무제표를 살펴본 다음 관심이 있는, 또는 그 잔액이 큰, 또는 전월에 비해 금액 변동이 큰 계정과목들의 계정별원장을 출력해 달라고 지시하라. 그러면 회계팀은 속으로 굉장히 놀라게 될 것이고, 앞으로 더욱 신중하고 정직하게 회계업무를 수행하게 될 것이다.
그 이유는 다음과 같다.
첫 번째, 우선 계정별원장이라는 단어를 사장님이 알고 계신다는 것에 놀랄 것이다. 이 단어는 일반적인 회계학 책에는 잘 나오는 단어가 아니기 때문이다. 어떻게 이 단어를 알았을까? 굉장히 궁금할 것이다.
두 번째, 사장님이 회계에 대해서 관심이 많으시구나! 그것도 아주 구체적인 것까지 관심이 있으시구나! 놀라고 긴장하게 될 것이다.
세 번째, 많은 계정과목 중에 왜 하필 특정 계정과목의 계정별원장을 출력해 달라고 하는 거지? 회계팀은 이에 대해서도 많은 생각을 할 것이다.
이 3가지 정도면, 사장님이 회계팀에게 몇 가지 계정과목에 대해 계정별원장을 출력해 달라고 한 목적은 충분히 달성된 것이다. 그리고 시간이 여유로울 때, 회계팀장이 출력해 준 계정별원장을 천천히 한번 읽어 보는 것도 좋다. 이런저런 생각, 느낌, 아이디어, 궁금증 등이 생길 것인데, 이는 회사경영에 나쁘지 않은 영향을 줄 것이다.

■ 거래처원장의 유용성

거래처원장에 대한 내용은 상기 계정별원장과 동일하다. 다만 이 보조부는 회계 소프트웨어를 초기에 잘못 세팅하면 재무제표와 거래처원장의 잔액이 틀릴 수 있다는 점에서 차이가 있다. 외부기장을 하고 있는 업체 중에 이런 사례는 아주 많다. 이 때문에 매월 회계결산이 끝나면 회계팀에게 각 계정과목의 거래처원장 잔액이 재무제표와 같은지 확인을 지시하기 바란다.
이렇게 잔액이 틀린 경우는 회계전표를 입력할 때 거래처를 제대로 입력하지 않기 때문에 발생한다. 따라서 거래처별 관리가 필요한 계정과목에 대해서는 초기 계정과목을 세팅할 때 거래처입력을 필수 입력항목으로 설정해 두는 게 좋다. 그리고 만일 차이가 있으면 차이금액이 점점 커지고 복잡해지기 전에 회계팀이나 세무사를 통해 빨리 일치시켜 놓는 게 좋다.

■ 자금계획표와의 관계

매일 결재하고 있는 자금계획표의 세부내용이 궁금할 수 있다. 그럴 경우 자금계획표에서 사용하는 단어와 회계 S/W에서 사용하는 계정과목을 동일하게 세팅해 놓으면, 여러분이 궁금한 내용에 대해서 계정별원장과 거래처원장을 통해 손쉽게 확인이 가능하다.

이렇게 세팅해 두면 회계나 자금업무를 하는 실무자들도 많이 편리하게 된다.

■ 회계 소프트웨어의 편리한 엑셀(Excel) 변환 기능을 알고 있나?

우리는 앞 장에서 회계 소프트웨어 도입과 관련하여 기초적인 사항을 알아보았는데, 필자는 이 장에서 계정과목 세팅의 중요성을 강조하였다. 계정과목을 잘 세팅해야 회계 실무자가 편하기 때문이다.

또한, 회계팀이 관리회계 마인드(Mind)로 각종 자료를 효과적으로 만들기 위해서도 계정과목을 잘 세팅하는 것은 절대적으로 필요하다.

그런데 현재 많이 사용되고 있는 회계 소프트웨어는 대부분 회계 데이터(Data)를 엑셀(Excel) 소프트웨어로 변환할 수 있도록 되어 있다. 우리가 계정과목을 잘 세팅해 두면, 엑셀의 변환 기능을 활용해서 아주 편리하게 각종 보고서를 만들 수 있다.

앞 장에서 보았던 아래 엑셀로 변환한 계정별원장을 다시 살펴보기 바란다.

여러분 회사가 사용하는 회계 S/W의 종류와 어떻게 회계 S/W(소프트웨어)를 세팅했느냐에 따라서 계정별원장의 내용과 디자인이 조금 차이가 있겠지만 대부분 아래와 같은 모습이다.

각 계정과목별로 필요한 내용을 반드시 입력해야 하는 관리항목으로 세팅해 두고, 그러한 관리항목에 대해서 거래가 발생할 때마다 충실하게 데이터를 입력한다면, 계정별원장의 엑셀 변환 기능을 활용해서 다양한 문서를 편리하게 만들 수 있을 것 같지 않은가?

일자	적요	코드	거래처	차변	대변	잔액	전표번호	코드	부서/사원	코드	현장명	손금 산입	A
	전기이월			6,920,000	5,100,000	1,820,000							
12/1	가습기	A00001	삼성전자	1,260,000		3,080,000	000001						
12/1	가습기	A00001	삼성전자	2,320,000		5,400,000	000003						
12/1	전기청소기	A00003	현대전자	6,270,000		11,670,000	000006						
12/1	가습기	B00001	대우전자	1,910,000		13,580,000	000005						
12/5	가습기	B00005	포스코	4,000,000		17,580,000	000012						
12/6	가습기	B00005	포스코	2,000,000		19,580,000	000020						
12/8	가습기	A00001	삼성전자		1,260,000	18,320,000	000001						
12/9	전기청소기	A00003	현대전자		6,270,000	12,050,000	000004						
12/10	전기청소기	A00003	현대전자	3,280,000		15,330,000	000008						
12/20	가습기	B00001	대우전자		1,910,000	13,420,000	000007						
12/21	가습기	A00001	삼성전자		2,320,000	11,100,000	000015						
12/22	가습기	B00005	포스코		4,000,000	7,100,000	000001						
12/25	전기청소기	A00003	현대전자		3,280,000	3,820,000	000003						
12/30	가습기	B00005	포스코	2,000,000		5,820,000	000040						
	월계			23,040,000	19,040,000	4,000,000							
	누계			29,960,000	24,140,000	5,820,000							

2장 정리

이 장에서는 회계팀에서 주로 사용하는 보조부인 계정별원장과 거래처원장에 대해서 알아보았다. 이 2개의 보조부는 회계팀에게 아주 유용한 회계도구이다. 회계소프트웨어에서 꼭 필요한 장부를 3개만 꼽으라고 하면, 그것은 재무제표와 계정별원장, 그리고 거래처원장이다.

회계소프트웨어의 엑셀(Excel) 변환기능을 활용하면 각종 보조부의 활용가치는 더욱 높게 된다. 엑셀 변환기능을 사용해서 보조부를 적절히 활용하면 사장님이나 회사에 유용한 자료들을 아주 쉽게 만들 수 있으니, 적극 활용하기 바란다.

요즈음은 각종 회계 소프트웨어들이 아주 좋아져서 이렇게 엑셀로 변환해서 가공하지 않더라도 자주 사용하는 자료는 자동으로 출력이 되도록 되어 있다. 하지만 어떠한 소프트웨어도 고객 입장에서는 늘 부족하기 마련이다. 현재는 여전히 엑셀 변환기능이 보다 효과적이다.

3장. 현금흐름표란?

■ 현금흐름표의 의의

우리는 앞에서 재무제표에 대해서 공부를 했으며, 주요 4개 재무제표에 현금흐름표가 포함된다는 사실도 알고 있다. 이러한 4개 재무제표는 각각 이해관계자의 의사결정에 도움이 되는 유용한 정보를 제공하고 있다.

이 중에서 현금흐름표는 현금의 변동내역을 명확하게 보고하기 위하여 해당 기간의 현금의 유입과 유출내용을 적정하게 표시하는 보고서이다.

이러한 현금흐름표를 통하여, 회계기간 말 현재의 현금이 회계기간 동안 어떠한 거래유형을 통해서 형성되었는지를 알 수 있으며, 각 회사의 현금흐름의 건전성 여부를 판단할 수 있다.

기업은 기본적으로 이익을 먹고 사는 조직이다. 하지만 이익이 많다고 해서 반드시 현금흐름이 좋은 것은 아니다. 즉, 높은 이익이 발생하더라도 매출채권[6]의 회수가 지연되면 현금흐름은 나빠지게 되고, 또한 이익이 많고 채권회수 역시 원활하게 이뤄지더라도 회사가 이익 규모보다 훨씬 큰 대규모 투자를 진행하고 있다면 이 경우에도 회사의 현금흐름은 나쁠 수 있다. 또한 현금흐름은 설혹 좋다고 하더라도 그 이유가 자금활동, 즉, 대규모 차입에 의한 것이라면 그 회사의 재무상태는 결코 좋다고 할 수 없을 것이다.

이는 현금흐름에 영향을 주는 단적인 사례에 불과하며, 이외에도 현금흐름에 영향을 주는 요인들은 다양하다. '대마불사'의 원칙을 깬 대우그룹의 경우는 '현금흐름'을 제대로 관리하지 못하여 부도가 난 경우이다. 이외에도 멀쩡하게 잘 굴러가던 회사들이 일시적인 자금난으로 '흑자도산'을 하는 경우가 종종 있다.

이에 십수 년 전부터 기업의 현금흐름에 관한 정보를 중요하게 여기기 시작했으며, 이러한 관심은 오늘날에까지 이르고 있다.

---

6 매출채권: 기업의 주된 영업활동과정에서 재화나 용역을 판매하면서 발생한 채권. 우리가 이미 알고 있는 외상매출금이 매출채권의 대표적인 계정과목이다. 매출채권이 더 넓은 의미이다.

■ 현금흐름표 어떻게 생겼나?

현금흐름표

(단위: 백만 원)

구 분	제47기	제46기
I. 영업활동으로 인한 현금 흐름	**40,061,761**	**36,975,389**
영업에서 창출한 현금흐름	43,989,083	41,880,987
당기순이익	19,060,144	23,394,358
영업활동으로 인한 자산과 부채의 변동	24,928,939	18,486,629
이자의 수취	2,151,741	1,555,373
이자의 지급	-748,256	-463,740
배당금 수입	266,369	1,495,658
법인세 납부액	-5,597,176	-7,492,889
II. 투자활동으로 인한 현금 흐름	**-27,167,787**	**-32,806,408**
단기금융상품의 순증가	-5,762,783	-1,110,842
장기금융상품의 처분	3,999,710	94,089
유형자산의 처분	357,154	385,610
유형자산의 취득	-25,880,222	-22,942,043
기타	118,354	-9,233,222
III. 재무활동으로 인한 현금 흐름	**-7,097,996**	**-3,612,995**
단기차입금의 증가	3,202,416	1,833,419
자기주식의 취득	-5,015,112	-1,125,322
사채 및 장기차입금의 차입	192,474	1,740,573
사채 및 장기차입금의 상환	-1,801,465	-3,299,595
배당금 지급	-3,129,544	-2,233,905
기타	-546,765	-528,165
IV. 현금의 증가 (=I+II+III)	**5,795,978**	**555,986**
V. 기초 현금	**16,840,766**	**16,284,780**
VI. 기말 현금 (=IV+V)	**22,636,744**	**16,840,766**

현금흐름표는 위와 같이 생겼다. 상기 현금흐름표는 우리가 이미 Chapter I. 2장에서 보았던 바로 그것이다. 이 장 아래에서 배우겠지만, 현금흐름표는 직접법과 간접법의 2가지 방식으로 작성할 수 있으며, 위 현금흐름표는 간접법으로 작성된 현금흐름표이다. 이런 단어들은 중요하지 않다. 일단 위 현금흐름표 이미지를 머릿속에 대충 저장하도록 하자.

■ **현금흐름표는 회사에 어떤 도움이 되나?**

아마도 여러분들에게 현금흐름표는 현재 크게 관심을 끄는 내용이 아닐 것이고, 이는 아마 앞으로도 그러할지 모르겠다. 또한 현금흐름표는 여러분에게 별 도움이 되지 않을 수도 있다.

왜냐하면 현재 현금흐름표가 실질적으로 활용되고 있는 행태가 회사를 위해서가 아니라, 채권단 등 외부의 이해관계인을 위한 목적으로 주로 사용되고 있기 때문이다. 외부 이해관계인에게는 회사의 안정성 등을 평가하기 위하여 현금흐름표가 아주 중요한 평가수단이 되지만, 대부분의 회사 입장에서는 현금흐름표에 대해서 전혀 모르더라도 사업에 별로 영향이 없다.

즉, 대부분의 사장님은 회사의 성공과 발전을 위하여 최선을 다하고 있으며, 회계 등 경영학의 지식이 없어도 거의 본능적으로 좋은 회사의 모습을 향해 나아간다. 현금흐름표에 대한 지식의 있고 없음은 사장님의 입장에서는 '사업하는 데 중요한 요인이 아닌 것'이다.

그래서 결산이 끝나고 회계사가 현금흐름표를 만들어 주면 사장님은 그때 비로소 본인 회사의 현금흐름표를 보게 되며, 이때 비로소 회사의 현금이 증감하는 주된 이유가 영업활동에 의한 것인지, 투자나 재무활동에 의한 것인지에 대해서 숫자로 보다 분명하게 확인하게 되는 것일 뿐, 그 이상도 그 이하도 아닌 것이다.

그러나 사장님에게 현금흐름표가 전혀 가치가 없는 것은 아니다. 즉, 현금흐름표 자체의 가치를 떠나서, 현금흐름표에 대한 사장님의 이해는 향후 투자자 등 외부 이해관계인과의 의사소통(Communication)을 원활히 하는 데 기여하는 바가 적지 않다.

예를 들면, 사업계획서를 작성할 때 현금흐름표도 만들어서 추가한다면 외부 이해관계인들이 좋아할 것이다. 그리고 외부이해관계인들은 세부내용에 대해서 궁금해 할 것인데, 만일 사장님이 이러한 현금흐름표에 대한 이해와 지식이 있다면 회사 직원의 도움 없이 외부 이해관계인들과 직접 대화를 할 수 있게 되는 것이며, 이는 회사의 큰 장점이 된다.

■ 현금흐름표 작성방법

현금흐름표는 다음 페이지에서 소개하는 2가지 작성방식의 현금흐름표가 존재한다. 즉, 간접법과 직접법으로 작성한 현금흐름표가 있다.

그런데 현금흐름표는 간접법과 직접법 중 어떤 방법으로 작성하더라도 현금흐름을 아래 3가지로 구분해서 표시해 준다는 점에서는 동일하다.

즉, ① 영업활동으로 인한 현금 흐름, ② 투자활동으로 인한 현금흐름, ③ 재무활동으로 인한 현금흐름으로 구분하고 있으며, 이 3개로 구분된 현금흐름의 합계액과 기초현금을 합하면 기말의 현금이 된다.

□ 간접법으로 작성한 현금흐름표

현금흐름표

(단위: 백만 원)

구 분	제47기	제46기
I. 영업활동으로 인한 현금 흐름	**40,061,761**	**36,975,389**
가. 영업에서 창출한 현금흐름	43,989,083	41,880,987
당기순이익	19,060,144	23,394,358
영업활동으로 인한 자산과 부채의 변동	24,928,939	18,486,629
나. 이자의 수취	2,151,741	1,555,373
다. 이자의 지급	-748,256	-463,740
라. 배당금 수입	266,369	1,495,658
마. ------------------------------------	-5,597,176	-7,492,889
II. 투자활동으로 인한 현금 흐름	**-27,167,787**	**-32,806,408**
가. 단기금융상품의 순증가	-5,762,783	-1,110,842
나. 장기금융상품의 처분	3,999,710	94,089
다. 유형자산의 처분	357,154	385,610
라. 유형자산의 취득	-25,880,222	-22,942,043
마. ------------------------------------	118,354	-9,233,222
III. 재무활동으로 인한 현금 흐름	**-7,097,996**	**-3,612,995**
가. 단기차입금의 증가	3,202,416	1,833,419
나. 자기주식의 취득	-5,015,112	-1,125,322
다. 사채 및 장기차입금의 차입	192,474	1,740,573
라. 사채 및 장기차입금의 상환	-1,801,465	-3,299,595
마. 배당금 지급	-3,129,544	-2,233,905
바. ------------------------------------	-546,765	-528,165
IV. 현금의 증가 (=I+II+III)	**5,795,978**	**555,986**
V. 기초 현금	**16,840,766**	**16,284,780**
VI. 기말 현금 (=IV+V)	**22,636,744**	**16,840,766**

이 책 앞에서 여러분이 본 현금흐름표가 간접법으로 작성된 현금표이다.
간접법으로 작성된 현금흐름표는 당기순이익에서 출발하여 현금의 유출이 없는 비용 등을 가산하고, 현금의 유입이 없는 수익 등을 차감하고, 영업활동으로 인한 자산/부채의 변동을 가감하여 현금의 흐름을 계산하는 방식으로 대차대조표 및 손익계산서와의 유용한 연관성을 제시해 준다.
현재 현금흐름표는 대부분 간접법으로 만들고 있고 이렇게 만들어진 현금흐름표가 회사의 평가자료로 많이 공개/사용되고 있어서 간접법으로 작성된 현금흐름표가 일반인들에게 친숙하다.

□ 직접법으로 작성한 현금흐름표

현금흐름표

(단위: 백만 원)

구 분	제47기	제46기
I. 영업활동으로 인한 현금 흐름		
가. 매출 등 수익활동으로부터의 유입액		
나. 매입 및 종업원에 대한 유출액		
다. 이자수익 유입액		
라. 이자비용 유출액		
마.--		
II. 투자활동으로 인한 현금 흐름		
1. 투자활동으로 인한 현금유입액		
가. 단기금융상품의 처분		
나. 토지의 처분		
다. -------------------------------------		
2. 투자활동으로 인한 현금유출액		
가. 단기금융상품의 취득		
나. -------------------------------------		
III. 재무활동으로 인한 현금 흐름		
1. 재무활동으로 인한 현금유입액		
가. 단기차입금의 차입		
나. -------------------------------------		
2. 재무활동으로 인한 현금유출액		
가. 사채의 상환		
나. -------------------------------------		
IV. 현금의 증가 (=I+II+III)		
V. 기초 현금		
VI. 기말 현금 (=IV+V)		

직접법이란 영업활동 거래의 원천별로 유입된 현금의 흐름에서 매출원가, 이자비용 등 영업활동으로 인한 현금의 유출액을 차감하여 현금주의에 의한 영업이익을 구하는 방식이다. 이것은 당기순이익에서 조정을 거쳐 현금의 흐름을 사후적으로 확인하는 간접법에 비하여 다양한 현금의 흐름을 일목요연하게 제시함으로써 진정한 의미에서의 현금흐름을 파악할 수 있는 방법이다.
직접법으로 작성하는 현금흐름표는 투자유치 등을 위해 회사가 직접 현금흐름표를 만들 때 회사에서 주로 사용하는 방법이다. 따라서 직접법으로 만드는 현금흐름표에 대해서는 관심을 가져 볼 만하다. 투자유치 등 자금조달에 관심이 있으신 분이라면 더욱더!
우리는 128페이지에서 '자금계획표'라는 양식을 보았다. 이 자금계획표의 필요성에 대해서 만일 공감한다면 여러분은 이미 현금흐름표(직접법)의 필요성을 인정한 것이다. 왜냐하면 아래와 같이 자금계획표는 직접법으로 만든 현금흐름표와 실질적으로 동일하기 때문이다.

■ 현금흐름표와 자금계획표 비교

현금흐름표

구 분	제47기
I. 영업활동으로 인한 현금 흐름	
가. 매출 등 수익활동으로부터의 유입액	
나. 매입 및 종업원에 대한 유출액	
다. 이자수익 유입액	
라. 이자비용 유출액	
마. ------------------------------------	
II. 투자활동으로 인한 현금 흐름	
1. 투자활동으로 인한 현금유입액	
가. 단기금융상품의 처분	
나. 토지의 처분	
다. ------------------------------------	
2. 투자활동으로 인한 현금유출액	
가. 단기금융상품의 취득	
나. ------------------------------------	
III. 재무활동으로 인한 현금 흐름	
1. 재무활동으로 인한 현금유입액	
가. 단기차입금의 차입	
나. ------------------------------------	
2. 재무활동으로 인한 현금유출액	
가. 사채의 상환	
나. ------------------------------------	
IV. 현금의 증가 (=I+II+III)	
V. 기초 현금	
VI. 기말 현금 (=IV+V)	

자금계획표

구 분			월간 計
이 월 시 재			621,317,099
수입	제품매출		500,000,000
	수입이자		0
	기 타		0
	기 타		126,146
	계		500,126,146
지출	수입 자재대		0
	국내 자재대		915,200
	관세/부가세		100,000,000
	급 여		453,175,560
	외주경비		5,100,000
	판 관 비		314,138,549
	지급이자		56,180,774
	예 적 금		0
	투 자		0
	기 타		131,109,190
	계		1,060,619,273
수 지 차			-560,493,127
재무대책	증 자		0
	일 반 대	차입	1,500,000,000
		상환	0
	구매자금	차입	0
		상환	0
	USANCE	차입	0
		상환	0
	기 타	차입	0
		상환	0
	계		1,500,000,000
조정후 과부족자금			1,560,823,972
자금운용	기업자유	불입	2,244,557,941
		인출	1,050,000,000
	외화예금	불입	0
		인출	0
	기 타	불입	0
		인출	0
	계		1,194,557,941
이 월 시 재			366,266,031

자금계획표에서 사용하는 항목 및 단어는 회사의 필요에 따라 자유롭게 선택해서 사용하는 반면, 회계학에서 사용하는 현금흐름표는 거의 정형화된 내용으로 고정되어 있다는 차이가 있을 뿐이다.

직접법이든 간접법이든 현금흐름표는 통상 회계사가 회계감사를 하는 과정에서 만들기 때문에, 1년 동안에 일어났던 일에 대해서 회사가 제공한 재무제표 등의 자료를 가지고 사후에 만드는 반면, 여러분의 회사에서는 매일 발생하는 자금의 유입과 유출을 알 수 있기 때문에 이러한 자금의 변동사항을 일자별로 잘 관리했다가 1년분을 합산하면 이것이 앞에서 말한 직접법으로 작성한 현금흐름표와 실질적인 내용은 동일한 것이 된다. 이런 프로세스(Process)로 만들어진 현금흐름표는 사장님 회사에도 많은 도움이 된다. 현금흐름표 그 자체도 의미가 있지만, 이러한 1년 동안의 자금계획 및 자금관리 행위가 더욱 사장님 회사에 도움이 되는 것이다.

3장 정리

이 장에서는 현금흐름표를 만드는 2가지 방법, 즉, 직접법과 간접법에 대하여 알아보았다. 이러한 현금흐름표는 회계감사 때 회계사들이 만들어 줄 것이며, 현재 대부분 간접법으로 현금흐름표를 만들고 있다. 이와는 별도로 투자유치 등 각종 자금조달을 위한 목적으로 회사가 현금흐름표를 만들 때도 있는데 이때에는 주로 직접법으로 현금흐름표를 작성하게 된다.

또한 이 장에서는 자금계획표와 현금흐름표를 비교해 보았는데 자금계획표는 직접법으로 만드는 현금흐름표와 형태 및 작성법이 매우 유사하다.

여러분이 현금흐름표에 대해서 제대로 감을 가지기 위해서는 약간의 시간이 필요하다. 일단은 이 책에서 소개하는 현금흐름표의 이미지만 대충 기억하면서 여기에 사용되는 회계상의 용어에 조금씩 익숙해지도록 하자.

그리고 회사에서 매일 자금집행을 할 때 필자가 이 책에서 소개하는 자금계획표 양식을 가급적 신속히 실제로 사용하기 바란다. 이 과정에서 현금흐름표에 대한 지식 증가는 물론이고, 왜 현금흐름표를 작성하는지 그 필요성에 대해서 스스로 느끼게 될 것이고, 이러한 일련의 행위와 과정 속에 여러분의 회사는 더욱 건실하게 관리가 될 것이다.

4장. Routine Work Sheet

우선 아래 표를 살펴보기 바란다.

일자별 체크 사항

일자	내 용	비 고
1		
2	적금 불입(우리은행/천만 원)	기업은행 / 333-0100000-00-0001
3	적금 불입(기업은행/천만 원)	
4	식당 결재, 카센터 결재	
5	건물 임차료 지급, 결산 마감일 통보	
6	보험 만기(삼성화재,10월)	
7	月 결산 마감, 보험 만기(현대화재,9월), 대출만기(한미은행,9월)	
8	月 결산 보고, 부가세 환급금 입금 여부 체크	
9		
10	원천세, 국민연금, 건강보험	고용보험, 산재보험 매년 3월
11		
12		
13	車 할부금 납부(No.1234)	
14	적금 불입(외환은행/5백만)	
15	업체 정기 대금 지급일	
16		
17		
18		
19	리스료 납부일	
20	Consulting Fee 지급일	
21	Pending Project 수행	
22	보증서 만기(기보,12월)	
23		
24	생수대금(백두)	
25	급여 지급일, 에스원 용역료, 전기요금, 청소 아줌마 수고료, 부가세 신고	
26	휴대폰 요금(국민은행, 자동이체)	
27	법인카드 결재일(국민은행, 신한은행), 신문구독료	
28	복사기 임대료	
29		
30	업체 정기 대금 지급일	
31	관세, 통신비, 유류대, 일용직 급여 지급, 지급조서 제출	

※ 기타 체크 사항: 항공티켓료 지급

앞 페이지의 문서는 필자가 젊은 시절 경영지원팀 팀장을 할 때 사용하던 양식이다. 이 문서의 필요성 및 사용 요령 등에 대해서는 특별한 설명이 필요 없을 것이다.

처음부터 완벽하게 작성해서 사용하면 가장 좋겠지만 일부 누락이 있을 수도 있고 회사 상황도 계속 변하므로, 본 양식을 계속 업데이트(Up-date)하면서 사용하기 바란다. 본 문서를 출력해서 여러분 책상 앞에 붙여 두고, 매일 일정한 시각에 확인할 것을 제안한다.

■ Routine Work Sheet: CEO용

대체로 회사에서 가장 바쁘고 가장 정신이 없는 사람은 사장님이다. 그렇기 때문에 사장님은 본인이 반드시 챙겨야 하는 일을 일목요연하게 표로 정리해 두고, 정해진 시간에 주기적으로 챙길 필요가 있다. 아래의 표들은 필자가 오랜 기간 사회생활을 하면서 사용하던 양식이다. 본인의 사정과 환경에 맞게 계속 업데이트하되, 매일/매주/매월의 할 일을 미루지도 빠뜨리지도 말기 바란다.

하루 Work Schedule

구분	내 용	비 고
오전	Routine Work Schedule 확인 & 업무 지시	Daily, Monthly, Yearly
	일일 자금집행계획 결재	자금운용계획표, 회계전표
오후	거래처 약속 체크	
	일일 자금집행 내역 확인	관련 영수증 및 증빙 자료
	Routine Work Schedule 점검	하루 마무리
저녁	스타트업CEO 회계학 공부	
	기타 자기개발	

이 책 제목이 스타트업 회계학인만큼 회계 및 자금과 관계된 내용 위주로 기재하였다. 매일 아침 자금집행계획을 확인하고, 근무 마감하기 전에 이에 대한 집행내역이 사장님 책상 위에 반드시 올라오도록 지시하라. 아무리 믿는 사람일지라도 실수는 있을 수 있으며, 나태해질 수 있다. 사업초기에는 사소한 것도 사장님이 직접 챙기지 않으면 곳곳에서 사고가 일어나기 쉽다.

한 달 Work Schedule

구분	내 용	비 고
첫째주	당월 Issue 점검	
	전월 회계 및 자금 관련 보고 받기	관련 양식: 월 결산보고서, 자금수지표
	당월 자금집행계획 Review	
	원천세 및 4대연금 신고/납부내역 확인	결재일 기준 3일 전까지 사장의 결재받도록 세팅
둘째주 ~ 세째주	자기개발(CEO 및 회계팀)	월중 대체로 가장 한가한 기간
네째주	법인카드 결재 / 사용내역 확인	가급적 결재일은 월말로 세팅할 것
	부가세 신고	
	당월 회계결산 진행사항 확인/독려	연말일 경우 재고실사 준비상황 체크
	입퇴사자 관리	4대연금, 퇴직금 등
	다음달 Issue 사항 보고 받기	
마지막	당월 마무리	

노란색으로 표시한 부분에 집중하기 바란다. 매월 첫째주에는 지난달 회계 결산보고서와 지난달 자금집행한 내용을 정리해서 반드시 사장님께 보고하도록 지시하라. 그리고 통상 매월 중순이 상대적으로 한가한 기간이다. 이 기간에는 사장님은 물론 전 직원의 자기개발에 힘쓰기 바란다. 이 책의 취지에 벗어나지만 필자의 오랜 경험에 의하면 공부하는 회사가 오래 가는 법이다. 필자가 제안하는 것은 자격증 획득, 석사, 박사 학위 취득을 이야기하는 것이 아니다. 회사의 업무와 관련된 업무지식 및 능력을 레벨업(Level－up)하려는 최소한의 노력을 말하는 것이다.

일 년 Work Schedule

구분	내 용	비 고
1분기	연말 회계결산 진행사항 체크 및 독려	
	- 각종 일정 체크	
	- 재고실사 정리상황 확인 및 최종결과 보고 받기	
	회계감사보고서/세무조정계산서 수령 및 확인	
	세법 및 기타 법규 개정사항 확인	
	정책자금 Monitoring 및 신청	연중 계속
	직원 채용	통상 이때가 가장 좋음
2분기 ~ 3분기	자기개발(회사 전체)_ 여름휴가 전후가 적절함	통상 이때가 가장 하기 좋음
	전사 차원의 상반기 평가	현 진행사항 점검
4분기	연말 회계결산 준비 및 준비계획 보고받기	
	올해 및 내년도 자금계획 보고 받기	
	재고실사	

위 표에 있는 내용은 지극히 상식적인 내용들이다. 하지만 바쁘다는 이유로 체계적으로 실행하지 못하는 내용이 적잖을 것이다. 노란색 부분만 언급하도록 하겠다.

매년 초에 회계팀이나 세무사의 도움을 받아서 세법 및 각종 법의 개정사항을 확인하도록 하라. 매년 초가 되면 인터넷상에서 이러한 내용들을 쉽게 찾을 수 있다.

통상 봄바람이 불기 시작하면 정부의 각종 정책자금이 쏟아져 나오는데, 하반기에는 자금이 소진되어 신청을 못하는 불상사가 생기기도 하는 만큼, 1분기 때 정책자금에 집중할 필요가 있다.

여름이 되면 휴가 등으로 어수선한 시기이다. 이때 전사 차원에서 자기개발을 독려하는 것도 의미 있는 일이다. 그리고 많은 회사들이 연말에 한 번 인사고과를 실시하는데, 여러분의 회사는 상반기에도 전사 차원의 전 분야에 걸친 평가를 진행하기를 제안한다. 여름철 어수선한 분위기를 다잡기 위해서도 더욱 필요하다.

4장 정리

인간은 누구나 수많은 실수를 한다. 바쁘면 더욱 실수가 잦고, 나이가 많아질수록 더욱 그러하다. 따라서 현명한 인간이라면, 예견되는 실수를 줄이려는 노력을 해야 한다. 이러한 차원에서 필자가 오랫동안 사용해 온 Routine Work Sheet의 적극적인 사용을 제안한다.

일의 승패는 종종 아주 사소한 것으로 인해 결정되기도 한다. 이 때문에 사소한 것도 놓치지 않기 위한 대비가 필요한 법이다. 이 장에 있는 내용은 누구나 다 아는 내용이어서 특별한 설명은 필요 없을 것이다. 중요한 것은 실천하는 일이다. 바쁘다는 핑계로 오늘의 일을 절대로 내일로 미루지 말기 바란다.

5장. 매월 10일에 챙겨야 하는 주요 내용

매월 10일은 4대연금과 원천세를 신고 및 납부하는 날이다. 10일이 휴일인 경우에는 다음 영업일에 하면 된다.

외부기장을 하는 경우에는 세무사나 회계사가 알아서 잘 해 줄 것이고, 회사 내부적으로 직접 수행하는 경우에는 회사의 담당직원이 알아서 잘 할 수 있는 단순한 업무이므로, 사장님이나 회사의 주요 경영진들까지 이와 관련된 구체적인 실무를 알 필요는 없다.

하지만 그들이 어떻게 일을 하고 있는지에 대해서는 대략 알고 있을 필요가 있다. 그리고 이번 기회에 지금까지 모르고 있던 새로운 계정과목을 하나 더 배우도록 하자.

(1) 원천세 신고

■ 그들은 어떻게 세금신고를 하고 있나?

외부기장을 하든 자체기장을 하든 업무 방식은 동일하다.

① 세금 신고기간의 회계처리가 다 되었는지 확인하고, 누락된 부분이 있으면 신속히 입력한다(가장 중요한 부분이다).

② 신고해야 할 세금과 관계된 계정과목 명세서를 출력한 다음 (양이 많을 경우에는 생략[7]) 이상한 내용이 없는지 눈으로 살핀다.

③ 해당 계정과목 명세서[8]의 잔액을 참고해서 세금신고를 한다(요즈음은 대부분 인터넷을 통한 온라인 신고방식이다).

④ 매년초 연말정산 신고/납부를 한다.

■ 세금신고와 관련해서 사장님은 무엇을 해야 하나?

① 매월 초 Routine work sheet에 당월에 신고/납부해야 할 세금이 기재되어 있는지 확인하라.

② 자금계획표에 당월에 납부할 세금이 반영되어 있는지 확인하라.

---

7 생략: 출력이 원칙이지만, 양이 많을 경우에는 부득이 컴퓨터 모니터를 통해 눈으로 살피기만 한다. 이 역시 기초 데이터(raw data) 입력이 중요한 이유와 관계가 있다. 모니터를 눈으로 스캐닝(Scanning)하는 것은 정확성을 보장할 수 없기 때문이다.

8 계정과목 명세서: 통상 예수금이라는 계정과목을 사용한다.

③ 세금신고일 기준으로 최소 5일 전에는 사장에게 결재가 올라올 수 있도록 지시하라.

– 가능하면, 5일 전 결재를 회사의 기본 원칙으로 정하길 제안하며, 정상적인 회사, 정상적인 직원이라면 신고일 기준 5일 전 결재 상신은 결코 어려운 일이 아니다.

④ 세금신고 등 돈과 관련된 일은 최대한 이메일 등 문서로 관련 내용을 반드시 흔적을 남기자. 또한 이것을 컴퓨터와 클라우드에 저장되어 있는 것에 만족하지 말고, 가급적 출력해서 파일링(Filing)해서 보관하라(외부기장의 경우에도 가급적 상기와 같이 하기 바란다).

⑤ 세금신고 기한이 도래하기 한참 전에, 관련된 영수증 등을 회계팀에게 빠짐없이 전달하라.

⑥ 회계팀을 위해서, 세금신고를 편하게 하기 위해서, 영수증 전달 방식 등을 어떻게 하는 것이 좋은지 묻고, 그대로 시행하라.

(2) 4대연금 신고

■ 그들은 어떻게 4대연금 신고를 하고 있나?

앞에서 살펴본 '세금신고: 어떻게 하면 되나'와 대동소이하다.

① 연금 신고기간의 회계처리가 다 되었는지 확인하고, 누락된 부분이 있으면 신속히 입력한다. 4대연금 신고 관련 회계처리는 급여지급일에 한 번, 4대연금 신고/납부일 한 번, 이렇게 한 달에 2번이면 끝이다. 퇴직자가 발생하면 추가로 할 수도 있는데, 전반적으로 지극히 간단한 작업이다.

② 신고해야 할 연금과 관계된 계정과목 명세서를 출력해서(양이 많을 경우에는 생략) 이상한 내용이 없는지 눈으로 살핀다.

③ 계정과목명세서의 합계액을 참고해서 4대연금 신고 및 납부를 한다(요즈음은 100% 인터넷을 통한 온라인 신고방식이다).

④ 매년 3월 말까지 전년도에 신고/납부한 개산보험료에 대하여 확정보험료 신고/납부를 한다.

☐ 개산보험료
근로자에게 지급할 연간 임금총액의 추정액에 보험료율을 곱해 산정한 보험료.

☐ 확정보험료
전년도에 근로자에게 실제로 지급한 임금총액에 보험료율을 곱해 산정한 보험료. 당해 보험연도가 끝난 뒤 개산보험료와 비교해 정산한다.

■ 4대연금 신고와 관련해서 사장님은 무엇을 해야 하나?

① 외부기장을 하건, 회사에서 직접 신고/납부를 하건, 처음 몇 개월 동안은 신고 및 납부서를 반드시 처음부터 끝까지 천천히 읽어 보라.

② 직원의 입사 및 퇴사가 발생할 경우, 관련 공단에 신고가 되어 있는지 매월 말에 담당자에게 반드시 물어 보고, 누락되었을 경우 즉시 신고하라. 의외로 신고 누락하는 경우가 많다(사장님의 Monthly Routine Work Sheet에 기재해 둘 것).

③ 매월 말 4대연금과 관련된 변경된 제도가 있는지 확인하라. 특히 고용보험 관련 각종 지원책을 반드시 확인하라(관련 기관으로부터 자동으로 이메일을 수령할 수 있도록 신청해 두면 좋다).

■ 4대연금/원천세 신고와 관련된 계정과목: 예수금

4대연금은 국민연금, 건강보험, 고용보험, 산재보험, 이렇게 4가지를 말한다. 이 중에서 산재보험을 제외한 나머지 3개 보험은, 일부는 직원이 부담하고, 일부는 회사가 부담한다.
그 부담비율은 기본적으로 50:50이지만 연금마다 차이가 있다. 회사는 직원에게 급여를 지급할 때, 이러한 4대연금(정확히는 3대연금, 산재보험은 100% 회사부담)의 직원부담분을 제외한 차액을 직원에게 급여로 지급하고, 다음달 10일에 이렇게 공제한 금액과 회사부담분을 합산한 금액을 4대연금 공단에 납부한다. 원천세 역시 업무 흐름은 동일하다. 다만 회사가 부담하는 세금은 없고, 100% 개인부담이라는 점만 차이가 있다.

이러한 거래에 대해서, 급여 지급일과 4대연금 납부일에는 아래와 같이 회계처리를 한다.

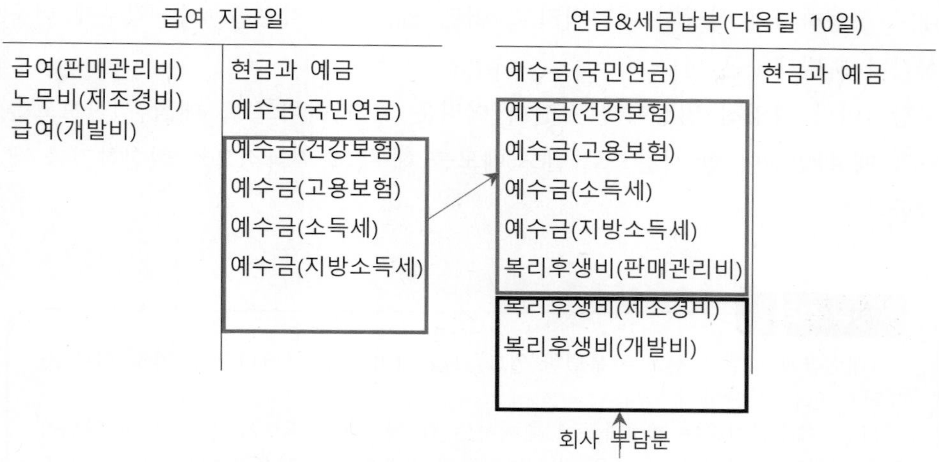

예수금은 이럴 때 사용하는 계정과목이다. 이 책에서 지금까지 배운 범주에서 회계처리를 한다면 기타부채로 회계처리를 했겠지만, 이제부터는 거래 발생할 때 곧바로 예수금이라는 본계정과목으로 회계처리를 하면 되겠다.

4대연금과 세금은 급여 공제한 다음달 10일에 납부하므로, 전월 말일 기준으로는 급여 지급 시 공제해 두었던 예수금 잔액이 남아 있게 되고, 이 잔액이 다음달 10일에 없어진다.

이러한 회계처리는 회계 담당자가 알아서 다 할 것이다. 그렇다면 예수금이라는 계정과목과 관련해서, 사장이 챙겨야 할 일은 없을까?

■ 예수금_ 사장님과 경영진이 챙겨야 할 일은?

매달 월 결산보고를 받을 때 재무상태표와 거래처원장(계정과목: 예수금)의 잔액이 일치하는지 확인하자. 2~3개월 정도 확인해서 계속 맞으면 그 이후에는 분기별로 한 번 정도 확인하도록 하자.

예수금이라는 계정과목은 주로 위에서 배운 4대연금과 원천세 신고와 관련하여 사용되는 계정과목이지만, 그 외 애매한 거래가 발생 시에도 사용되는 계정과목이다.

예수금과 관련된 업무는 결코 어려운 업무가 아니지만, 의외로 많은 중소기업들이 회계처리를 정확히 하지 않아서 회계 S/W 내용 중에 거래처원장의 금액 오류가 종종 발생하는 계정과목이다. 이런 상태로 3~4년이 지나면, 그때는 제대로 정정하기가 상당히 어려워지고, 이런 일은 외부기장을 하는 경우에 더욱 심각하게 발생하곤 한다.

사장님이나 경영진 입장에서는 전혀 어려운 일이 아니므로, 매월 결산보고를 받을 때 확인해야 할 사항으로 별도 메모를 해 두고 적극적으로 실천하기를 제안한다.

5장 정리

4대연금과 원천세 신고는 특별한 일도 그리 어려운 일도 아니다. 시간도 별로 소요되지 않는 간단한 일이다.

다만, 예수금이라는 계정과목에 대해서는 관심을 가질 필요가 있다. 특히 외부기장을 하거나 과거에 했던 경우, 거래처원장의 잔액이 재무제표와 다른 경우가 종종 있는데, 자주 틀리는 계정과목이 예수금이다.

사장님이나 경영진이 직접 챙기지 않아도 되는 일이긴 하지만, 회계팀의 현 수준을 확인할 겸 월 결산 시 잔액이 맞는지 한번씩 확인해 보기 바란다.

제 2 부

회계결산

1장. 계정과목: 단기와 장기

재 무 상 태 표

계정과목	
자산	**부채**
Ⅰ. 유동자산	**Ⅰ. 유동부채**
현금과 예금	단기차입금
외상매출금(매출채권)	외상매입금(매입채무)
대여금	미지급금
기타자산A	기타부채
Ⅱ. 비유동자산	**Ⅱ. 비유동부채**
장기금융상품	장기차입금
장기성매출채권	장기성매입채무
장기대여금	장기부채성충당금
기타자산B	기타부채
	자본
	자본
	이익잉여금
	기타자본

위 재무상태표를 보면, 자산을 '유동자산'과 '비유동자산'으로 구분해 놓았으며, 부채도 '유동부채'와 '비유동부채'로 구분해 놓은 것을 알 수 있다.

그리고 파란색으로 되어 있는 계정과목들은 모두 앞에 '장기'라는 단어가 붙어 있다. 왜 이렇게 하는 걸까?

예금을 예로 들어 보면, 매일 수시로 찾아 쓸 수 있는 예금통장과, 3년 뒤 만기인 적금통장이 여러분에게 똑같은 의미의 통장은 아닐 것이다. 이러한 맥락에서, 여러분의 자산과 부채가 1년 안에 현금화할 수 있느냐 없느냐에 따라서, 자산과 부채를 단기와 장기로 구분하도록 회계기준은 정하고 있다.

앞서 배운 '20개 계정과목만 알면 사업하는 데 아무 지장이 없다'에서 말한 것처럼, 여러분의 본질적인 사업활동과 관련해서는 20개 계정과목만 알면 재무제표도 만들 수 있고, 여러분들의 본질적인 사업활동에 장애가 되는 일은 없다. 다만, 연말 결산 때는 기업회계기준이 정하는 바에 따라 일부 계정과목들을 지금처럼 장기와 단기로 분류해야 하며, 우리가 기타자산, 기타부채, 기타자본으로 단순 분류해 놓은 것을 세부적으로 분류를 해야 하는데, 이러한 작업을 회계 실무자들은 '계정재분류'라고 말한다. 그 밖에 뒤에서 언급할 '결산수정분개'라는 몇 가지의 T자분개가 추가되기도 한다.

이러한 정밀한 조정의 결과에 따라 각종 경영지표의 측정값에 변화가 생기는데, 이는 외부 이해관계인에게는 상당히 중요한 일이겠지만 이러한 것들은 기업회계기준이 정하는 바에 따를 뿐, 스타트업이나 기타 중소기업에게는 솔직히 크게 관계없는 일이다.

그러나 어차피 연말결산 과정에서 각 계정과목들이 기업회계기준 등에 따라 수정되거나 또는 수정해야만 하니, 이왕이면 거래가 발생하고 T자분개를 할 때부터 할 수 있는 범위 내에서 회계규정이 원하는 대로 하면 더 좋지 않을까? 굳이 반대로 할 이유는 없다고 본다.

다만, 여러분들이 회계사도 아니고, 본업이 회계업무가 아닌데 골치 아프게 지나치게 복잡한 것을 알기 위해서 머리 아파하지 마시라고, 딱 20개 계정과목만 정리해 드린 것이다.

일단은 20개 계정과목으로 확실한 기본 뼈대, 기본 감(感)을 잡으시고, 조금 다른 게 나오면, 아… 이것은 장/단기로 구분한 것이구나… 이것은 기타자산/기타부채 등을 보다 상세히 쪼개 놓은 것이구나… 이것은 회계규정에 따라, '결산수정분개'라는 것을 한 결과이구나… 이렇게 해석할 수 있으면 된다.

✎ 참고하기_ p.166 회계결산: 결산수정분개

2장. 완전한 재무제표가 만들어지는 과정

> 이 장에 들어가기 전에… 이 장의 목적은 재무제표에 대한 이해를 돕기 위한 것이지, 재무제표 작성요령과 관련된 완벽한 실무지식을 배양하기 위한 것이 아니라는 점을 알기 바란다. '나침판' 정도로 사용하기 바란다.

(1) 창업초기 단순한 거래만 발생

사장님이 어렵게 준비한 자금으로 회사를 설립한 후 컴퓨터와 생산을 위한 원자재를 구입하고 매달 급여일에는 직원급여를 지급하고 보니, 아무래도 사업자금이 부족할 것 같아서 은행에서 대출을 일으킨다. 창업초기에 회사와 관계된 거래는 이런 것들이고 이 정도 단계에 있는 회사의 재무제표는 아래와 같은 형태가 된다. 이때까지는 매출이 발생하지 않았고 그러다 보니까 손익계산서의 당기순이익은 (−)이다.

✎ 참고하기_ p.23 재무제표 만들기: 창업 후 1개월

재 무 상 태 표

계정과목	
자산	**145,090,000**
현금과 예금	133,990,000
외상매출금	
미수금	
원재료	10,000,000
재공품	
제품	
장기금융상품	
유형자산	
개발비	
기타자산	1,100,000
부채	**100,100,000**
외상매입금	
미지급금	100,000
단기차입금	100,000,000
판매보증충당금	
기타부채	
자본	**44,990,000**
자본	50,000,000
미처분이익잉여금	-5,010,000
기타자본	

손 익 계 산 서

계정과목	
매출액	
매출원가	
매출이익	
판매관리비	**5,010,000**
급여	5,000,000
감가상각비	
경상개발비	
핀매수리비	
기타비용	10,000
영업이익	**-5,010,000**
은행이자 등	
경상이익	**-5,010,000**
법인세	
당기순이익	**-5,010,000**

점차 거래량과 거래금액이 늘어나고 조금씩 다른 거래형태도 생겨나게 된다. 하지만 재무제표가 만들어지는 과정은 변함이 없다. 단지 위 재무제표의 공란에 새로운 숫자들이 채워질 뿐이다.

(2) 매출 및 매출원가 발생

매출이 발생하면서 위에서 보았던 재무제표에 노란색 부분이 추가되었다. 재무상태표부터 살펴보면 발생한 매출이 외상거래일 경우 지금처럼 외상매출금이 생기는 것이고, 매출에 따른 매출원가가 발생하면서 재고자산[1]의 금액들이 변하게 되었다.
당기순이익이 변함에 따라 재무상태표의 미처분이익잉여금[2]도 변하게 된다.

재 무 상 태 표

계정과목	
자산	**237,090,000**
현금과 예금	133,990,000
외상매출금	100,000,000
미수금	
원재료	1,000,000
재공품	300,000
제품	700,000
장기금융상품	
유형자산	
개발비	
기타자산	1,100,000
부채	**100,100,000**
외상매입금	
미지급금	100,000
단기차입금	100,000,000
판매보증충당금	
기타부채	
자본	**136,990,000**
자본	50,000,000
미처분이익잉여금	86,990,000
기타자본	

손 익 계 산 서

계정과목	
매출액	**100,000,000**
매출원가	**8,000,000**
매출이익	**92,000,000**
판매관리비	**5,010,000**
급여	5,000,000
감가상각비	
경상개발비	
판매수리비	
기타비용	10,000
영업이익	**86,990,000**
은행이자 등	
경상이익	**86,990,000**
법인세	
당기순이익	**86,990,000**

1 재고자산: 재고조사에 의해 실재의 현 재고를 알 수 있는 자산으로 원재료, 재공품, 제품, 상품이 해당된다.

2 미처분이익잉여금: 기업이 영업활동을 한 결과 얻게 된 순이익금 중에서 임원의 상여금이나 주식배당 등의 형태로 처분되지 않은 부분을 말한다.

손익계산서를 보면 매출액과 매출원가가 생겼는데 매출액과 매출원가는 한 세트로 움직인다. 즉, 매출액이 변하면 그에 따라 매출원가도 같이 변하게 된다. 이렇게 매출액과 매출원가가 변함에 따라 매출이익, 영업이익, 경상이익, 당기순이익이 따라서 변하게 된다.

이 회사는 매출원가의 비중이 아주 작다 보니까 매출액이 1억 원이 발생했지만 당기순이익이 무려 7,700만 원 정도가 되었다. 이 회사의 매출이익률은 무려 92%! 누구나 꿈꾸지만 현실에서는 불가능한 일이다.

여기까지 우리는 15개의 계정과목을 사용했을 뿐이다!

(3) 결산수정분개

재 무 상 태 표

계정과목	
자산	**237,090,000**
현금과 예금	83,990,000
외상매출금	100,000,000
미수금	
원재료	1,000,000
재공품	300,000
제품	700,000
장기금융상품	50,000,000
유형자산	
개발비	
기타자산	1,100,000
부채	**100,100,000**
외상매입금	
미지급금	100,000
단기차입금	100,000,000
판매보증충당금	
기타부채	
자본	**136,990,000**
자본	50,000,000
미처분이익잉여금	86,990,000
기타자본	

손 익 계 산 서

계정과목	
매출액	**100,000,000**
매출원가	**8,000,000**
매출이익	**92,000,000**
판매관리비	**5,010,000**
급여	5,000,000
감가상각비	
경상개발비	
판매수리비	
기타비용	10,000
영업이익	**86,990,000**
은행이자 등	
경상이익	**86,990,000**
법인세	
당기순이익	**86,990,000**

회계결산을 하면서 몇 가지 결산수정분개[3]를 하게 되는데 위 재무제표는 자산의 장/단기 구분을 한 결과이다. 이 회사는 아직 사업초기이다 보니까 초록색 부

3 결산수정분개: 단기와 장기 구분, 기간손익 계산, 충당금 설정 등 기업회계기준에 맞게 평상시에는 하지 않았던 몇 가지 T자분개를 연말에 추가로 하는 것을 말한다.

분처럼 현금과 예금만 해당되었다. 이런 장/단기 구분과는 별개로 대부분의 회사는 회계결산을 하면서 위 재무제표의 기타자산, 기타부채, 기타비용을 보다 세부적으로 쪼갤 수 있는데 이러한 것을 '계정재분류'라고 한다. 이렇게 할 경우 위 재무제표는 지금보다 복잡하게 늘어날 것이다.

(4) 결산수정분개_ 주황색 부분 변경

아래 재무제표는 결산수정분개 사항 중에 '충당금'이라는 내용이 추가된 것이다. 이런 식으로 회계결산을 하면서 결산수정분개 사항이 몇 가지 더 추가될 수 있는데, 그에 따라 재무상태표와 손익계산서가 조금씩 변하게 된다. 하지만 본질적으로 큰 변화는 없다.

지금까지 따라오는 과정에서 뒤통수를 때리는 큰 혼란이 있었던가? 앞으로도 마찬가지이다. 여러분은 앞서 배운 20개의 계정과목에 ± 몇 개면 충분하다.

재 무 상 태 표

계정과목	
자산	**237,090,000**
현금과 예금	83,990,000
외상매출금	100,000,000
미수금	
원재료	1,000,000
재공품	300,000
제품	700,000
장기금융상품	50,000,000
유형자산	
개발비	
기타자산	1,100,000
부채	**105,100,000**
외상매입금	
미지급금	100,000
단기차입금	100,000,000
판매보증충당금	5,000,000
기타부채	
자본	**131,990,000**
자본	50,000,000
미처분이익잉여금	81,990,000
기타자본	

손 익 계 산 서

계정과목	
매출액	**100,000,000**
매출원가	**8,000,000**
매출이익	**92,000,000**
판매관리비	**10,010,000**
급여	5,000,000
감가상각비	
경상개발비	
판매수리비(판매보증충당부채전입액)	5,000,000
기타비용	10,000
영업이익	**81,990,000**
은행이자 등	
경상이익	**81,990,000**
법인세	
당기순이익	**81,990,000**

1~2장 정리

1~2장에서는 재무제표가 만들어지는 과정을 알아보았다.

여러분 대부분은 재무제표를 직접 만드는 사람이 아닐 것이다. 그럼에도 이런 공부를 하는 이유는 이런 과정을 통해서 회계학에 좀 더 다가갈 수 있기를 바라기 때문이다. 앞으로는 더 이상 막연한 두려움에서 벗어나서 무의식적으로 회피하던 회계학과 관계된 사항들에 대해서 보다 더 적극적으로 대응할 수 있기 바란다.

3장. 회계결산: 결산수정분개란?

이 장을 읽기 전에, 이미 공부한 아래 장을 다시 읽고 나서, 이 장으로 돌아오기 바란다.

- 31페이지. 계정과목: 20개만 알면 사업하는 데 큰 문제 없다.
- 159페이지. 계정과목: 단기와 장기
- 161페이지. 완전한 재무제표가 만들어지는 과정

이 장은 내용이 좀 많고 어려울 수 있다. 어렵게 느껴지면 무조건 외우려고 하지 말고, "이런 식으로 회계팀에서 일을 하는구나!" 이 정도로 가볍게 읽으면 된다. 처음에는 어려워 보여도 편한 마음으로 2~3번만 읽으면, 대부분 다 이해가 될 것이다. 그러나 골치 아픈 거 많이 싫어하는 분이라면 지금 딱 한 번만 읽고 그 다음부터는 이 장은 읽지 않아도 된다. 큰 문제 없다!

■ 최종 재무제표 작성을 위한 단계별 T자분개

1. 평상시에는 회계상의 거래가 발생할 때마다 20개 계정과목으로 T자분개를 한다.
2. 연말에 기타자산, 기타부채, 기타자본 등으로 처리한 내용을 세부적으로 계정재분류를 한다.
3. 연말에 결산수정분개를 한다.

※ 실무적으로는 1번과 2번을 구분하지 않고, 평상시 회계상의 거래가 발생할 때 세부적으로 분류한 본 계정과목을 사용한다. 안 그러면 일을 두 번 하게 되니까.

■ 계정재분류란?

계정재분류란 회계학상의 전문적인 용어는 아니고 실무적으로 자주 사용하는 단어일 뿐이니 큰 의미를 둘 필요는 없고, 단지 이 책에서 자주 사용될 것이기 때문에 간략히 개념만 이해하면 된다.

바로 위에서 살펴본 것처럼 계정과목을 20개 정도로 아주 러프(rough)하게 사용하다가 회계결산 때보다 세부적으로 계정을 분류하는 행위를 계정재분류라고 한다. 또한, 위 3번처럼 회계기준이 요구하는 바에 따라 결산 시즌에 특별한 회계처리를 하면서 기존 회계처리했던 계정과목을 수정할 경우 이를 계정재분류라고 하기도 한다.

이러한 계정재분류는 연말결산하면서 회사 자체적으로 하는데, 회계감사를 받으면서 회계사의 지적사항을 받아들여서 실시하기도 한다.

※ 만일 여러분이 회계 실무자가 아니라면 가볍게 읽고 지나가면 된다.

■ 계정재분류 세부내용

기타자산, 기타부채, 기타자본… 이렇게 처리하면 그 세부내용을 파악하기 어려우므로, 이렇게 대략적(rough)으로 회계처리해 둔 것을 연말 회계결산 때 아래와 같은 계정과목으로 재분류할 수 있다. 비슷한 내용끼리보다 세부적으로 분리하는 것이다. 별 거 아니다. 긴장 NO!

1. 기타자산 계정재분류

   기타자산으로 러프하게 회계처리한 내용이 계정재분류를 통해서 아래와 같이 최종적으로 세부적인 계정과목으로 수정된다.

계정과목	내용
선급금	매입처에 대하여 상품·원재료의 매입을 위하여 또는 제품의 외주가공을 위하여 선지급한 금액을 말한다. 줄 돈을 미리 앞당겨 준 경우이다. 쉬운 일상 용어로 '선금'과 같은 의미다.
선급부가세	재화와 용역을 매입하면서 지급한 금액으로, '부가세대급금'이라고도 한다. 선급부가세는 부가세신고를 통해서 국가로부터 환급을 받는데, 기타자산에서 선급부가세로 계정재분류를 해 두면 실무적으로 세금신고가 용이하다. 실무적으로는 거의 대부분의 회사들이 처음 회계처리할 때부터 '선급부가세'라는 계정과목으로 바로 회계처리를 하고 있다.
임차보증금	타인의 부동산 또는 동산을 월세 등의 조건으로 사용하기 위하여 지급하는 보증금이다. 사회에서 쓰는 용어와 같은 의미이다.

유형자산	기업의 영업목적을 달성하기 위하여 장기간에 걸쳐 계속 사용할 목적으로 보유하고 있는 자산이다. 이런 어려운 설명은 알 필요 없고, 유형자산에는 ①토지 ②건물 ③기계장치 ④구축물 ⑤선박 ⑥차량운반구 ⑦공구와 기구 ⑧비품 ⑨건설 중인 자산 등이 있다는 것만 기억하면 된다. 이러한 유형자산은 회계결산 시 감가상각비를 계산해서 결산수정분개를 한다.
무형자산	기업이 보유한 자산 중에서 물리적 실체는 없지만 식별할 수 있는 비화폐성 자산이다. 회계학 책의 이런 어려운 설명은 전혀 알 필요가 없고, 영업권, 산업재산권, 저작권, 특허권, 개발비 등을 무형자산이라고 한다… 그리고, 무형자산도 회계결산 시 감가상각비를 계산한다… 이 정도만 알면 된다.! 감가상각비 계산법에 대해서는 회사설립 후 가급적 빨리 회계사 등 전문가와 상의할 필요가 있다. ✎ 참고하기_ p.55 회계사에게 미리 물어봐야 하는 것들
종업원대여금	종업원에게 금전을 대여한 경우에 회계처리하는 계정이다. 대여금은 대여기간에 따라 장기대여금과 단기대여금으로 구분된다. '세무조정'의 대상이 될 수 있다.

2. 기타부채 계정재분류

기타부채로 러프하게 회계처리한 내용이 계정재분류를 통해서 아래와 같이 최종적으로 세부적인 계정과목으로 수정된다.

계정과목	내용
예수금	거래처 또는 직원으로부터 일시적으로 받은 금액. 실무적으로는 급여나 퇴직금 지급 시, 원천세와 4대연금의 직원부담분을 미리 공제해 두었다가 다음달에 신고하면서 납부하는 금액이 대부분이다. 예수금은 그 내용에 따라 거래처로 구분하여 잔액을 관리하는 것이 좋다. ✎ 참고하기_ p.154 매월 10일에 챙겨야 하는 주요 내용
부가세예수금	부가세예수금은 매출금액의 10%를 납부하는 세금으로, 앞 페이지의 '선급부가세'와 상대되는 개념이다. 부가세예수금은 부가세 신고 시 국가에 납부해야 하는 금액이다. '기타부채'에서 '부가세예수금'으로 계정재분류해 두면 부가세신고 시 편리하다.
미지급법인세	법인세 미지급액을 말한다. ✎ 참고하기_ p.178 법인세비용

3. 기타자본 계정재분류

기타자본으로 러프하게 회계처리한 내용이 계정재분류를 통해서 아래와 같이 최종적으로 세부적인 계정과목으로 수정된다.

계정과목	내용
자본잉여금	회사의 영업이익 이외의 원천에서 발생하는 잉여금. 회계학 책에 나오는 이런 어려운 설명은 알 필요 없고, 자본잉여금 중에서 '주식발행초과금'만 알고 있으면 된다.
자본조정	자본조정항목으로는 주식할인발행차금, 자기주식, 주식매수선택권, 출자전환채무, 자기주식처분손실, 감자차손 등이 있다. 이러한 거래가 발생하고 여러분이 기타자본으로 러프하게 회계처리해 두면, 연말 회계결산할 때 회계사나 세무사가 계정재분류를 해 줄 것이다. Don't worry!

※ 주식발행초과금

자본잉여금에 속하는 계정과목으로 중요하다. 확실하게 알 필요가 있다.

✎ 참고하기_ p.275 주식발행초과금

사장님은 물론이고 비(非)회계 담당자는 I. 기초만들기에서 배운 대로 20개 계정과목만 정확히 알고 있으면 되고, 그 밖에 모르는 계정과목이 보이면 기타자산, 기타부채, 기타자본의 내용을 보다 세부적으로 구분해서 표시하기 위해 계정과목을 재분류한 것이구나… 이 정도로 알고 있으면 된다. 하지만 실무적으로는 거래가 발생할 때부터 앞에서 배운 20개 계정과목만으로 T자분개를 하지 않고 위 계정재분류에서 사용한 계정과목으로 바로 회계처리를 한다. 그렇기 때문에, 회계팀 실무자는 일반적으로 사용하고 있는 계정과목을 잘 세팅해 두면 좋다. 필자가 이 책 곳곳에서 사업 초기 계정과목 세팅의 중요성을 강조하는 이유이기도 하다.

■ **결산수정분개란?**

이 용어는 회계학책에 나오는 용어는 아니고 회계 실무자들끼리 사용하는 용어로서, 평상시에는 이와 같은 분개(회계처리)는 신경 쓰지 않고 지내다가 반기나 연말 결산 시에만 처리하는 분개를 말한다.

■ 결산수정분개 세부내용

구분	내용
단기와 장기로 구분	1년을 기준으로 구분 Ex. 장기성예금, 장기차입금, 장기성매입채무
기간손익 계산	이번 회계기간 내에 해당되는 금액인지를 따져서 정밀하게 회계처리 Ex. 미수수익, 선급비용, 미지급비용
충당금 설정	지출될 가능성이 상당히 높은 의무에 대해서 미리 부채로 인식 Ex. 퇴직급여충당금, 대손충당금, 판매보증충당금
자산 평가	외화자산, 외화부채에 대해서 기말 환율로 평가. 재고자산도 공정하게 자산 평가
법인세비용	납부할 법인세 중에서 올해 비용으로 처리해야 하는 것

1. 단기와 장기로 구분

① 현금과 예금 & 장기성예금

평상시에는 현금과 예금으로 회계처리를 하다가, 결산 시에 만기가 1년 이상인 금융상품을 분리해서 장기성예금으로 계정과목을 변경한다.

② 단기차입금 & 장기차입금

위 예금의 경우와 거의 동일하다. 결산 시에 결산종료일[4] 기준으로 1년 이후에 상환기일이 도래하는 경우에는 장기차입금으로 계정과목을 변경한다.

③ 외상매입금(매입채무) & 장기성매입채무

위 차입금의 경우와 동일하다.

> 단기와 장기의 구분은 재무상태표의 모양이 조금 바뀔 뿐 회사의 손익과는 관계가 없다. 재무제표 분석을 통한 일부 경영지표에는 차이가 발생하지만 대부분의 중소기업 사장님들에게 이러한 변화는 실로 무의미할 것이다.

✎ 참고하기_ p.159 계정과목: 단기와 장기

4 결산종료일: 회계기간의 종료일을 말하며, 회계기간이 1/1~12/31인 경우에 결산 종료일은 12/31이 된다. 은행 등 금융권의 회계기간은 통상 4/1~3/31인데, 이 경우에는 결산 종료일이 3/31이 된다. 대부분의 회사는 결산 종료일이 12/31이다.

2. 기간손익 계산

① 미수수익

아직 수령하지는 않았지만 이번 회계기간에 속하는 수익을 말한다. 예를 들면, 한 달 전에 가입한 적금이자를 아직 받지는 않았지만 기간이 경과한 한 달 이자에 대한 금액을 말한다. 아래 표를 보면 더욱 구체적으로 이해할 수 있을 것이다.

3) 미수수익 명세서

2006년 06월 30일 현재

(단위: 원)

거래처	계좌번호	일자	잔 액	기준일자	일수	이자율	미수수익	비고
국민은행	071623－01－0002428	06－5－18	70,000,000	06－6－30	44	3.55%	299,562	
국민은행	071615－200－01537	06－2－14	400,000,000	06－6－30	137	4.10%	6,155,616	
기업은행	337－017322－15－016	06－5－12	240,000,000	06－6－30	50	4.30%	1,413,699	
합 계							37,281,058	

위 표는 A회사의 반기 결산보고서[5]의 내용이다. 빨간색 네모 부분을 보면, 센스 있으신 분은 벌써 이해했을 것이다. 반기 결산이니까 기준일이 6월 30일인데, 그날 기준으로 아직 실제 수령하지 못한 은행이자를 기간계산해서 이자수익으로 회계처리하는 것이다.

이 회사는 연간 200억 원 정도의 매출이 발생하는 회사인데 위 미수수익의 합계금액이 3,700만 원 정도이고, 이것은 반기의 금액이니까 연말 기준으로 단순 환산하면, 7,400만 원 정도로, 회사의 규모를 생각하면 그리 작은 금액은 아니다.

이것은 기업회계기준에 따른 정상적인 회계처리이므로, 회사의 손익에 관심 있는 회사라면, 빠짐없이 회계처리를 해야 할 것이다.

5 결산보고서: ✎ 참고하기_ p.48

- 세무사나 회계사는 회사의 회계처리 오류를 확인하는 사람이지, 미수수익에 해당하는 회사의 거래를 적극적으로 찾아 주는 사람은 아니므로, 회사의 거래를 잘 알고 있는 회사가 주도적으로 관련되는 거래를 찾아야 한다. 그 금액이 무시 못하는 경우도 있으니, 적극적으로 대응해야 할 것이다
- 우리는 앞에서 대차대조표의 3대 항목이 자산, 부채, 자본임을 배웠다. 그렇다면 미수수익은 어디에 해당될까? 정답은 자산이다. 계정과목명에 '수익'이라는 단어가 들어가니까 손익계산서의 '수익' 항목으로 오해를 하는 분을 종종 보았다. 미수수익은 미래에 유입된 현금이므로 자산에 해당한다.

  우리가 방금 배운 미수수익과, 아래에서 배우게 될 선급비용은 연말에 아래와 같이 T자분개를 하게 된다. 아래 T자분개를 보면 앞으로는 헷갈리지 않으리라 생각한다.

연말결산 시 미수수익 계산/회계처리

미수수익 5천만 원	이자수익 5천만 원

연말결산 시 선급비용 계산/회계처리

선급비용 1억 원 이자비용 -1억 원	

② 선급비용

지출한 비용 중에 이번 회계기간 이후의 기간에 대하여 미리 지출한 금액을 말한다. 예를 들어, 자동차보험 1년분을 어제(7/1) 납부하고 그 금액 전체를 보험료라는 계정과목으로 회계처리했다면, 회계적으로는 내년도 1월 초부터 6월 말까지의 기간에 대해서 올해 미리 비용으로 처리한 것이 되므로 이 금액만큼 선급비용으로 수정하는 것이다.

8) 선급비용 명세서

2006년 06월 30일 현재

(단위: 원)

계정과목	거래처	적요	발생원금	기간	일수	금액	비고
보 험 료	대한화재해상보험	재산종합보험	33,001,650	20050823~20060822	53	4,792,020	
보 험 료	삼성화재해상보험	에쿠스	931,100	20050907~20060907	69	176,016	
보 험 료	삼성화재해상보험	BMW	1,888,830	20050823~20060823	54	279,443	
지급수수료	신용보증기금	대출보증	8,021,920	20051121~20061220	173	3,792,170	
지급수수료	신용보증기금	대출보증	13,992,320	20060629~20070927	455	17,442,481	
지급수수료	신용보증기금	대출보증	17,452,050	20060530~20070827	424	20,273,066	
지급수수료	한국수출보험공사	수출보험	3,750,000	20060530~20070529	334	3,431,507	
이자비용	국민은행		6,749,457	20060424~20060722	22	406,817	
합 계						62,081,647	

2006년 6월 30일 다음날부터 만기까지 기간에 대한 금액을 계산해서 선급비용으로 계정과목 수정

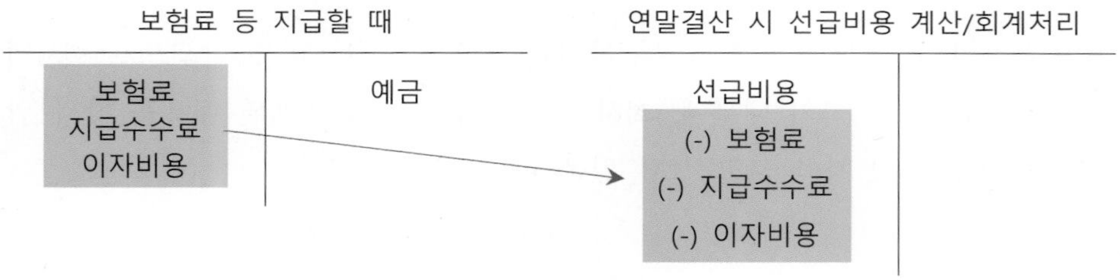

연말결산 시 선급비용 회계처리를 보면 차변에 (−)가 발생한다. 이는 보험료 등을 지급할 때 비용으로 회계처리했던 보험료, 지급수수료, 이자비용에 대해 선급비용 만큼 연말결산 시 차감하라는 뜻이다. 그런데 T자분개는 위와 같이 차변에 (−)금액으로 표시하지 않고 대변에 (+)금액으로 표시하기도 한다. 이 경우 보험료, 지급수수료, 이자비용 등은 비용계정으로서, 차변에 나타나면 비용의 증가를, 대변에 나타나면 비용의 감소를 의미한다.

위 사례의 선급비용 역시 1년치로 단순 계산하면 1.2억 원 정도 되니까, 무시할 수 없는 금액이라 할 수 있겠다.

- 우리는 위에서 미수수익이 자산에 포함되는 계정과목임을 배웠다. 그렇다면 선급비용은 어디에 해당될까? 정답은 자산이다. 계정과목명에 '비용'이라는 단어가 들어가니까, 손익계산서의 '비용' 항목으로 오해를 하는 분이 종종 계시는 것 같다. 그러나 선급비용이란 선지급한 비용만큼 미래에 경제적 효익을 누릴 수 있으므로 자산계정에 해당한다. 선급비용을 회계처리할 때 상대계정은 위와 같이 비용계정이다.
  위 T자분개에서 알 수 있듯이 기존에 비용처리한 것을 취소하고 그만큼 자산을 증가시키는 회계처리를 하게 된다.

③ 미지급비용

돈을 지불하지는 않았지만 이번 회계기간에 비용으로 회계처리해야 하는 것을 말한다. 예를 들면, 한 달 전에 은행에서 빌린 1억 원에 대하여 이자를 아직 지급하지 않았지만, 기간이 경과한 한 달 동안의 이자에 대해서는 회사가 이자비용으로 인식해야 한다는 것이다. 위에서 살펴본 미수수익과 선급비용이 자산계정이라면 미지급비용은 부채에 해당하므로 반대되는 개념이라 할 수 있다.

미지급비용에 대한 회계처리는 아래와 같으며, 이는 비용 발생으로 **회사의 손익**[6]을 나쁘게 하기 때문에, 회사 입장에서는 이와 관계된 내용을 찾기 위해서 눈에 쌍심지를 켜고 살필 일은 아닌 듯하다.

이자비용	미지급비용

결산수정분개 중에서 기간손익과 관계된 회계처리는 회사의 손익과 직접 관계되며, 위에서 살펴본 사례처럼 금액이 무시할 수 없는 경우가 종종 있다. 회사의 손익에 관심이 많으신 분이라면 연말 회계결산을 할 때 이에 대하여 관심을 가질 필요가 있다.

6 회사의 손익: 대부분의 회사는 이익이 많기를 바란다. 하지만 일부 회사는 법인세를 적게 납부하기 위해서 여러 가지 꼼수를 써서 회사의 손익을 축소하려고 노력을 하기도 한다.

3. 충당금 설정

① 퇴직급여충당금(퇴직급여충당부채)

회계기간 말 기준으로 전 임직원이 퇴직할 경우에 지급해야 하는 금액. 퇴직금은 근무기간에 따라 계속 늘어나는 것으로, 올해 말에 퇴직을 하든 안 하든, 올해 말까지의 근무기간에 대한 퇴직금은 계산이 가능하고, 이는 지급을 하지 않을 뿐, 회사 내부적으로는 비용과 부채로 설정해 두어야 하는 것이다. 이에 대한 결산 시의 결산수정분개는 아래와 같다.

퇴직급여(비용)의 발생	퇴직급여충당금 (부채의 증가)

> **Tip** 퇴직급여충당금 계산법에 대해서는 정확히 몰라도 되고, 다만 연봉의 10% 정도를 매년 충당금으로 설정한다. 이 정도로 알고 계시면 된다. 실제 대부분의 회사가 사업계획을 수립할 때에 이렇게 단순하게 계산을 한다.

② 대손충당금

사업하다 보면 받아야 할 돈을 못 받는 경우가 종종 발생한다. '연쇄도산[7]'이라는 말을 들어 본 적이 있는가? 대부분의 연쇄도산은 미회수채권 때문에 발생한다.

미래는 아무도 알 수 없는 일이기에 보수적인 업무처리를 요구하는 회계학에서는 장래에 발생할지도 모르는 채권 미회수 금액을 예상해서, 해당되는 금액을 회계처리하도록 하고 있다

즉, 매출채권(예: 외상매출금)이 있을 경우 회계결산 시에 대손충당금(예: 100만 원)의 결산수정분개를 해서 매출채권 잔액을 100만 원 감소시키고, 그 금액만큼을 당해년도 비용으로 처리한다. 이 경우, T자분개는 아래와 같다.

대손상각비 100만 원 (비용의 발생)	대손충당금 100만 원 (자산의 감소)

> 대손충당금도 부채이며, 따라서 지금처럼 T자분개를 할 때, 대변에 표시가 된다. 하지만, 재무상태표에는 부채에서 표시하지 않고, 자산의 감소로 표시한다(아래 재무상태표 참고할 것).

7 연쇄도산: 어느 한 기업이 도산하였을 때, 그 기업과 거래관계가 있는 다른 기업이 연쇄적으로 도산하는 상태.

③ 판매보증충당금

판매한 제품의 결함이 생길 경우 회사는 무상으로 A/S를 해야 한다. 이 경우 회사는 관련 지출이 발생할 수 있는데, 비록 이에 해당하는 금액과 그 지출일자를 정확히 알 수는 없지만, 우리 회사가 신(God)이 아닌 이상 우리 회사 제품이 100% 불량이 없을 수는 없기에, 언젠가는 A/S 비용이 발생하게 될 것은 분명하다. 이런 맥락에서 합리적으로 예상한 A/S 비용을 매 회계결산 때마다 회사의 비용과 부채로 회계처리를 해야 한다. 이에 대한 결산수정분개는 아래와 같다.

✎ 참고하기_p.195 판매하는 제품의 무상수리 기간이 끝나면 회사이익이 증가한다?

판매수리비 (비용의 발생)	판매보증충당금 (부채의 증가)

위에서 살펴본 3개의 충당금을 결산수정분개하고 나면, 지금까지 이 책에서 보지 못했던 새로운 계정과목들이 재무상태표에 생기게 된다.

재 무 상 태 표

계정과목	
자산	236,090,000
현금과 예금	83,990,000
외상매출금	100,000,000
(대손충당금)	-1,000,000
미수금	
원재료	1,000,000
재공품	300,000
제품	700,000
장기금융상품	50,000,000
유형자산	
개발비	
기타자산	1,100,000
부채	105,600,000
외상매입금	
미지급금	100,000
단기차입금	100,000,000
미지급비용	
장기차입금	
퇴직급여충당금	500,000
판매보증충당금	5,000,000
기타부채	
자본	130,490,000
자본	50,000,000
미처분이익잉여금	80,490,000
기타자본	

손 익 계 산 서

계정과목	
매출액	100,000,000
매출원가	8,000,000
매출이익	92,000,000
판매관리비	11,510,000
급여	5,000,000
퇴직급여	500,000
감가상각비	
경상개발비	
판매수리비	5,000,000
대손상각비	1,000,000
연구개발비	
기타비용	10,000
영업이익	80,490,000
은행이자 등	
경상이익	80,490,000
법인세	
당기순이익	80,490,000

위에서 배운 3가지의 충당금이 왼쪽 '재무상태표'에 자산과 부채에 표시되어 있으며, 이 금액과 동일한 금액이 오른쪽 '손익계산서'의 판매관리비에 표시되어 있는데, 그 결과 이 금액만큼 당기순이익이 감소되었다.

앞서 배운 기간손익과 관계된 결산수정분개도 손익에 영향을 주었지만, 충당금과 관계된 결산수정분개도 손익에 영향을 준다는 것을 알게 되었는다. 통상 충당금의 손익 효과가 가장 크므로 회계결산 시 가장 중요한 결산 이슈가 된다.
특히 대손충당금과 판매보증충당금은 정확하게 예측할 수 있는 금액이 아니고, 추정을 할 수밖에 없는 금액이기 때문에 회계사와의 논쟁이 불가피한 것이다.

4. 자산 평가

회계기간 말[8]에 각 자산을 평가해 보니 물가 상승 등으로 당초 회계처리된 금액과 차이가 발생할 수 있는데, 이러한 차이를 재무제표에 반영하기 위해서 회계기간 말에는 해당 자산에 대해서 '자산 평가'를 하고 관련 내용을 회계처리한다. 이 내용들은 상세히 알 필요가 없어서, 간단히 언급하고 지나가겠다.

① 외화환산이익/손실

기말의 환율에 따라 외화자산과 부채가 증가하기도 하고 감소하기도 하며, 이에 따라 이익 또는 손실이 발생한다.

② 재고자산평가 이익/손실

재고자산은 구입할 때마다 구입단가가 변하게 된다. 이러한 이유 등으로 기말에 재고자산 평가를 실시해 보면 재고자산의 금액이 변동될 수 있는데, 이와 관련된 차액을 이익 또는 손실로 회계처리해야 한다.

☞ 재고자산 감모손실?

재고자산 평가손실은 당초 장부에 기입한 자산은 실물 그대로 있으면서 단지 그 금액이 기말에 평가를 통해서 변경이 있을 경우의 회계처리인 반면, 재고자산 감모손실은 기말에 재고실사를 실시해 보니 장부상에 있는 자산이 없어진 경우 이와 관련된 손실을 말한다.

8 회계기간말: 보통 12월 31일인데, 각 회계기간의 종료일을 말한다. 통상 '기말'이라고 한다. 이 경우, 회계기간은 1/1~12/31이다. 한편, 은행 등의 회계기간은 대부분 4/1~3/31이며, 따라서 회계기간말은 3월 31일이 된다.

5. 법인세비용

회계결산이 다 끝나면 회계사나 세무사가 법인세 계산을 한다. 법인세계산은 회계결산의 최종 결과물(Output)인 재무제표를 기반으로 세무조정을 통해서 이루어진다. 그 결과 납부해야 할 법인세가 결정이 되면, 아래와 같은 T자분개를 한다.

법인세비용	미지급법인세

실제로는 위와 같이 회계처리가 간단하게 이뤄지지 않고, 대부분 차변이나 대변에 '이연법인세'라는 계정과목이 추가된다.

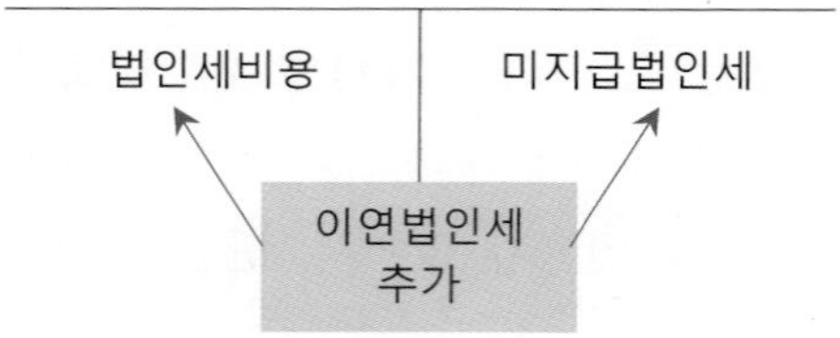

왜냐하면 납부해야 하는 법인세(=미지급법인세)가 당해연도에 비용으로 처리해야 하는 금액과 반드시 100% 일치하는 것은 아니기 때문이다.
앞서 말한 것처럼, 우리는 세무조정을 통해서 법인세 계산을 하는데, 이렇게 세무조정을 하는 이유가 기업회계기준과 세법의 회계처리 기준이 다르기 때문이다. 이러한 회계처리 기준의 차이로 비록 올해 세금 납부는 하지만, 납부하는 금액 중에 일부는 올해 비용이 아닌 것이 존재하기도 한다.
물론, 그 반대의 경우도 존재하는데, 이러한 차이 금액을 '이연법인세'라는 계정과목을 사용해서 처리한다.

> 납부할 법인세 (=미지급법인세)=법인세비용 +− 이연법인세
> '이연법인세'가 차변에 있으면 '이연법인세자산'
> '이연법인세'가 대변에 있으면 '이연법인세부채'

여러분이 다른 회사 재무제표를 보다 보면 법인세비용, 이연법인세차[9], 이연법인세대라는 용어를 발견하게 될 것이기 때문에, 미지급법인세와 어떤 관계가 있는지를 설명해 드리기 위한 것일 뿐 상세히 몰라도 된다. 대략적으로 설명했다. 본 내용은 이 책의 범위를 넘어서므로 상세한 설명은 생략하기로 한다.

3장 정리

이 장의 내용은 주로 회계팀 초보 직원을 위해서 작성한 것으로 그 외의 분들은 몰라도 되는 내용들이다. 혹시 이해가 잘 안 되거나 어렵게 느껴지는 내용이 있으면 지금 한 번 읽은 것으로 만족하고 2회독부터는 패스(pass)해도 된다. 향후 사업하다가 관계된 단어를 접하게 되고 궁금점이 생기면 그때 이 부분을 다시 읽어 보면 된다.

그러나 만일 회계팀 초보가 이 책을 보게 된다면 그 분은 반드시 알아야 하는 내용이니 꼼꼼히 읽어 보고, 본인이 명확하게 알고 있지 않다면 다른 책들을 통해서 이 장의 내용을 확실하게 알고 있어야 한다. 물론 이 장의 내용보다 훨씬 더 깊게 알아야 한다.

9 이연법인세차: 이연법인세차변을 줄여서 이렇게 말하기도 한다. 반면 이연법인세대는 이연법인세대변을 줄여서 부르는 용어이다.

III

CEO 관점에서 바라보기

1. 관리회계
2. 세무회계
3. 원가계산
4. 마무리

제1부

관리회계

1장. 관리회계란 무엇인가?

회계결산을 하고 재무제표를 만들 때, 회사마다 그 기준을 자기 마음대로 정한다면, 그렇게 만들어진 재무제표를 어떻게 평가할 수 있겠는가?

이런 맥락에서 재무제표 작성 시 기업회계기준 등 준수해야 하는 원칙들이 존재하며, 대부분의 회사는 이러한 원칙에 맞게 재무제표를 작성하고 있다. 또한 특정 요건에 해당되는 회사들은 반드시 회계감사를 받도록 규정하여 작성된 재무제표가 기업회계기준 등에 부합되는지 엄격히 확인을 하고 있다.

그런데 외부에 제공하는 재무제표는 이렇게 규정을 충실히 따르되 회사 내부용으로 작성하는 재무제표는 이러한 회계 관련 규정을 반드시 따를 필요는 없을 것이다. 이러한 이유 때문에, 회사의 재무제표는 외부용과 내부용으로 구분할 수 있다.

■ 관리회계란?

재무제표를 기업회계기준 등 관련 규정에 따라 작성하는 회계를 재무회계라고 하고, 이러한 재무회계 데이터를 기반으로 회사의 필요에 따라 적절히 수정, 분석하는 회계를 관리회계라고 한다.

뒤에서 배울 '원가계산: 사장님도 이 정도는 알아야 한다'에 따르면 제품 원가의 구성 요소는 재료비, 노무비, 제조경비, 이렇게 3개로 구성된다. 그런데 여러분의 회사는 제조경비를 손익계산서의 판매관리비와 합산해서 재무제표를 작성할 수도 있다. 이러한 손익계산서는 회계 규정에 의하면 잘못된 손익계산서가 틀림없다. 하지만 회사 경영을 위한 분석의 목적으로 회사 내부적으로는 이러한 손익계산서도 얼마든지 만들 수 있다. 이 외에도 재무회계에서 만들어진 데이터를 자유롭게 수정, 변형해 가면서, 회사의 경영상태 등을 자유롭게 진단할 수 있는 것이다.

재무회계 차원에서는 잘못된 재무제표라도, 관리회계 차원에서는 옳은/필요한 재무제표가 있는 것이다.

※ 관리회계가 필요한 이유

재무회계만으로는 회사의 실태를 제대로 분석하기 어렵기 때문이다.

Unit: M₩,K pcs

구 분	TOTAL		2001년 2분기								2001년 3분기							
			4월		5월		6월		TTL		7월		8월		9월		TTL	
1. 매 출 액 (매출수량)	167,599 (3,365)	100.0	12,340 (211)	100	18,980 (370)	100	18,602 (379)	100	49,922 (960)	100	23,257 (499)	100	25,955 (545)	100	27,240 (563)	100	76,452 (1,607)	100
A제품	157,619	94.0	12,136	98	18,603	98	18,231	98	48,970	98	22,893	98	24,882	96	25,485	94	73,260	96
B제품	9,980	6.0	204	2	377	2	371	2	952	2	364	2	1,073	4	1,755	6	3,192	4
2. 매 출 원 가	144,476	86.2	10,612	86	16,581	87	16,039	86	43,231	87	19,857	85	21,596	83	23,382	86	64,834	85
재 료 비	131,217	78.3	9,332	76	15,024	79	14,779	79	39,135	78	18,358	79	19,922	77	21,372	78	59,653	78
외주가공비	10,307	6.1	1,017	8	1,339	7	1,044	6	3,399	7	1,254	5	1,415	5	1,505	6	4,174	5
노무비/경비	2,091	1.2	183	1	139	1	137	1	459	1	153	1	161	1	400	1	715	1
감가상각비	860	0.5	79	1	79	0	79	0	238	0	91	0	97	0	106	0	293	0
3. 매 출 이 익	23,123	13.8	1,729	14	2,399	13	2,563	14	6,691	13	3,400	15	4,359	17	3,858	14	11,617	15
4.판매관리비	11,511	6.9	1,149	9	1,045	6	1,042	6	3,237	6	1,185	5	1,407	5	1,567	6	4,159	5
판 매 비	3,394	2.0	280	2	378	2	372	2	1,030	2	452	2	492	2	512	2	1,456	2
일반관리비	1,896	1.1	267	2	185	1	185	1	637	1	225	1	225	1	225	1	675	1
연구개발비	2,673	1.6	278	2	275	1	277	1	830	2	300	1	325	1	310	1	936	1
경상기술료	3,548	2.1	324	3	208	1	208	1	740	1	208	1	364	1	520	2	1,092	1
5. 영 업 이 익	11,612	6.9	580	5	1,354	7	1,521	8	3,454	7	2,215	10	2,952	11	2,291	8	7,458	10
6. 영업외비용	1,396	0.8	434	4	118	1	115	1	667	1	144	1	161	1	169	1	474	1
금융비용	1,155	0.7	348	3	99	1	97	1	543	1	121	1	135	1	142	1	398	1
기 타	241	0.1	86	1	19	0	19	0	123	0	23	0	26	0	27	0	76	0
7.경 상 이 익	10,216	6.1	146	1	1,236	7	1,405	8	2,787	6	2,071	9	2,791	11	2,122	8	6,984	9

위의 손익계산서를 살펴보면, 일반적인 손익계산서와 조금 다르다는 것을 알게 될 것이다.

붉은색 네모 안의 내용을 보면, 매출원가를 구성하는 항목은 통상 재료비, 노무비, 제조경비, 이렇게 3개로 구분하는데, 이 손익계산서의 경우에는 다른 기준으로 정리되어 있다. 그리고 판매관리비 역시, 일반적인 회사의 손익계산서 계정과목과는 전혀 다른 항목으로 정리되어 있다.

위와 같이 관리회계는 재무회계와는 다른 기준으로 재무제표를 작성하기도 하며 그 결과 재무제표의 모습은 다를 수 있다. 관리회계는 회사 내부의 경영관리 목적을 위해, 재무회계 자료(Data)를 수정 및 재해석한다.

앞으로 여러분은 위에서 알아본 재무회계 및 관리회계와 관련하여 재무손익과 관리손익이라는 단어를 듣게 될 것이다. 우리에게 익숙하지 않은 이러한 용어들에 대해서 알아보도록 하자.

아래 2개의 손익계산서가 있는데, 좌측은 재무회계에 입각해서 만든 것이며, 우측은 관리회계 차원에서 수정된 손익계산서이다. 이때 좌측의 손익을 재무손익, 우측의 손익을 관리손익이라고 한다.

재 무 손 익

(단위:백만 원)

계정과목	금액
매출액	**15,673**
매출원가	**9,848**
재료비	3,251
노무비	1,414
제조경비	5,183
매출이익	**5,825**
판매관리비	**3,696**
영업이익	**2,129**
은행이자 등	68
경상이익	**2,061**
경상이익률 (%)	**13%**

관 리 손 익

(단위:백만 원)

계정과목	금액
매출액	**15,673**
매출원가	**11,665**
재료비	5,495
노무비	2,632
제조경비	4,260
내부이체	-722
매출이익	**4,008**
판매관리비	**3,696**
영업이익	**312**
은행이자 등	68
경상이익	**244**
경상이익률 (%)	**2%**

위 2개의 손익계산서는 무엇이 다른가?

- 표의 제목이 다르다(재무손익 & 관리손익).
- 표의 가운데 붉은색 네모 부분에 있는 항목과 숫자가 다르다.
- 표의 제일 하단에 있는 순이익 금액이 다르다.

■ 재무손익과 관리손익이 왜 다른가?

관리손익은 설혹 기업회계 기준에 어긋남이 있더라도 회사의 재무상황을 경영진의 입장에서 보다 정밀하게 분석하기 위한 목적으로, 회계처리 기준을 일부 무시하면서 재무손익을 수정한 손익을 말한다.

또는, 대외적으로 공개한 재무손익을 정교하게 분석한 결과, 일반적인 기업회계기준에 위배된 오류가 발견된 경우 공개한 손익계산서의 손익을 재무손익이라고 하고, 회사 내부적으로 관리하는 진정한 손익을 관리손익이라고 하기도 한다.

위에서 사례된 든 손익계산서는 상기 2가지의 이유가 모두 존재하는 경우인데, 특히 원가 로직(Logic)의 오류로 인한 손익 왜곡이 심한 사례이다. 이 회사 매출액 규모를 생각할 때 손익의 왜곡 규모가 상당히 큰 경우이다.

위 사례의 경우 회계팀장이 바뀌면서 기존의 회계처리에 오류가 있음을 발견하였고, 이와는 별도로 회사 내부적으로 보다 효율적으로 손익분석을 하기 위해서 내부용으로 손익계산서의 형태를 변형해서 손익분석을 하고 있다. 흔한 경우는 아니지만 가끔씩 일어나는 일이다. 위 사례와 같은 일이 발생하지 않도록 하기 위한 특단의 조치가 필요할 것 같다.

■ 사장님은 어떤 지시를 내려야 하나?

사장님은 매월 초가 되면 회계팀장에게 다음과 같이 지시를 해야 한다.

① 매월 월 결산보고서 작성.

② 월 결산보고서의 내용에 대해서 궁금한 점이 있으면 지체없 이 묻고 추가 작업 지시.

☞ 결산보고서 내용 예시

- 사업계획 대비 손익 비교분석
- 매출원가 변동 추이 분석
- 부서별/계정과목별 경비 사용내역 정리

스타트업인 여러분에게는 이러한 일들이 실제로 아무 의미가 없는 행동이거나 불가능한 일일 수도 있다. 맛있는 요리를 하고 싶어도 훌륭한 요리사가 없으면 맛있는 요리를 할 수 없고, 아무리 훌륭한 요리사가 있더라도 요리할 재료가 없으면 요리를 할 수 없듯이, 매출이 없거나 있더라도 정말 작은 금액일 경우, 또는 회사에 존재하는 직원이 사장, 사무보조, 개발직 2명, 이 정도의 작은 규모라면 위와 같은 분석 작업이 별다른 의미가 없을 수 있다.
그러나 여러분의 회사가 그런 상황이 아니라면, 위와 같은 월 결산보고서는 매월 작성하고 검토해야 한다. 이러한 정기적이고 지속적인 검토작업이 없으면 위에서 소개한 것과 같은 어처구니 없는 실수가 발생할 수 있다.
회사에 유능하고 의욕적인 회계팀장이 있다면 그가 알아서 사장님을 잘 보필하겠지만 만일 그렇지 않은 경우에는 사장님은 종종 채찍을 들어야 한다.

■ 내가 사장이라면 이런 것이 궁금할 것 같다

위에서 예로 든 재무제표를 다시 한번 살펴보자. 좌측의 재무손익처럼 경상이익률이 13%, 156억 원 매출에 경상이익이 20억 원이면 행복한 경우라 할 수 있다. 이런 회사라면 조만간 대박 날 가능성이 농후하다. 하지만 필자라면 이것이 제대로 된 숫자인지 의문이 들 것이다. 그래서 아래와 같이 지시할 것이다.

① 매출원가 계산내역을 나에게 최대한 쉽게, 최대한 상세히 보고하라.
② 동종 업종과 당사의 경상이익률을 비교하고, 왜 이러한 차이가 나는지 설명하라.

재무손익이란 것은 회계사가 O.K 하면 그걸로 끝이다. 하지만 사장님이 진짜로 알아야 하는 관리손익은 그렇게 간단히 끝낼 수 없다. 정교하게 정기적으로 지속적으로 확인 하고 분석해야 한다.
필자는 위 사례처럼 잘못된 회계결산 결과에 도취하여 헛된 꿈만 잔뜩 꾸고 있는 회사를 많이 보았다. 이 책을 읽으시는 여러분들은 부디 이런 오류를 범하지 말기 바란다.

(부록)

ERP SYSTEM Overview: ERP SYSTEM 개관(槪觀)

■ 개요

ERP(Enterprise Resource Planning) 시스템이란 기업활동을 위해 사용되는 기업 내의 모든 인적, 물적 자원을 효율적으로 관리하여 궁극적으로 기업의 경쟁력을 강화시켜 주는 역할을 하는 통합정보 시스템을 말한다.

과거의 경영지원을 위한 각 서브 시스템은 해당 분야의 업무를 처리하고 정보를 가공하여 의사결정을 지원하기도 하지만, 별개의 시스템으로 운영되어 정보가 타 부문에 동시에 연결되지 않아 불편과 낭비를 초래하였다. 이러한 문제점을 해결하기 위해 ERP는 어느 한 부문에서 데이터를 입력하면 회사의 전 부문이 동시에 필요한 정보로 활용할 수 있게 하는 것이다.

ERP를 실현하기 위해서 공급되는 소프트웨어를 ERP Package라고 하는데, 이 패키지는 데이터를 어느 한 시스템에서 입력을 하면 전체로 자동 연결되어 별도로 인터페이스를 처리해야 할 필요가 없는 통합운영이 가능한 시스템이다.

또한 ERP Package는 주기적으로 새 버전(New Version)이 공급되어 신기술의 도입이 쉬우며 선진 업무 프로세스의 도입에 의한 생산성 향상, 많은 기업의 적용으로 신뢰성 및 안전성 확보, 전 모듈 적용 시 데이터의 일관성 및 통합성으로 업무의 단순화와 표준화 실현, 실시간 처리로 의사결정 정보의 신속한 제공 등의 장점을 갖고 있다.

따라서 ERP 시스템을 도입함으로써 업무처리 능률을 극대화하기 위한 선진 프로세스(Best Practice)와 최첨단의 정보기술을 동시에 얻는 효과를 거둘 수 있고, 이는 급변하는 경영환경의 변화와 정보기술의 발전에 대응하려는 기업의 고민을 동시에 해결시켜 주는 솔루션이라고 할 수 있다.

■ ERP 프로그램 선택 요령

여러 솔루션(Solution) 업체가 ERP를 만들어서 공급하고 있으며 업체마다 장단점이 있기 때문에, ERP를 도입하기 전에 어떤 업체 솔루션을 선택하느냐는 아주 중요하다. ERP 프로그램을 선택할 때는 기본적으로 아래 5가지는 꼼꼼히 챙길 필요가 있다.

1. 회사가 필요로 하는 기능이 무엇인지 확실히 정리할 것
2. 구축경험이 많은 업체인지 확인할 것
3. 업데이트와 유지보수가 잘 되는지 확인할 것
4. 회사가 부담할 수 있는 비용을 고려하여 솔루션의 확장성을 같이 검토할 것
5. 시스템 구축을 위하여 회사 내부에 적절한 인력이 있는지 확인할 것

위에서 언급한 5가지 사항에 대해서는 특별한 설명이 없어도 대부분 이해가 되리라 생각한다. 따라서 약간의 부연설명만 하도록 하겠다.

- ERP Solution은 종류가 아주 많으며 동일한 솔루션이라고 하더라도 기능을 어디까지 사용할 것인지에 따라서 가격차이가 아주 크기 때문에, 회사에 꼭 필요한 기능이 무엇인지를 정확히 알 필요가 있다. 이 때문에 ERP Solution 제공업체와의 충분한 미팅과 회사 내부의 많은 고민을 거친 후에 신중히 결정해야 한다.
- 위 2~3번은 특별한 설명이 필요 없어서 생략한다.
- ERP의 초기 도입 비용은 대부분의 스타트업에게 부담이 될 것이고 설혹 그렇지 않더라도 회사에 필요하지 않은 것을 사용하면서 많은 지출을 할 필요는 없을 것이다. 따라서 ERP를 처음 도입할 때에는 당장 회사가 필요한 기능만을 선택해서 사용하다가, 회사가 성장하면서 더 필요하게 된 기능들을 추가하는 방향으로 진행하는 것이 좋다. 이 때문에 ERP Solution의 확장성 여부를 꼭 확인해야 하는데, 요즈음 시중에 나오는 대부분의 ERP Solution은 이러한 기능이 있다. 중요한 것은 그 기능이 얼마나 강력한지, 회사마다 비용적으로는 어떤 차이가 있는가 하는 점이다.

> **Tip** 전산구축비용 관련 다양한 정부지원책이 있으니 확인하기 바란다.

- ERP SYSTEM 도입의 성공 여부의 핵심은 해당 회사가 얼마나 열심히 지속적으로 잘 사용하느냐의 문제이다. ERP SYSTEM을 제대로 사용하려면 도입 초기 기본적인 세팅에 꽤 많은 시간이 투입된다. 그리고 본 시스템이 안착되기까지는 회사 내부에 이 업무를 전담하는 직원이 있어서 계속 경과 관찰(Follow up)을 해야만 한다. 이러한 일이 가능하기 위해서는 그 무엇보다 사

장님의 관심이 필요함은 말할 것도 없다.

■ 진화하고 있는 ERP Solution

기존 ERP의 경우 내부 인트라넷 망을 통해 이용했기 때문에 자료를 보고 싶으면 사무실로 들어오거나 VPN 등의 애플리케이션(Application)을 따로 이용해야 했는데, 요즈음은 클라우드 버전을 이용할 수 있어서 언제 어디서든 전산화된 자료를 확인할 수 있다.

1장 정리

재무회계라는 기초 데이터(Raw data)를 바탕으로 회사운영에 혹시 문제는 없는지를 분석하고 동시에 보다 좋은 회사가 될 수 있는 방법을 정교하게 분석하는 회계가 관리회계이다. 스타트업의 단계에서는 관리회계 마인드(Mind)가 크게 필요하지 않을 수 있다. 회사규모가 대체로 아주 작으니 분석의 실익이 미미할 것이기 때문이다.

또한 여러분의 회사에 아직 유능한 회계팀장이 없다면 당분간은 '관리손익'이라는 말을 생각할 필요가 없다. 제대로 분석할 사람이 없기 때문이다. 그러나 훗날 유능한 회계팀장이 입사하면 매월 결산이 끝난 후 반드시 월 결산보고를 하게 하고 궁금한 것을 아주 세부적으로 물어 보고 확인하기 바란다.

회계학이란 것은 알고 보면 별거 아니다. 상식에 입각해서 숫자로 정리한 것에 불과하다. 따라서 만일 여러분이 회계학을 전혀 모르더라도 여러분의 눈에 이상하게 보이면 그것은 뭔가 문제가 있을 확률이 높다. 그런데 이에 대해 회계팀장이 여러분에게 시원하게 설명을 못한다면 그것은 회계팀장이 표현력이 부족한 사람이거나, 잘못되었음을 회계팀장이 모르거나, 최악의 경우 진실을 숨기기 때문이다.

＜ERP System＞

필자는 그동안 ERP System의 도입과 사용이 '용두사미(龍頭蛇尾)'처럼 되는 경우를 많이 보았기 때문에, 회사가 어느 정도 준비가 되고 여유가 있기 전에는 ERP System 도입을 자제하는 편이 좋다고 생각한다.

그리고 현재 많은 중견업체들의 제품은 표면적으로는 ERP라고 하지만 실질적으로는 진정한 ERP라고 보기 어렵고, 일부 기능들을 단순히 연결시켜 놓은 형태에 불과하다.

따라서 불필요한 환상과 기대에서 벗어나서 회계와 자재관리 업무를 잘 처리할 수 있는 정도의 S/W로 시작하는 게 좋다. 그러다가 추가적인 필요가 생기고 회사가 진정으로 감당이 될 때 그때 제대로 ERP System을 구축하기 바란다.

2장. 법인세 많이 납부하느니, 차라리 벤츠를 리스로 이용할까?

여러분도 혹시 자동차 영업사원으로부터 이런 말을 들어본 적이 있는가? "이 벤츠를 구입하시기 위해서 큰 돈 쓰지 마시고 리스로 이용하세요. 그러면 매달 몇 십만 원이면 벤츠를 이용하실 수 있어요. 그리고 리스료는 회사비용으로 처리하셔서 법인세도 절감하세요."

법인세 납부액이 작아진다? 솔깃한 말이다! 과연 법인세 절감효과는 얼마나 될까? 차에 따라서 리스료 차이가 많은데, 우리는 C-Class 월 리스료 100만 원 정도의 차를 선택하기로 하자.

■ 차량 1대

법인세 절감액 계산		
연간 리스료 지출액	12,000,000	월 100만 원×12개월
법인세 감소액	2,400,000	법인세율 20% 적용
연간 Net 지출액	9,600,000	

월 리스료	1,000,000	
월 Net 리스료	800,000	

■ 차량 4대

법인세 절감액 계산		
연간 리스료 지출액	48,000,000	월 100만 원×12개월×4대
법인세 감소액	9,600,000	법인세율 20% 적용
연간 Net 지출액	38,400,000	

월 리스료	4,000,000	
월 Net 리스료	3,200,000	

과세표준	세율	누진공제액
- 2억 원 이하	10%	-
2억 원 초과~200억 원 이하	20%	2천 만 원
200억 원 초과~3천억 원 이하	22%	4억 2천 만 원
3천억 원 초과	25%	94억 2천 만 원

차량이 1대일 경우에는 법인세 감소액이 240만 원이니까 그다지 느낌이 없을 수 있지만, 차량이 4대로 늘어나면 연간 법인세 감소액이 960만 원이 되니까, 간단히 무시할 수는 없게 된다.

그렇다면 우리는 법인세를 1,000만 원 가까이 절감하기 위해서 벤츠 4대를 리스로 계약하는 것이 무조건 좋은 일일까? 돈이 걸려 있는 문제니까 차분히 득실을 따져 볼 필요가 있을 것이다.

벤츠 4대 리스계약 특실 분석

■ 벤츠 계약 전

매출액	10,000,000,000	
순이익	200,000,000	
순이익률	2.0%	

■ 벤츠 리스 계약

매출액	10,000,000,000	
1년 리스료	48,000,000	
순이익	152,000,000	
순이익률	1.5%	
법인세감소액	9,600,000	법인세율 20% 적용

■ 벤츠 구매

매출액	10,000,000,000	
1년 감가상각비	100,000,000	내용연수: 5년
순이익	100,000,000	
순이익률	1.0%	
법인세감소액	20,000,000	법인세율 20% 적용
구입비	500,000,000	

위의 표를 보면 벤츠를 리스로 계약하면 법인세 감소효과가 960만 원 있는 것은 사실이다. 하지만 회사의 순이익률이 0.5% 하락하는 부정적인 효과가 있는 것도 사실이다. 그리고 벤츠를 이용하는 편리함의 대가로 계약기간 동안 매년 4,800만 원이 지출되어야 한다.

반면 벤츠를 구매한 경우에는 법인세 감소금액이 2,000만 원으로 리스로 계약할 때보다 감소효과가 더 크다. 물론 회사의 순이익률 감소폭도 리스에 비해 0.5% 더 크다. 계약기간 동안 계속 리스료를 납부할 필요는 없지만 벤츠를 구입하는 첫 해의 지출금액이 크다.

다시 원점으로 돌아가 보자. 자동차 영업사원의 말은 옳았는가? 정답은 "반은 옳았고 반은 틀렸다"이다. 리스로 계약하니까 회사비용이 증가해서 법인세가 감소하는 것은 맞는 말이지만, 벤츠를 구입하면 마치 회사비용이 전혀 발생하지 않아 법인세 감소효과가 없는 것처럼 말했는데 이것은 틀린 말이다. 벤츠를 구입한 순간부터 회계적으로는 감가상각비를 반영해야 하기 때문이다. 따라서 영업사원의 말은 회계학을 전혀 모르는 사람의 이야기이거나, 고객을 현혹시키기 위한 엉터리 말인 것이다. 정리하면 벤츠를 리스로 사는 것은 법인세 감소효과가 더 크기 때문이 아니라, 벤츠 구입에 따른 일시적인 자금부담을 완화시키려는 이유 때문인 것이다.

3장. 화재발생 & 이익은 증가?

회사 공장에서 화재가 발생하고 완전히 잿더미가 되어서 회사의 모든 자산들이 쓸모 없게 되면 회사는 큰 손실을 입게 된다. 우선, 쓸모 없어진 자산의 금액만큼 금전적 손실이 있을 것이며, 공장을 수리하거나 새롭게 건설하고 다시 각종 자산들을 구매하는 데 투입되는 시간적 손실도 클 것이다. 통상 이러한 위험에 대비하여 회사는 각종 보험에 가입해 두는데, 만일 회사가 공장에서 사용되는 각종 자산들에 대해서 보험을 가입해 두었다면 화재발생은 오히려 이익을 증가시킬 수도 있다. 물론 보험 가입금액 및 조건에 따라서 여전히 손해가 날 수도 있다. 화재발생은 회사의 손익에 어떤 영향을 주었을까?

기계, 컴퓨터 등 유형자산은 시간이 갈수록 상태가 나빠지다가 시간이 많이 흐르면 결국 못 쓰게 되어 폐기처리하게 된다. 다시 말해서 유형자산들은 시간이 갈수록 그 가치가 감소하게 된다. 중고품이 신상품에 비해서 싸게 거래되는 것과 같은 이치이다. 회계학에서는 시간의 흐름에 따라 이렇게 유형자산의 가치가 감소하는 만큼 비용으로 처리하게 되어 있는데, 이때 사용되는 계정과목이 감가상각비라는 것이고, 이에 상대되는 계정과목이 감가상각충당금이라는 것이다. ✎ 참고하기_ p.38 유형자산, 특허권, 정책자금 회계처리

다시 처음으로 돌아가자. 이 회사가 만일 화재로 유형자산이 모두 타버렸다면, 이 회사는 회계 장부상으로 얼마나 손해를 입었을까? 이 경우 장부상 손해 금액은 아래와 같이 계산된다.

<가정> 화재로 손실된 기계구입비 1천만 원/보험회사에서 받은 보험금 800만 원이며, 본 기계에 대해 그동안 회계상으로 감가상각비 처리를 한 금액이 아래와 같다면 본 기계의 현재 장부가액은 500만 원이다.

기계 구입비	1천만 원
(-) 감가상각비 처리한 금액	500만 원
기계의 장부 가액	500만 원

그래서 이 회사는 본 화재로 인해 장부상으로는 손해가 아니라 300만 원의 이익이 발생하게 된다.

→ 800만 원(보험 수령금) − 500만 원(기계의 장부가액) = 300만 원

이상은 회계학상의 생소한 개념인 감가상각비 및 감가상각충당금에 대한 이해를 돕기 위한 사례이다. 유형자산의 가치는 당초 유형자산을 구입한 금액이 아니라 감가상각비를 차감된 금액이다. 즉, 200만 원의 손해 (1천만 원 − 800만 원)가 아닌 것이다.

4장. 판매하는 제품의 무상수리 기간이 끝나면 회사이익이 증가한다?

우리가 구입한 제품들은 대부분 1~2년 동안은 무상으로 A/S를 받을 수 있고, 그 기간이 지나면 유상으로 수리를 받아야 한다. 그렇다면 회사의 입장은 어떠할까? 회계적으로는 회사는 무상으로 A/S를 해주는 데 발생할 것으로 예상되는 금액을 매년 판매보증충당부채라는 부채로 인식하고, 그 금액만큼 매년 비용으로 처리해야 한다. 이와 관련된 T자분개는 아래와 같다.

충당부채 설정	
판매수리비	판매보증충당부채

무상 A/S 발생	
판매보증충당부채	현금과 예금

위의 T자분개처럼 회계학에서는 향후 일어날 수 있는 비용에 대해서 합리적으로 추정하여 당기의 비용으로 처리하도록 되어 있다. 시간이 흐르고 실제 무상 A/S 비용이 발생했을 때는 위 오른쪽 T자분개처럼 이미 설정해 둔 판매보증충당부채라는 부채가 없어지고, 그 상대계정은 현금과 예금이 된다.
그런데 만일 무상 A/S 기간 동안 실제로 무상 A/S가 발생하지 않으면 어떻게 될까? 이때에는 미리 비용처리한 '판매수리비' 금액만큼 비용을 (−)처리를 하게 된다. 당연히 이 금액만큼 회사의 이익은 증가하게 된다.
이러한 충당부채는 연말 회계결산을 할 때 회계처리를 하게 되는데 이런 회계처리를 '결산수정분개[1]'라고 한다. 그렇다면 판매보증충당부채는 어떻게, 얼마를 설정해야 하는가? 이것은 통상 경험률을 바탕으로 추정해서 설정하게 된다.
이상을 정리하면 매년 판매보증충당부채를 설정할 때에는 쓸데없이 비용이 발생하는 것이 억울할 수도 있다. 하지만 다르게 생각하면 이만큼 당해연도에 법인세를 작게 납부하게 되고, 훗날 A/S가 실제로 발생하지 않으면 그때는 회사의 이익이 증가하게 되는 것이다.

1 결산수정분개: p. 169 참고

2~4장 정리

2장에서 사례로 든 자동차 영업사원의 이야기는 세일즈맨 특유의 화술에 관한 것으로 더 이상 그 진위 여부를 따질 필요는 없다.

다만 돈과 관계된 문제, 특히 회사의 돈과 관계된 문제는 결코 간단한 문제가 아님을 강조하고 싶다. 앞의 예처럼 돈을 일시불로 미리 지출할 것이냐, 나중에 분할해서 지출할 것이냐로 단순하게 생각하고 결정하면 안 되는 것이다. 이제부터는 회사의 돈과 관계된 것은 보다 복합적으로, 특히 회계학적으로 생각할 필요가 있다. 현금흐름, 법인세, 이익률 효과, 이런 문제들의 상관관계를 잘 파악한 후 의사결정을 해야 한다.

이와 유사한 이해가 상충하는 경우는 앞으로 더 발생할 수 있다. 예를 들면 아래와 같다.

1. 직원의 업무동기 부여 및 복지 차원에서 특별상여금 지급
   ▷ 근무의욕 증가 but 비용증가 but 법인세 감소
2. 경상개발비를 개발비로 계정재분류
   ▷ 비용감소 but 법인세 증가 but 경영지표 개선

회사의 이익에 영향을 미치는 거래에 대해서 위와 같이 다각도로 생각하지 않으면 곤란하다.

3~4장에서는 '충당부채'라는 계정과목이 실제 생활과 어떤 관계가 있는지 예를 들어 살펴보았다. 이러한 충당부채는 회계학을 모르는 사람의 입장에서는 아주 낯선 개념일 것이다.

이와 같이 일반인들에게는 낯선 몇 가지 회계처리가 있고, 이러한 회계처리 결과 회사의 손익은 일반인들이 대충 머릿속으로 계산한 추정손익보다 대체로 나빠지는 경향이 있다. 따라서 회계학에 대하여 충분히 자신감을 갖게 되기 전까지는 사업계획 수립이나 자금관리를 할 때 보수적으로 접근할 필요가 있다.

5장. 부채비율이 높다! 그런데 가수금도 많다?

부채비율은 앞에서 배운 것처럼 (부채/자본×100)으로 계산하며, 부채비율이 높을수록 나쁜 회사라고 할 수 있다. 부채비율이 높으면 금융기관에서 차입을 할 때는 물론이고, 그 외 여러 가지 면에서 회사에 불리하게 된다. 따라서 대부분의 회사들은 부채비율을 낮추려고 노력한다. 그럼에도 아래 사례처럼 개념이 없는 회사들이 의외로 많다.

재 무 상 태 표

계정과목	금액	계정과목	금액
자산	**241,185,903,394**	**부채**	**159,291,704,414**
I. 유동자산	143,057,888,542	I. 유동부채	130,654,801,398
(1) 당좌자산	138,296,051,458	매입채무	49,265,804,649
현금및 현금성자산	3,582,884,656	단기차입금	47,170,000,000
매출채권	119,374,175,993	미지급금	15,636,105,172
대손충당금	-986,798,863	선수금	1,379,823,782
미수금	951,473,409	예수금	172,076,083
미수수익	43,282,582	가수금	800,000,000
선급금	2,257,356,312	유동성장기부채	8,042,899,000
가지급금	800,000,000	기타	8,188,092,712
기타	12,273,677,369	II. 비유동부채	28,636,903,016
(2) 재고자산	4,761,837,084	장기차입금	25,150,101,000
원재료	1,500,000,000	퇴직급여충당부채	2,031,562,858
재공품	761,837,084	판매보증충당부채	1,000,000,000
제품	2,500,000,000	이연법인세부채	455,239,158
II. 비유동자산	98,128,014,852		
(1) 투자자산	6,500,560,568		
장기금융상품	8,500,000	**자본**	**81,894,198,980**
기타	6,492,060,568	**자본금**	**27,926,171,592**
(2) 유형자산	91,627,454,284	자본잉여금	11,982,675,397
토지	30,627,454,284	이익잉여금	37,348,749,478
건물	60,000,000,000	기타	4,636,602,513
비품	1,000,000,000		
자산총계	**241,185,903,394**	**부채 및 자본총계**	**241,185,903,394**

우선 위 재무상태표에서 녹색으로 표시되어 있는 3개의 계정과목이 무엇인지 알아보자.

1. 가지급금: 회사업무 등의 목적으로 가불[2]한 금액을 말한다. 중소기업의 경우 '가지급금'은 주로 사장님이 업무 또는 개인적으로 많이 사용한다.
2. 가수금: 회사가 임시로 수령한 금액이다. 중소기업에서는 회사의 자금사정이 어려울 때 사장님 개인 돈을 회사에 입금시킬 때 주로 발생한다.
3. 자본금: 회사에 투자한 금액이다. 투자한 사람은 사장님 또는 외부투자가이다. 이렇게 회사에 투자한 사람을 '주주'라고 부른다.

위의 회사는 부채비율[3]이 195%로 그리 높은 편은 아니지만 부채비율을 더욱 줄이기 위해서 여러분이 사장님이라면 어떻게 하겠는가? 가수금 계정과목과 관련하여 생각해 보자.

Solution 1. 가수금과 가지급금을 상계한다. 이렇게 하면 부채가 감소되므로 부채비율도 감소한다.

Solution 2. 가수금을 없애고 자본금을 늘린다. 이렇게 하면 부채는 감소하고 자본금이 증가하므로, 부채비율은 많이 감소한다.

회사는 위 2개의 해결방법 중에 어떤 것이든 실행하기만 하면 부채비율은 감소한다. 그런데 많은 중소기업 사장님들이 이 2개 방법 중에서 아무것도 하지 않으면서 부채비율이 높다고 한다. 웃기지 않은가?
물론 위 2개의 해결방법 모두 다 반드시 가능한 것은 아니다. 설혹 가능하다고 하더라도 절차와 형식이 필요하다. 하지만 대부분의 중소기업의 경우 충분히 가능한 일이다. 이 회사의 사례에서 우리는 어떤 교훈을 얻어야 하는가?

---

2 가불: 계정과목이나 금액이 확정되지 않았을 때 뒤에 명세를 밝히기로 하고 임시로 지불하는 금액을 말하며, 회계학에서는 '가지급금'이라는 용어를 사용한다.

3 부채비율: (부채/자본금)×100. 따라서 위 회사의 경우에는 159,291백만 원/81,894백만 원×100.

5장 정리

부채비율을 줄이고 싶으면 부채를 줄이든지 자본을 늘리면 된다. 그럼에도 위 사례의 회사는 이런 조치를 취하지 않았다. 필자라면 아마도 가수금을 정리할 수 있을 것 같다. 설혹 100%를 다 정리는 못할지라도 대부분은 정리할 수 있을 것이다.

사장님은 모르지만 외부전문가들은 해결책을 갖고 있는 경우가 많다. 따라서 애로사항이 있으면 혼자서 고민하지 말고 내/외부의 전문가들과 미리 상의하기 바란다. 그리고 이러한 상의는 빠를수록 해결이 쉬운 법이다. 이런 어처구니없는 사례는 이외에도 꽤 많다.

제2부

세무회계

1장. 절세방법

■ 절세에 대한 환상에서 벗어나라

탈세(脫稅)는 안 되지만 절세(節稅)는 적극적으로 해야 한다고 흔히들 말한다. 이에 대해서는 대부분 이견이 없을 것이다. 그런데 많은 이들이 절세와 관련하여 마치 대단한 세법 지식이나 테크닉이 필요한 것처럼 착각하고 있는 듯하다.

절세를 하는 대단한 방법은 존재하지 않는다. 절세를 위해서는 아래 3가지의 지극히 간단한 원칙과 방법이 있을 뿐이다. 이 책을 읽고 나서는 더 이상 절세라는 거창한 단어는 잊고, 여러분이 할 수 있는 아래 간단한 방법만 실수하지 않고 잘 하기 바란다.

■ 절세방법 3가지

1. 납기일을 놓치지 마라: 본세(本稅)만 납부하라

여러분이 이미 알고 있듯이 세금을 납기일까지 납부하지 않으면 가산세와 가산금이 발생한다. 가산세와 가산금은 다른 것이지만, 이 둘은 근본적으로 세금을 납부일까지 제대로 납부하지 않음으로써 비롯된 것이라는 점에서 동일하다. 정상적으로 납부해야 할 세금을 납부하는 것도 아깝게 여기는 사람이 많은데, 굳이 납부할 필요가 없는 가산세와 가산금을 납부할 필요는 없을 것이다.

연체료 성격의 상기 가산세와 가산금에 적용되는 세율이 상당히 높은 세금도 있다. 아무리 자금사정이 좋지 않더라도, 주의해야 할 특정 세금에 대해서는 연체상태를 오래 끌면 안 된다. 이 때문에 만일 연체상태인 세금이 있다면 반드시 가산세와 가산금에 적용되는 세율을 확인한 다음 현명한 자금계획 수립 및 자금집행을 하기 바란다.

금융권 등의 채무는 연체상태가 오래 되면 채권자와 타협해서 연체료는 물론이고 원금도 탕감될 수 있다. 그러나 세금은 이러한 탕감이 절대 없다. 본세(本稅)는 물론이고, 연체료 성격의 가산세와 가산금도 100% 납부해야 한다. 그리고 이러한 가산세와 가산금은 대부분 죽을 때까지 늘어난다. 상한선이 없는 경우가 대부분이다.

2. 내가 부담해야 할 세금만 납부하자

세금의 종류에 따라서, 본인의 소득이 얼마인지를 자진신고(自進申告)하고 그 소득에 기초해서 계산된 세금을 납부하는 방식(소득세, 법인세)도 있고, 소득과는 무관하게 관련된 증빙(세금계산서 등)에 대한 세금(부가가치세)을 납부 또는 환급받기도 한다.

어느 경우이든, 본인이 부담해야 할 세금만 납부하고, 본인이 환급받을 수 있는 세금은 환급받도록 하자.

① 소득세/법인세

→ 소득이 얼마인지를 자진신고(自進申告)하고, 그 소득에 기초해서 세금을 납부하는 방식

연말정산을 해본 경험이 있으신 분은 잘 알 것이다. 본인의 소득에 각종 공제와 감면을 받은 다음, 해당 세율을 곱해서 납부할 세액이 결정된다.

여러분이 회사의 직원인 경우에는 회사에서 직접 본인의 급여와 상여금 등이 얼마인지를 계산해서 알려 주기 때문에 소득금액의 오류가 별로 없다. 그런데 여러분이 스타트업 등 사업을 하는 자격에서 여러분과 관계된 회사의 세금을 직접 계산해야 되는 입장이라면, 위에서 설명한 회사 직원의 자격에서 개인 소득세를 계산하는 상황과는 완전히 달라진다. 즉, 여러분을 더 이상 보살펴 줄 회사가 있는 것이 아니라, 여러분 스스로가 주도적으로 여러분 또는 여러분 회사의 소득금액을 정확히 파악해서 불이익을 당하는 일이 없도록 해야 하는 것이다. 만일, 여러분의 회사의 소득금액을 정확하

게 신고하지 않으면 과다/과소한 세금을 납부하게 되는 것이다.

여러분의 회사가 개인사업자이면 소득세법이 적용되고, 법인사업자이면 법인세법이 적용되는데, 소득세법과 법인세법 중에서 어느 법이 적용되든지 기본원리는 동일하기 때문에 세금이 결정되는 기초 데이터인 소득금액을 정확하게 신고할 필요가 있다.

② 부가가치세

→ 소득과는 무관하게 거래한 증빙(세금계산서 등)과 관련하여 세금을 납부하거나 환급받는 방식

부가가치세는 세금계산서 등을 주고 받으면서 발생한 거래에서 납부할 부가가치세(매출 거래)와 환급받을 부가가치세(매입 거래)의 차액을 납부하거나 환급받는 방식이다.

요즈음은 국세청 D/B가 워낙 잘 되어 있어서, 세금계산서와 관련된 부가가치세 납부 오류는 과다/과소 여부와 관계없이 회사가 조금만 신경을 쓰면 거의 발생하지 않는다. 사소한 실수 및 나태함으로 인해 과다하게 세금을 납부하지 마라.

3. 공제/감면 내용을 빠뜨리지 마라

위에서 살펴본 절세방법 2는 세금계산의 기초가 되는 소득금액을 정확히 신고해서 본인이 부담해야 하는 세금 이상을 납부하는 오류를 범하지 말라는 것이었다. 이번에 알아야 할 것은 여러분이 신고한 소득금액을 감소시켜 주는 다양한 소득공제와, 그러한 소득을 기초로 1차적으로 계산된 세액을 감소시켜 주는 다양한 세액공제를 적극적으로 활용하라는 것이다.

예를 들어 '신용카드 소득공제'에 대해서 이야기해 보도록 하자. 여러분 대부분이 이미 알고 있는 것처럼, 신용카드 사용금액을 기초로 계산된 특정금액만큼 여러분의 소득금액을 차감해 주기 때문에 최종적으로 납부할 세액을 절감할 수 있다.

이 사례가 시사하는 점은 아래 2가지이다.

① 공제/감면 제도를 적극적으로 이용하자

많은 세금납부로 국가에 충성하겠다는 단호한 의지가 없다면 현재 있는 공제/감면 제도를 가급적 이용하는 것이 좋다. 위 사례의 경우처럼 굳이 신용

카드를 사용하지 않을 이유가 없는 것이다.

② 거래내용의 누락 방지

위에서 사례로 든 신용카드는 앞서 언급한 것처럼 최근에는 국세청 D/B가 워낙 잘 되어 있어서 세금신고 오류의 가능성이 많이 낮아졌다. 그럼에도 본인의 실수 등으로 공제받을 금액이 축소 신고되어 결과적으로 세금을 과다하게 납부할 가능성은 여전히 존재한다.

공제/감면 제도는 아주 다양하게 많이 존재한다. 적극적으로 반영해서 납부할 세금을 최대한 절감하는 관심과 노력이 필요하다.

■ 주요 공제/감면 내용

여러분의 회사의 형태에 따라 소득세와 법인세 중 어느 하나의 법을 적용받게 되는데, 다양한 공제/감면 내용 중 여러분 회사와 관계된 것을 잘 파악할 필요가 있다.

개인사업자이면 소득세법, 법인사업자이면 법인세법 내용을 확인해야 하며, 사업자 형태와 무관하게 공통적으로 조세특례제한법을 확인해야 한다.

아래는 스타트업이 중점적으로 관심을 가져야 할 공제/감면 내용을 선별한 것이니, 우선 아래 내용부터 꼼꼼히 살펴보기 바란다.

□ 주요 세액공제/소득감면 내용

① 청년창업중소기업 등 법인세 감면

- 적용기준: 2018년 5월 29일 창업부터
- 청년기준: 15~34세 이하(병역을 이행한 경우 6년 한도로 차감)
- 지역별 차등적용:
  - 과밀억제권역 내: 5년간 법인세(소득세) 50% 감면
  - 과밀억제권역 외: 5년간 법인세(소득세) 100% 감면
- 감면대상 업종추가: 통신판매업, 개인 및 소비용품 수리업, 이용 및 미용업
- 수도권 중 과밀억제권역

- 서울특별시
- 인천광역시(강화군, 옹진군, 서구 대곡동・불노동・마전동・금곡동・오류동・왕길동・당하동・원당동, 인천경제자유 구역 및 남동국가산업단지는 제외)
- 의정부시, 구리시, 남양주시(호평동, 평내동, 금곡동, 일패동, 이패동, 삼패동, 가운동, 수석동, 지금동, 도농동)
- 하남시, 고양시, 수원시, 성남시, 안양시, 부천시, 광명시, 과천시, 의왕시, 군포시, 시흥시(반월특수지역 제외)

② 고용증대 세액공제

- 내용: 전년 대비 상시근로자 수가 증가한 경우 증가 인원 1인당 일정금액을 법인세 또는 소득세에서 공제해 주는 제도
- 근거: 조세특례제한법 제29조7
- 대상: 내국인 및 내국법인
  ※ 아래에 해당되면 제외
    – 호텔업, 여관업, 주점업 등 소비성 서비스업은 제외
    – 비거주자, 일부 조합법인, 외국법인 등
- 세액공제 금액:

구분	중소기업		중견기업	대기업
	수도권	지방		
상시근로자	700만 원	770만 원	450만 원	–
청년정규직, 장애인 등	1,100만 원	1,200만 원	800만 원	400만 원
공제기간	해당연도 포함 3년간			2년간

  ※ 아래에 해당되는 근로자는 제외
    – 근로계약기간이 1년 미만, 단시간 근로자, 4대보험 미가입자
    – 법인의 임원, 최대주주 및 그의 배우자와 직계비속
- 중복 적용:
  – '창업중소기업 등에 대한 세액감면' 규정 중 고용증가에 따른 추가감면과는 중복 적용 불가
  – 중소기업특별세액감면, 사회보험료세액공제 등 타 세액감면/공제와는 중복 적용 가능

- 기타 사항:
  - 최초로 공제혜택을 받은 과세연도 종료일로부터 2년 이내에 상시근로자 수가 감소하거나, 청년 등 상시근로자 수가 최초로 공제를 받은 과세연도 대비 감소한 경우에는 공제받은 세액이 추징됨.

③ 중소기업 고용증가 인원에 대한 사회보험료 세액공제

- 내용: 상시근로자가 증가한 경우 기업은 고용증가 인원에 대한 국민연금 등의 금액(청년 상시근로자 100%, 청년 외 상시근로자 50%)을 법인세에서 공제
- 적용기한: 2021. 12. 31

④ 정규직 근로자로의 전환에 따른 세액공제

- 내용: 2018. 11. 30 기간제근로자, 단시간근로자 및 파견근로자를 2019년 중 정규직근로자로 전환하는 경우, 전환에 해당하는 중소기업 1인당 1천만 원 세액공제(중견기업은 700만 원)
- 적용조건: 2018년 이후 2년 이상 고용유지 조건
- 적용기한: 2021. 12. 31

⑤ 연구 및 인력개발비 세액공제

- 내용: 각 사업연도 연구 및 인력개발비의 일정률을 법인세 또는 소득세에서 사후 공제.
- 공제금액: (중소기업의 경우)
  - 총액 발생기준: 당해연도 발생액 × 25%
  - 증가 발생기준: (당해연도 발생액 - 직전 과세연도 발생액) × 50%
- 증가 발생기준 적용 조건:
  - 해당 과세연도의 개시일로부터 소급하여 4년간 연구인력개발비가 발생한 경우
  - 직전 과세연도 발생액이 해당 과세연도의 개시일로부터 4년간 평균 발생액보다 큰 경우

⑥ 연구 및 인력개발 설비투자 세액 공제

- 내용: 내국인이 연구 및 인력개발을 위한 시설 또는 신기술의 기업화를

위한 시설에 투자(중고품에 의한 투자를 제외)하는 경우에는, 당해 투자금액의 10%에 상당하는 금액을 그 투자를 완료한 날이 속하는 과세연도의 소득세(사업소득에 대한 소득세) 또는 법인세에서 공제해 주는 제도

- 적용범위
  - 연구시험용시설: 공구/사무통신기기, 시계/시험계측기 등
  - 직업훈련용시설: 직업능력개발훈련시설로서 연구시험용시설과 동일
  - 신기술 기업화 시험용 자산: 특허/실용신안/NET기술을 처음으로 기업화하는 경우 등
- 공제세액
  - 중소기업: 설비투자 금액 × 10%
  - 중견기업: 설비투자 금액 × 5%
  - 대기업: 설비투자 금액 × 3%

⑦ 기타

㉠ 청년창업중소기업 감면 혜택

구분	수도권과밀억제권역 외	수도권과밀억제권역 내
창업중소기업 청년창업중소기업 법인세	창업일부터 5년간 100% 감면	창업일부터 5년간 50% 감면
창업중소기업 취득세	창업일부터 4년간 75% 감면	해당사항 없음
창업중소기업 재산세	창업일부터 3년간 100% 감면 이후 2년간 50% 감면	
창업중소기업 등록면허세	100% 감면	

ⓑ 기업부설연구소 인증효과

구분	혜택	기업부설연구소	연구개발전담부서
세제혜택	연구 및 인력개발비 세액공제	○	○
	연구 및 인력개발을 위한 설비투자에 대한 세액공제	○	○
	기업부설연구소용 부동산에 대한 지방세 감면	○	×
관세	학술연구용품에 대한 관세 감면	○	○
자금	국가연구개발사업	○	△
병역특례	전문연구요원제도	○	×
범례		○ 가능, △ 일부가능, × 불가능	

ⓒ 벤처확인기업 우대제도

구분	내용	법적근거
세제	법인세·소득세 50% 감면(창업 및 또는 벤처확인일 후 5년간) 대상: 창업중소기업(수도권 과밀억제권역 외의 지역에서 창업한 중소기업) 창업벤처중소기업(창업 이후 3년 이내에 벤처확인을 받은 기업)	조특법 §6①②
	취득세 75% 감면(창업일 또는 벤처확인일 후 4년간) 재산세 50% 감면(창업일 또는 벤처확인일 후 5년간) 대상: 창업중소기업 또는 창업벤처중소기업	지특법 §58의3①②
금융	기보 보증한도 확대(일반 30억 원 → 벤처 50억 원, 상장벤처 70억 원) 기보 보증료율 0.2% 감면	기보규정
	코스닥상장 심사기준 우대(자기자본(30억 원) → 15억 원), 자기자본이익률(10% → 5%) 당기순이익(20억 원 → 10억 원), 매출액(100억 원 → 50억 원)	코스닥시장 상장규정 §7①
	중소벤처기업부 정책자금 한도 우대(신성장기반 자금 중 시설자금에 대해 잔액기준 한도(45억 원)(지방 50억 원) → 70억 원), 매출액 한도(150% → 미적용)	정책자금 융자계획 (중기부금고)
입지	벤처기업육성촉진지구 내 벤처기업□에 취득세·재산세 37.5% 경감	지특법 §58④
	수도권과밀억제권역 내 벤처기업집적시설 또는 산업기술단지에 입주한 벤처기업에 취득세(2배)·등록면허세(3배)·재산세(5배) 중과 적용 면제	지특법 §58②
M&A	대기업이 벤처기업을 인수·합병하는 경우 상호출자제한기업집단으로의 계열편입을 7년간 유예	공정거래법 시행령 §3의2②
인력	기업부설연구소 연구개발전담요원 수 설립요건 완화(벤처기업 2명) 대상: 소기업 3명(3년 미만 2명), 중기업 5명, 매출 5천억 미만 중견기업 7명, 대기업 10명	기초연구법 시행령 §16의2①
	주식매수선택권 부여 대상 확대(임직원 → 기술·경영능력을 갖춘 외부인, 대학, 연구기관, 벤처기업이 주식의 30% 이상 인수한 기업의 임직원) 총 주식 수 대비 부여 한도 확대(일반기업 10%, 상장법인 15% → 벤처기업 50%) 대상: 비상장 벤처기업	벤처법 §6의3① 벤처법시해령 §11의3⑤
광고	TV·라디오 광고비 할인(광고비 3년간 최대 70% 할인, 정상가 기준 기존 30억 원 한도) 지원대상은 한국방송광고진흥공사에서 자체 규정에 따라 별도 선정	방송광고 진흥공사 자체규정

ⓓ 벤처기업 확인요건

확인유형	기준요건(각 항목 모두 충족)	전문평가기관	비고
벤처투자 유형	1. 「중소기업기본법」 제2조에 따른 중소기업일 것 2. 투자금의 총 합계가 5천만원 이상일 것 (인정대상한글파일 다운로드) 3. 기업의 자본금 중 투자금액의 합계가 차지하는 비율이 10% 이상일 것 **적격투자기관 범위** 중소기업창업투자회사, 한국벤처투자, 벤처투자조합, 농식품투자조합*, 신기술사업금융업자, 신기술사업투자조합, 창업기획자(엑셀러레이터)*, 개인투자조합, 전문개인투자자(전문엔젤), 크라우드펀딩*, 한국산업은행, 중소기업은행, 일반은행, 기술보증기금*, 신용보증기금*, 신기술창업전문회사*, 공공연구기관첨단기술지주회사*, 산학협력기술지주회사*, 경영참여형 사모집합투자회사, 외국투자회사 * 표시 기관은 법 시행일(21.2.12)이후 투자유치 건 (입금일 기준)에 한하여 인정 해당 기업이 「문화산업진흥 기본법」 제2조제12호에 따른 제작자 중 법인이면 자본금의 7% 이상	한국벤처캐피탈협회	벤처기업법 제2조의2 (벤처기업의 요건) ① 항의 2호의 가목
연구개발 유형	1. 「중소기업기본법」 제2조에 따른 중소기업일 것 2. 「기초연구진흥 및 기술개발지원에 관한 법률」 제14조의2 제1항에 따라 인정받은 기업부설연구소 또는 연구개발전담부서 및 「문화산업진흥 기본법」 제17조의3제1항에 따라 인정받은 기업부설창작연구소 또는 기업창작전담부서 중 1개 이상 보유 3. 벤처기업확인요청일이 속하는 분기의 직전 4분기 기업의 연간 연구개발비 (산정기준한글파일 다운로드)가 5천만 원 이상이고, 연간 총매출액에 대한 연구개발비의 합계가 차지하는 비율이 5% 이상 (업종별 기준확인한글파일 다운로드) 연간 총매출액에 대한 연구개발비의 합계가 차지하는 비율에 관한 기준은 창업 후 3년이 지나지 아니한 기업에 대하여는 미적용 4. 벤처기업확인기관으로부터 사업의 성장성이 우수한 것으로 평가받은 기업	신용보증기금 중소벤처기업진흥공단	벤처기업법 제2조의2 (벤처기업의 요건) ① 항의 2호의 나목
혁신성장 유형	1. 「중소기업기본법」 제2조에 따른 중소기업일 것 2. 벤처기업확인기관으로부터 기술의 혁신성과 사업의 성장성이 우수한 것으로 평가받은 기업	기술보증기금 농업기술실용화재단 연구개발특구진흥재단 한국과학기술정보연구원 한국발명진흥회 한국생명공학연구원 한국생산기술연구원	벤처기업법 제2조의2 (벤처기업의 요건) ① 항의 2호의 다목
예비 벤처기업	법인설립 또는 사업자등록을 준비중인 자 벤처기업확인기관으로부터 기술의 혁신성과 사업의 성장성이 우수한 것으로 평가받은 기업	기술보증기금	벤처기업법 제2조의2 (벤처기업의 요건) ① 항의 2호의 다목

ⓔ 저출산 관련 주요 세제 지원

구분	방법	내용
소득세	비과세	출산 및 보육수당, 육아휴직급여, 산전후, 휴가 급여
	소득공제	피부양자 1인당 150만 원
	세액공제	자녀 세액공제 1인당 15만 원 출산·입양세액공제 30~70만 원
	자녀장려세제	연소득 4천만 원 미만 가구 대상 1인당 최대 50만 원
법인세	세액공제	보육관련 시설투자 세액공제 7~10%
부가가치세	면세	유아용 기저귀, 분유, 산후조리원 비용
부동산세	감면	생애최초주택 구입 시 취득세 감면 가정어린이집 등 보육시설 취득세율 인하 유치원·어린이집, 부동산 및 다자녀 가구차량 취득세 감면

■ 공제/감면 사항을 놓치지 않는 방법

공제/감면 제도와 관련하여 스타트업에 적용 가능성이 높은 것만 선별해도 상기와 같이 해당되는 제도가 다양하고 그 내용 역시 복잡하다. 이 때문에 대부분의 스타트업이 이러한 내용을 직접 제대로 챙기는 것이 힘들 수 있다. 따라서 필자는 아래와 같은 2가지 방법으로 이에 대응할 것을 제안한다.

① 세무사 활용법

대부분의 스타트업은 자체기장을 하지 않고 세무사나 회계사를 통한 외부기장을 하게 된다. 이런 상황이기 때문에 여러분이 거래하는 세무사나 회계사는 여러분의 회사에 대한 기본 정보 및 현재 상황을 대체로 잘 파악하고 있다.

이런 상황에서 여러분들은 보다 더 적극적으로, 보다 더 열린 마음으로 세무사나 회계사에게 다가갈 필요가 있다. 최대한 솔직하게 회사의 방향과 전략을 이야기하고 회사의 현 상황을 솔직하게 이야기해서, 여러분이 거래하는 세무사나 회계사가 여러분의 회사에 적합한 각종 공제/감면 제도를 소개 및 적용할 수 있는 환경을 만들기 바란다.

② 관련 사이트에 회원 가입

몇 개의 관련된 사이트에 회원가입만 하더라도 여러분이 귀찮을 정도로 절세와 관련된 다양한 정보들을 이메일로 수령할 수 있다. 여러분은 이와 같은 사이트에 회원 가입한 후 여러분 회사와 관련된 정보를 수시로 확인하고, 이를 회사 내부적으로 준비 및 적용하든지, 아니면 거래하는 세무사나 회계사의 협조하에 준비 및 진행하면 된다.

■ **현명한 의사결정으로 인한 절세방법**

본 장의 서두 '절세에 대한 환상에서 벗어나라'에서 언급한 내용인 '일반인들은 절세와 관련된 대단한 세법 지식이나 테크닉이 필요한 것처럼 착각하고 있다'라고 표현한 내용에 비교적 부합되는 내용이 있다면, 아래 2가지 정도로 요약할 수 있다.

① 감가상각비 내용연수를 합리적으로 결정

여러분의 회사가 향후 수년 동안 높은 이익이 발생할 것으로 예상된다면, 앞으로 구입하는 유형자산에 대해서는 감가상각비 계산 시 적용하는 내용연수를 가급적 단기간으로 결정하여 비용(감가상각비) 증가를 통해 이익을 감소시킬 수 있다. 이때 주의할 점은, 내용연수는 회사 마음대로 시시각각 변경하는 것이 거의 불가능하기 때문에 신중하게 결정해야 한다는 점이다. 즉, 이미 보유하고 있는 동종의 유형자산에 대해서는 내용연수의 변경이 쉽지 않기 때문에 최초 보유하는 특정 유형자산에 대해서 매번 감가상각에 적용할 내용연수에 대해 신중하게 의사결정을 해야 한다는 점이다.

예 현재 보유하고 있는 비품이라는 유형자산이 있다면 새롭게 보유한 비품에 대해서는 다른 내용연수를 적용하는 것이 실질적으로 불가능함.
현재 여러 종류의 유형자산을 보유하고 있으나 기계장치라는 유형자산에 대해서는 처음 구입할 경우, 기계장치라는 유형자산에 대해서 적용할 내용연수의 의사결정은 비교적 자유로움.

② 차량 구입과 차량 렌탈

만일 향후 수년 동안 회사가 높은 이익이 발생할 것으로 예상되는 경우에는 회사 차량의 구매와 리스 계약 간의 득실 분석의 결과는 우리가 p.191에서 분석한 내용보다 절세 효과는 더욱 크게 발생하게 된다.

2장. 회사에서 주로 발생하는 세금

앞 장에서 배운 '절세방법 3가지' 중에서 첫 번째가 '납기일을 놓치지 마라: 본세(本稅)만 납부하라'였다. 이와 관련하여 스타트업 회사에서 주로 발생하는 세금에 대한 기본적인 사항을 알아보기로 하자. 세금에 대한 심층적인 내용은 본 책의 취지를 벗어나기 때문에 가장 기본적인 사항만 언급하기로 하겠다.

사업 초기에는 신경 써야 할 세금도 몇 가지 되지 않고, 그 금액 역시 그리 크지 않으며, 대부분의 회사들은 세무사를 통해 외부기장을 하기 때문에 세금신고를 크게 걱정할 필요가 없다. 세무사가 알아서 잘 챙겨 줄 것이기 때문이다. 하지만 시간이 흐르고 사업이 성장하면서, 자의든 타의든 외부기장이 아니라 자체기장을 하게 되고, 납부해야 할 세금의 금액도 커지고 그 종류도 다양해지면 세금에 대해서 보다 많은 관심을 가져야 한다. 물론, 유능한 회계팀장이 있으면 알아서 잘 하겠지만, 이와 관계없이 사장님과 주요 경영진도 최소한 아래 정도는 알고 있는 게 좋다.

■ **회사와 관계되는 주요 세금**

구분	주요 내용
소득세	개인의 소득에 대한 세금. 소득세 중에서도 급여와 퇴직금 등을 지급할 때 미리 세액을 공제하는 원천징수 부분이 핵심임.
부가가치세	재화를 구입하거나 용역을 제공받은 금액의 10%. 세율이 0%이거나 부가세가 없는 경우도 있는데, 이러한 증빙도 부가세신고 대상이므로 누락시키면 안 됨.
법인세	법인의 소득에 대한 세금. 회계결산 종료 후 세무조정을 거쳐 법인세 계산 및 납부.
지방세	취득세, 등록세, 지방소득세, 자동차세, 면허세, 재산세 등이 있음.

■ 세금별 주요 내용

1. 소득세(원천징수)

① 신고/납부일: 소득 지급 시 공제한 소득세를 다음 달 10일 신고/납부(휴일이면 그 다음날)

② 해당되는 소득: 근로소득, 퇴직소득, 사업소득, 기타소득, 이자소득, 배당소득 등

☞ 회사와 회사의 거래가 아니고, 회사가 개인에게 바로 지급하는 국내외 모든 소득은 원천징수에 해당된다고 생각하면 된다.

✎ 참고하기_ p.266 원천징수

2. 부가가치세

① 법인이면 1년에 4번 신고/납부를 함(4/25, 7/25, 10/25, 1/25).
납부할 금액이 없고 반대로 환급받아야 하는 경우에는, 통상 신고한 다음달에 환급받음.

② 작은 회사(개인사업자)의 경우에는 1년에 2번 신고/납부를 할 수도 있음(7/25, 1/25).

③ 세금계산서뿐 아니라, 부가세 금액이 없지만 세금계산서와 유사하게 생긴 아래 증빙[1]에 대해서도 부가세 신고를 하여야 함. 증빙을 받은 경우 잘 보관/관리할 것(계산서: 면세/ 영세율 세금계산서: 적용 세율 0%).

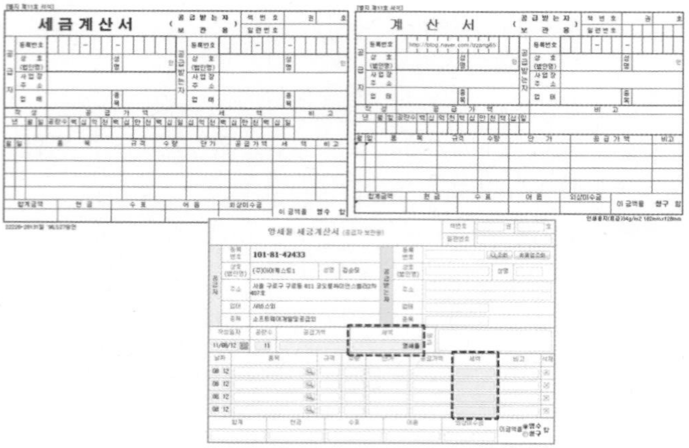

1 증빙: 증거로 삼을 수 있는 신빙성 있는 자료. 영수증 등을 말하며, 회계와 관련 종사자들은 이 단어를 자주 사용하니까 익숙해지는 것이 좋다. 법적으로 인정받을 수 있는 증빙은 세금계산서, 계산서, 영세율 세금계산서, 신용카드 현금영수증이다. 이와 다른 명칭의 증빙은 특별한 예외를 제외하면 법적으로 인정받을 수 없다.

3. 법인세

① 기본적으로 1년에 한 번 신고/납부함(3/31)

☞ 위와 같이 3/31일에 신고/납부하는 회사는 회계기간 종료일이 12/31일인 경우이고, 은행 등의 경우처럼 회계기간 종료일이 3/31일인 경우는, 회계간 종료일(3/31)의 3개월 이내 신고/납부.

② 분납할 수도 있음: 세금이 1천만 원을 초과하는 경우/ 2회로 분납 가능.

③ 중간예납 신고/납부: 대부분 회사가 해당됨. 상반기 6개월분에 대하여 세법이 정하는 방법에 따라 계산된 금액을 신고/납부해야 함.

※ 자금계획표에 반드시 반영해 둘 것.

4. 지방세

① 지방세 종류별로 신고/납부일이 다르며, 지방세별 주요 내용은 아래와 같음.

② 사업초기 또는 영세한 중소기업의 경우 그 금액이 그리 크지 않아서, 자금계획 수립 시 큰 변수는 아님.

구분	신고/납부일	세율 등
취득세	– 건물, 부동산 등 취득일 기준 30일 이내	– 2~10%
등록세	– 재산권 및 기타 권리의 취득, 이전, 변경, 소멸 등의 등기 신청서 접수일	– 세율 또는 정액으로 부과
지방 소득세	– 소득세와 동일	– 10% – 소득세 신고 시 자진 신고/납부
자동차세	– 1기: 6/16~6/30 – 2기: 12/16~12/31 – 연(年) 납부액을 3,6,9,12월에 1/4씩 분납 가능 – 1년치 일시납: 10% 세액공제 적용받음	〈부과기준〉 – 승용차: 자동차 배기량 – 승합차: 승차 인원 – 화물차: 적재량
재산세	– 건축물: 7/16~7/31 – 토지: 9/16~9/30 – 주택: 연(年) 두 번 분할 납부 (제1기분) 7/16~7/31 (제2기분) 9/16~9/30 (세액이 20만 원 이하이면 1기에 일시납)	〈부과 기준일〉 6월 1일 〈과세표준〉 – 주택: 공시가격×60% – 건축물: 시가표준액×70% 〈세율〉 – 건축물: 0.25% – 주거지역 등 공장: 0.5% – 주택: 0.1~0.4% (누진세율 적용) – 오피스텔: 0.25% – 별장, 골프장: 4%

■ 기타

여러분 회사에 해당되는 세금의 신고/납부 마감일을 Routine Work Sheet에 모두 기재해 두자. 그리고 이렇게 Routine Work Sheet에 기재되어 있는 납부 대상 세금을 매월 또는 매분기 자금계획표에 꼭 반영하도록 해서 납부를 누락시키지 않도록 하자.

"단순한 실수로 납기일을 어겨서 지출하는 가산세만큼 아까운 것도 없다!"

1~2장 정리

1장에서는 절세방법에 대해서 알아보았는데, 이와 관련해서 필자는 절세에 대한 환상에서 벗어나라고 하였다. 절세와 관련된 특별한 세법지식이나 대단한 테크닉은 없기 때문이다. 절세방법은 다음 3가지, 아주 평범한 방법만 있다. 첫 번째는 납기일을 놓치는 실수를 없애서 본세(本稅)만 납부하는 것이며, 두 번째는 내가 부담해야 할 세금만 납부하는 것으로서, 이를 위해서 본인의 소득을 정확히 신고하고(소득세), 부가가치세 신고와 관련된 오류를 없애는(부가가치세) 것이었다. 끝으로 세 번째는 공제, 감면 내용을 빠뜨리지 않는 것으로, 이와 관련해서 세무사 등 외부인에게 100% 의존해서는 안 되며 각자 본인의 회사에 해당되는 내용을 틈틈이 파악하는 노력을 기울여야 한다.

2장에서는 회사에서 주로 발생하는 세금에 대해서 간략히 알아보았다. 대부분의 회사에 해당되는 주요 세금은 소득세, 부가가치세, 법인세, 지방세, 이렇게 4가지다. 만일 여러분의 회사가 외부기장을 하고 있다면 상기 세금과 관련하여 세무사 측에서 잘 검토해 주기 때문에 별 문제는 생기지 않는다. 그러나 만일 자체 기장을 할 경우에는 본 업무를 회사 실무자에게만 100% 맡기고 사장님이나 경영진 등이 일체 무관심을 보이는 것은 곤란하다. 세금신고의 구체적인 실무는 모르더라도 각 세금의 신고 및 납부일 정도는 모두 다 알고 있어서 최소한 신고/납부일을 놓쳐서 가산세와 가산금을 납부하는 일은 없어야 할 것이다. 상기 세금납부액을 매월 또는 매분기 자금계획표에 반드시 반영해서, 이와 관련해서 허둥대거나 불이익을 당하는 일이 없도록 예방하자.

3장. 분식회계 어떻게 방지할까?

■ 왜 분식회계를 하는가?

우리는 앞에서 '이해관계인'에 대해 학습하였는데, 이러한 다양한 이해관계인들에게 우리 회사를 예쁘게 보이기 위해서 분식회계를 한다.

✎ 참고하기_ p.12 재무제표: 이해관계인

분식회계는 명백히 불법이고 하면 안 되는 일이지만, 과연 얼마나 많은 사장님들이 이에 대해서 당당할 수 있을지 의문이다. 이 책을 읽으시는 여러분들은 분식회계는 절대 하지 마시길 바란다.

우리는 분식회계의 유형과 방법을 알아봄으로써 혹시라도 우리 회사가 분식회계에 연루되지 않도록 대비할 필요가 있다. 또한 분식회계와 관련하여 회계상 거래가 어떻게 재무제표에 영향을 미치는지, T자분개에 따라서 재무제표가 어떻게 변하는지, 원가라는 것이 얼마나 중요한지에 대해서 보다 명확히 이해하기 위해 이 장을 공부하기로 한다.

■ 분식회계는 어떻게 하는가?

우선 아래의 재무상태표와 손익계산서를 살펴보기 바란다. 이 재무제표에서 파란색으로 표시되어 있는 계정과목들이 어떻게 분식회계되는지에 대해서 간략히 알아보겠다.

재 무 상 태 표

계정과목	
자산	**145,090,000**
현금과 예금	133,990,000
외상매출금	
대손충당금	
가지급금	10,000,000
재공품	
제품	
장기금융상품	
유형자산	
개발비	
기타자산	1,100,000
부채	**100,100,000**
외상매입금	100,000
미지급금	100,000,000
단기차입금	
판매보증충당금	
기타부채	
자본	**44,990,000**
자본	50,000,000
미처분이익잉여금	-5,010,000
기타자본	

손 익 계 산 서

계정과목	
매출액	
매출원가	
매출이익	
판매관리비	**5,010,000**
급여	5,000,000
감가상각비	
경상개발비	
대손상각비	
기타비용	10,000
영업이익	**-5,010,000**
은행이자 등	
경상이익	**-5,010,000**
법인세	
당기순이익	**-5,010,000**

1. 가지급금

회사의 사장님이나 직원들이 업무상 가불을 종종 하게 되는데 가불이 빨리 정산되지 않는 경우가 많으며, 심한 경우에는 마치 자금을 장기 대여한 것처럼 전혀 정산을 하지 않는 등 악용하는 사례가 심심찮게 발생한다.

이런 경우 세법에서는 법인이 사장님 등 특수관계자[2]에게 무상으로 금전을 대부한 경우로 간주하여 적정한 이자[3]를 회사의 수익으로 처리하게 되어 있다. 이는 '세무조정' 사항으로, 회계결산한 재무제표에 이 금액을 반영하는 것은 아니고, 법인세 금액을 계산할 때만 이렇게 처리한다.

2 특수관계자: 특수관계자의 정의는 법에 따라 조금씩 다르게 정의되어 있지만 이 책에서는 법인의 임원, 사용인, 주주 또는 그 법인의 계열회사와 그 임원을 말하고 있다.

3 적정한 이자: 당좌대출 이자율 또는 가중평균 차입이자율.

위의 재무상태표처럼 '가지급금'이라는 계정과목에 금액이 있으면, 이는 100% '세무조정' 대상으로, 이에 해당하는 금액만큼 법인세를 더 납부해야 한다. 그래서 마음이 검은 사장님들은 이 경우 법인세를 절감하기 위해서 아래와 같은 분식회계를 하기도 한다.

① 가지급금 없애고 비용처리

기타비용	가지급금

→

※ 효과
① 비용 증가 ▶ 이익 감소 ▶ 법인세 감소
② 가지급금 없어짐

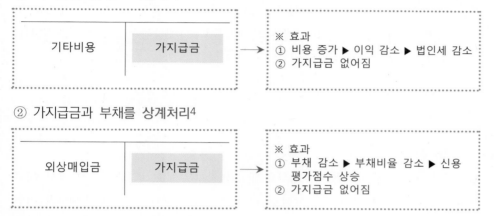

② 가지급금과 부채를 상계처리[4]

외상매입금	가지급금

→

※ 효과
① 부채 감소 ▶ 부채비율 감소 ▶ 신용 평가점수 상승
② 가지급금 없어짐

2. 재공품/제품/매출원가 조작

대부분의 회사들은 회사의 이익이 높기를 바란다. 그래서 마음이 검은 사장님들은 이를 위하여 그들이 할 수 있는 모든 방법을 사용하려고 한다. 그들은 그들의 목적을 위해 맛있는 식사 등 훌륭한 대접은 물론이고, 수단과 방법을 가리지 않고 회계사에게 과도하게 술을 마시게 해서 정상적인 회계감사를 못하게 방해하기도 한다.

아무튼 회계사들의 눈을 가리면서 그들이 시도하는 다양한 분식회계 방법 중에서 분식회계 효과 면에서 No.1이 원가를 조작하는 것으로, 이를 위하여 아래와 같은 다양한 방법이 사용된다.

4 상계처리: 법률적인 용어이지만 회계실무상으로는 자산과 부채를 서로 소멸시키는 것을 말한다.

① 원가계산 로직(Logic)을 조작해서 매출원가 투입 축소

매출원가↓	제품↓

→

※ 효과
① 매출원가 감소 ▶ 이익 증가 ▶ 신용 평가점수 상승
② 제품 및 재공품 증가(장부상 가공의 자산 존재)

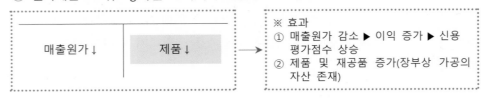

② 기말 재고자산 과대 계상. 이를 위하여 연말 재고실사 시 재고실사표를 조작하거나, 재고실사 대상인 제품과 재공품의 실제상황을 왜곡 및 조작한다.

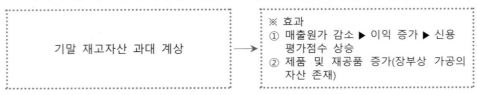

기말 재고자산 과대 계상 →

※ 효과
① 매출원가 감소 ▶ 이익 증가 ▶ 신용 평가점수 상승
② 제품 및 재공품 증가(장부상 가공의 자산 존재)

3. 유형자산/감가상각비

우리가 I. 기초만들기, 제1부. 재무회계, 2장. '재무제표: 의미와 종류'에서 예로 들었던 회사의 재무상태표를 살펴보면, 이 회사의 유형자산 금액이 900억 원임을 알 수 있는데, 이 정도 규모의 회사라면 감가상각비 계산을 조금만 다르게 해도 그 효과는 상당히 크다.

감가상각비도 비용이므로 감가상각비가 감소하면 그만큼 이익이 증가하게 된다. 따라서 마음이 검은 사장님은 이익조작을 위한 분식회계 방법으로 유형자산의 감가상각비를 건드리기도 한다.

감가상각비 계산 조작 →

※ 효과
① 감가상각비 감소 ▶ 이익 증가 ▶ 신용 평가점수 상승

4. 개발비/경상개발비

회사의 연구개발활동과 관계된 비용을 개발비와 경상개발비 중에서 어떤 계정과목을 사용할 것인가를 선택하는 문제는 결코 단순하지 않다.

왜냐하면 첫째, 그 구분이 다소 모호한 점이 있기 때문이며, 둘째, 선택의 결과에 따라 회사의 이익률이 크게 변할 수 있기 때문이고, 셋째, 연구개발에 사용된 금액의 과소 여부는 회사평가와 관련된 아주 중요한 지표이기 때문인데, 특

히 R&D 전문기업이나 벤처기업의 경우에는 더욱 그러하다.

이 때문에 많은 회사들이 회계감사를 받을 때 이 문제로 회계사와 종종 대립하게 되는 것이고, 그래서 필자는 회계사와 미리 상의해야 하는 내용으로 이 책 앞에서 '개발비' 문제를 언급했던 것이다.

✎ 참고하기_ p.68 연구개발비/개발비/경상개발비

■ 다른 분식회계 유형

위에서 언급한 것 이외에도 분식회계는 다양한 방법이 사용될 수 있는데, 이러한 분식회계는 대부분의 회사에서는 이익을 증가시키기 위한 목적으로 시도하지만, 일부 우량한 회사에서는 이익을 감소시키기 위한 목적으로도 시도한다. 몇 가지 분식회계 방법을 더 소개하면 아래와 같다.

부실채권이기 때문에 100% **대손처리**[5]하거나 최소한 일부 금액이라도 대손충당금을 설정해서 매출채권 금액을 축소시켜야 함에도 불구하고 비용(대손상각비) 증가로 인한 손익 악화가 싫어서 서류 조작 또는 근거가 빈약한 논리를 개발하여 회계감사 기간 내내 설득을 넘어선 협박, 간청 등을 하기도 한다.

이보다 더 심하게 매출채권을 조작하는 방법은 다음 연도 매출액을 올해 매출액으로 앞당겨 잡거나, 신용장 위조 등으로 원래 없는 거래를 올해 매출액으로 조작해서 만드는 경우이다.

또 다른 사례는 앞서 '가지급금'의 경우와 동일한 방식으로, 회사의 부채비율을 낮추기 위해서 각종 부채와 자산을 상계하는 방법이다. 이렇게 할 경우 부채와 자산의 실제 금액과 차이가 날 것은 자명한 이치다. 이러한 부정행위나 착오를 없애기 위해서, 회계감사를 시작하기 전에 거래처에 '잔액확인서'를 보내는 것이다.

✎ 참고하기_ p.47 예적금 잔액증명서/거래처 잔액증명서

---

5 대손처리: 부실채권을 없애면서 '대손상각비'로 비용처리하는 것을 말한다.
✎ 참고하기_ p.175 대손충당금

그런데 이렇게 잔액확인서를 보내는데 어떻게 분식회계가 가능할까 의문이 들 것이다. “뛰는 놈 위에 나는 놈 있다!”
이 밖에도 상상을 초월하는 분식회계 방법이 있다. 아무튼 어떻게 이런 일이 가능할까?
「기생충」이라는 봉준호 감독의 영화를 보신 분이 많으실 것이다. 인간은 궁지에 몰리거나 살짝 정신이 이상해지면, 세상의 그 어떤 일도 아무렇지 않게 하기도 한다.

3장 정리

이 장에서는 여러 가지 분식유형을 살펴보았다. 분식회계를 방지하기 위한 목적과 함께, 회계에 대한 이해도를 더욱 높이기 위해서 천천히 생각하면서 읽어 보기 바란다. 계정과목이 변경되면 손익과 법인세에 어떤 영향을 주는지를 곰곰이 생각하다 보면 회계학에 대한 감(感)을 더욱 빨리 찾을 수 있을 것으로 생각한다.

제 3 부

원가계산

1장. 원가계산: 사장님도 이 정도는 알아야 한다

이 장을 읽기 전에… 이 장의 내용은 처음 읽을 때는 이해가 잘 안 될 수 있다. 사장님이 100% 다 알 필요는 없으니 최대한 집중해서 읽기는 하되, 잘 이해가 안 되는 내용은 무시하면 된다.

■ 원가계산이란?

원가계산이란, 말 그대로 원가를 계산하는 것으로 이에 대해서는 특별한 설명이 필요 없다.

그렇다면 원가는 무엇인가? 회계학에서 말하는 원가는 판매하는 제품을 만드는데 사용된 금액 또는 판매하는 상품을 구입하기 위해 지불한 금액을 말한다. 여기서 우선 확실하게 구분해야 할 것이 있다. 일반인들은 혼용해서 사용하지만 회계학에서는 제품과 상품을 엄격히 구분한다.

제품: 회사가 <u>만들어서</u> 판매하는 물건 상품: 회사가 <u>구입해서</u> 판매하는 물건

이렇게 제품과 상품이 확실하게 구분이 되었으면, 이제부터 원가에 대해서 알아보자. 우선, 제품원가는 제품을 만드는데 사용된 금액으로, 재료비, 노무비, 제조경비, 이렇게 3가지로 구분한다. 반면 상품원가는 상품을 구입하면서 지불

한 금액으로, 제품원가처럼 재료비, 노무비, 제조경비로 구분할 필요가 없는 경우이다.

위의 설명처럼 상품의 원가는 단순하다. 상품을 구입하면서 지급한 금액으로, 특별한 계산도 필요 없고, 원가를 세부적으로 분석할 필요도 없다. 반면 제품의 원가는 좀 복잡하며, 회사의 상황에 따라 다양한 원가 계산법이 존재한다. 제품원가는 재료비, 노무비, 제조경비, 이렇게 3가지로 구분해서 원가를 계산하고 있다.

제품제조원가[1]: 재료비, 노무비, 제조경비, 이 3가지로 구성되어 있다.

■ 원가와 비용은 다른가?

결론부터 말하면 완전히 다르다. 이에 대해 회계학 책들마다 다양한 방법으로 설명을 하고 있지만, 이 모든 것은 무시하고 아래와 같은 사례를 바탕으로 단순(Simple)하게 개념을 정립하기 바란다. 약간의 왜곡과 논쟁거리는 존재하지만 여러분에게 이런 것은 전혀 중요하지 않다.

〈사례〉

우리 회사는 우리 회사공장에서 스마트폰을 생산하고 있는데, 재료비와 생산직 직원의 급여, 전기료 등 공장에서 생산활동과 관련하여 발생한 제조경비가 지난달에 1억 원이 발생했다.

최근에 주문이 폭주해서 우리 회사공장만으로는 주문량을 다 맞출 수 없어서 지난달에도 외주 생산업체를 활용한 외주생산을 했는데, 이와 관련해서 지난달에 외주비로 5천만 원을 지불했다.

지난달에는 A사로부터 태블릿 완제품 50개를 구입해서 판매를 진행했는데 구입한 태블릿 50개 모두를 판매했으며 이 태블릿 50개의 구입비용은 5천만 원이 발생했다.

우리는 이 사업을 진행하면서 공장에서 근무하는 직원 외에, 다른 건물에서 일

1 제품제조원가: 제품을 제조하는 데 투입된 원가이며, 제품제조원가에 ± α(알파)를 하면 매출원가가 된다. 상세한 내용은 이 책 뒤에서 나온다.

하는 인사팀, 회계팀, 구매팀, 영업팀 등 생산활동과 관련이 없는 간접부서와 관련된 비용이 3천만 원 발생했다.

1. 제품 매출원가: (재료비＋노무비＋제조경비＋외주비) 1억 원+5천만 원
2. 상품 매출원가: (상품 구입비용) 5천만 원
3. 판매관리비: (간접부서 관련 지출비용) 3천만 원

위 금액이 손익계산서에는 아래와 같이 반영된다.

손익계산서

	매출액		
(-)	**매출원가**	상품 매출원가: ③	50,000,000
		제품 매출원가: ①+②	150,000,000
	매출이익		
(-)	판매관리비	제품 매출원가: ①+④	30,000,000
	영업이익		
(+)	수입이자		
(-)	지급이자		
	경상이익		
(-)	**법인세**		
	순이익		

■ 개념정의 명확히 하고 가자

1. 노무비: 공장 등에서 회사의 생산활동을 하는 직원에게 지급한 금액(제품매출원가에 포함됨)
2. 급여: 생산활동과 직접 관계가 없는 직원에게 지급한 금액(판매관리비에 포함됨)

   ※ 일반 사회에서는 직원에게 지급하는 금액을 노무비, 급여, 임금, 상여 등 다양하게 표현하고 있지만, 우리는 앞으로 노무비와 급여로만 단순하게 구분해서 사용하자.

3. 외주생산의 경우: 통상 재료비와 노무비는 제로(Zero)이며, 외주업체에게 지급한 외주생산비만 제품매출원가에 포함된다.

■ 원가계산이 어려운 이유와 내용

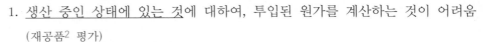

1. 생산 중인 상태에 있는 것에 대하여, 투입된 원가를 계산하는 것이 어려움 (재공품[2] 평가)
2. 투입된 원가를 제품별로 구분해서 계산하는 것이 어려움
3. 제조원가를 구성하는 재료비, 노무비, 제조경비가 생산과정 처음부터 일괄적으로 투입되는 경우도 있지만, 생산과정 중간에 복잡하게 투입되는 경우도 존재함
4. 원자재의 구입 단가가 계속 변하고, 생산직 직원의 급여와 전력비 단가 등 제조를 위한 제 비용이 계속 변화하기 때문에, 단위당 제조원가[3]가 계속 변화함.

■ 원가계산: 사장님이 구체적으로 할 일은 무엇인가?

사장님은 대체로 많이 바쁘다. 이 때문에 사장님이 실무적인 내용을 지나치게 많이 알기는 어렵고 그럴 필요도 없어야 한다. 하지만 위에서 말한 것처럼 원가계산은 많이 어렵다. 이 어려운 원가계산을 실무자에게만 맡겨 놓으면 과연 괜찮을까? 원가계산과 관련해서 사장님이 반드시 해야만 하는 일은 아래와 같다.

- 원가계산방법 로직(Logic) 수립
- 원가계산결과 검증
- 원가계산결과 분석

1. 원가계산방법 로직(Logic) 수립

   회사에 유능한 회계부장이 있다면 그에게 다음과 같이 지시하라. "우리 회사에 적합한 원가계산법 하나를 선택한 다음, 우리 회사의 상황에 맞는 가장 합리적인 원가계산 로직(Logic)을 만들어서 **일까지 나에게 보고하세요". 만일 유능한 회계부장이 없거나 회계부장이 유능한지 아닌지 잘 모르겠다면, 회계사 등 외부전문가의 도움을 반드시 받도록 하라.

---

2 재공품: 재고자산 중에 제품의 제조를 위하여 재공(공사 또는 제조) 과정에 있는 것으로, 아직 판매할 수 있는 상태에 이르지 못한 것이다. 재고자산에는 원재료, 재공품, 제품이 있다.

3 단위당 제조원가: 제품 1개를 제조(생산)하는 데 투입된 원가.

자존심 따위는 버려라! 괜찮겠지, 잘 하겠지 따위의 안일한 마음도 버려라! 원가계산은 정말 중요하다. 원가계산 로직(Logic)을 회사 초기에 잘못 만들어 두면 시간이 흐름에 따라 엄청난 대형사고를 발생시킬 수도 있다.

✎ 참고하기_ p.239 원가계산 로직(Logic)이 잘못되어 있으면 생길 수 있는 대형 사고

그리고 사업하다가 만일 신제품의 추가, 생산방법의 변경 등 회사내부에 변화가 생기면 당연히 원가계산 로직(Logic)을 변경할 필요가 없는지 진지하게 검토해야 한다. 사장님이 직접 하실 필요는 없다. 회계팀장이 잘 하고 있는지 꼭 확인을 하라. 아니면 외부전문가의 도움을 받아라.

2. 원가계산 결과 검증

원가계산 로직(Logic)이 수립되고 그 **구체적인 계산법**[4]까지 결정이 끝나면 가급적 빠른 시일 내에 회사의 실제 데이터를 적용한 원가계산을 실시하고, 그 결과가 타당한지 아주 진지하고 정밀하게 검증해야 한다. 이러한 검증은 실무자들이 주관하되 그 결과를 반드시 사장에게 보고하게 하고, 바쁜 사장님이지만 이때만큼은 충분한 시간을 투자해서 같이 검증하고 고민하기 바란다.

3. 원가계산 결과 분석

원가계산 결과에 대한 검증이 끝나고 본격적으로 원가계산을 하게 되면, 당분간은 매월 원가계산을 하라. 그리고 원가계산이 끝나면 원가계산 결과를 바탕으로 회사가 현재 진행 중인 사업과 관련하여 전반적인 검토를 철저히 해야 한다. 원가계산을 시작한 초기 단계에는 매월 월(月)결산을 실시하는 것이 절대적으로 필요하다.

4 구체적인 계산법: 회사의 사정에 맞게 원가계산하는 구체적인 계산법. 사업초기에는 대부분 엑셀을 사용해서 원가계산을 하다가, 회사규모가 커지고 복잡해지면 회계 소프트웨어를 구입해서 그대로 사용하거나 회사의 실정에 맞게 수정보완을 한다. 아주 큰 회사의 경우에는 회계 소프트웨어를 별도로 자체 제작해서 사용한다. 어떤 경우이든 인간적 실수는 항상 존재하기 때문에 원가계산을 처음 세팅할 때는 지나칠 정도의 검증이 필요하다.

이 글을 읽으시는 분들 중에는 “너무나 당연한 소리를 왜 하지?” 이렇게 필자의 글에 불만을 표시하고 싶은 사장님들도 있을 것이다. 하지만 대부분의 회사는 이렇게 하지 않는다. 지극히 당연하고 그리 어려운 일도 아닌 듯하지만 행동으로 옮기는 것은 결코 쉬운 일만은 아니란 것을… 여러분이 직접 경험해 보면 알게 될 것이다.

필자는 이렇게 중요한 원가계산을 대충해도 괜찮다고 생각하는 사장님을 아직 본 적이 없다. 그러나 상당히 많은 사장님들이 실질적으로는 그들 회사의 원가계산을 대충하고 계셨다. 대충? 위에 언급한 바와 같이 체계적으로 정교하게 접근하지 않았다면 그게 바로 원가계산을 대충하고 있는 것이다. 여러분들은 원가계산을 반드시 체계적으로 준비해서 제대로 하기를 진심으로 당부한다.

■ 제조원가와 매출원가는 같지 않다?

제품 창고에 A와 B라는 2개의 제품이 있다고 가정하자.

제품 창고
A 제품 (높은 인플레이션 시기에 만든 제품)
B 제품

이 2개의 제품은 정확히 동일하다. 다만, 이 2개의 제품은 제조시기가 다를 뿐이다. A제품은 고(高)인플레이션(Inflation) 시기에 만들어진 제품이다 보니, 제품을 만드는 데 투입된 원가(제조원가라고 한다)가 높은 반면, B제품은 제조원가가 상대적으로 저렴하다.

제조원가에는 재료비, 노무비, 제조경비가 포함되어 있는데, 고인플레이션 시기이다 보니 원재료를 구입할 때 평상시보다 훨씬 비싸게 구입했고, 생산직 인건비도 자꾸 치솟았고, 공장에서 사용되는 전기료, 유류대 등도 평상시보다 훨씬 많이 발생해서 결과적으로 제조원가는 커질 수밖에 없었다.

이 경우 A제품의 제조원가가 B제품의 제조원가보다 더 높은 것은 지극히 당연한 일일 것이다. 이 경우 A제품을 팔면 A제품은 좀 더 비싸게 팔아야 하지 않을까? 왜냐하면 원가가 많이 투입되었으니까? 그런데 투입된 원가가 얼마인지, 제품별로 각각 얼마인지 구분이 가능할까?

제품 창고에 A제품만 1개가 있다고 가정해 보자. 이 경우 A제품을 판매하면, A제품의 제조원가는 곧 매출원가가 된다(이 말은 좀 왜곡된 표현이지만, 대체로 맞는 말이다. 이 표현의 옳고 그름에 대해서는 일단 관심을 가지지 말고 그냥 넘어가자).

그런데 창고에 A제품과 B제품이 각각 1개씩 있는데, A와 B 중에서 어느 제품인지 알 수는 없지만, 1개의 제품이 판매가 되었다면, 이때 이 제품의 매출원가는 얼마일까? 앞서 말했듯이 A와 B제품은 동일하기 때문에 육안으로는 구분할 방법이 없다. 따라서 판매가 된 제품이 A와 B 중에 어느 것인지 알 수 없고, 그래서 판매된 제품에 해당되는 제조원가를 알 수 없다. 이 경우 제품의 매출원가는 얼마인가?

제조원가와 매출원가가 다를 것 같다는 느낌이 오는가? 우리는 회계사 시험을 준비하거나 회계팀장이 되기 위해서 회계학을 공부하는 사람이 아니기 때문에 이 정도에서 마무리를 하는 게 좋겠다. 더 깊이 들어가서 정확히 알려면 끝도 없다.

이것저것 생각하지 말고 단순히 아래와 같이 기억하면 된다!

매출원가 = 제조원가 ± α(알파)
(알파가 0인 경우엔 매출원가와 제조원가는 같게 된다)

매출원가와 제조원가의 구분과 관련하여, 손익계산서에도 좋은 힌트가 숨어 있다.

손 익 계 산 서

2000년 1월 1일부터 2000년 12월 31일까지

계정과목		금액	
매출액			**80,928,620,888**
매출원가	①	**매출원가① = ②+③-④**	**69,900,876,065**
기초제품재고액	②	276,586,504	
당기제품제조원가	③	71,978,541,566	
기말제품재고액	④	2,354,252,005	
매출이익			**11,027,744,823**
판매관리비			**3,399,714,843**
급여		617,075,573	
퇴직급여		69,499,623	
복리후생비		338,606,890	
감가상각비		100,539,195	
세금과 공과		17,292,609	
보험료		2,356,767	
지급임차료		286,537,285	

손익계산서의 붉은색 네모 부분의 수식을 잘 살펴보기 바란다.

위에서 언급한 인플레이션이라는 극단적인 가정을 하지 않더라도 시장상황은 수시로 변하게 되기 때문에, 매출원가와 제조원가의 금액이 동일하기는 어려운 것이다.

■ 주요 원가계산법

원가계산법은 참 다양하게 존재하고, 따라서 관련 용어도 상당히 많다. 우리는 이런 것들은 모두 무시하고, 딱 4개 단어만 대충 이해[5]하도록 하자.

5 원가계산법 대충 이해: 원가를 계산하는 회계를 원가회계라고 하는데, 원가회계는 방대하고 아주 어려운 분야이다. 이 책의 범주를 넘어서는 것이고 간단히 몇 줄의 설명으로 제대로 이해할 수 없다. 남들과 대화하는 데 불편함이 없을 정도를 목표로 하자.

□ 생산형태 또는 원가의 집계방법에 따른 구분

1. 개별원가 계산법

조선업, 항공기산업 등과 같이 각 제품별로 크기, 형태 등이 다르고 각 제품별로 투입되는 원재료, 노동력, 제조경비를 구분할 수 있는 경우에 적용되며, 각 제품별로 제조원가를 집계하여 제품원가계산을 한다.

2. 종합원가 계산법

시멘트, 정유업, 반도체 등과 같이 동종 제품을 하나 또는 여러 개의 제조공정을 거쳐서 대량 생산하는 경우에 적용되며, 개별 제품별로 제조원가를 집계하여 원가계산을 하는 개별원가계산법과는 달리, 제조공정별로 제조원가를 구분하여 원가계산을 하는 복잡한 원가계산법이다.

□ 기타 구분

1. 표준원가 계산법

직접재료비, 직접노무비, 제조경비에 대하여 미리 설정해 둔 표준원가를 이용하여 제품원가를 계산하는 방법이다.

2. 실제원가 계산법: 원가요소별로 기말에 집계된 실제원가를 이용하여 제품원가를 계산하는 방법이다.

2장. 판매관리비 & 노무비 & 제조경비

■ 판매관리비

판매관리비는 판매와 기타 관리를 위하여 지출되는 비용으로 매출원가에 포함되지 않는 비용이다. 예를 들면, 마케팅 광고 비용이나 인사팀, 회계팀에게 지급한 급여 같은 것이다. 판매관리비에는 급여뿐 아니라, 여비교통비, 통신비, 접대비 등 해당되는 계정과목은 다양하다. 이러한 판매관리비는 **손익계산서를 구성하는 항목이다.**

■ 노무비와 제조경비

노무비와 제조경비는 생산현장에서 생산활동과 관련하여 발생하는 비용으로, 제조원가에 포함되는 비용이다. 따라서 **제조원가명세서를 구성하는 항목**이다. 이러한 제조원가는 앞에서 배운 바와 같이 ±α(알파)를 더해서 결국 매출원가가 되고, 이는 손익계산서의 주요한 내용이 된다.
제조경비 안에도 노무비, 전기료, 통신비 등 많은 계정과목이 존재하는데 이는 판매관리비에 많은 계정과목이 있는 것과 같다. 다만, 회계학에서는 제조경비 중에 포함되는 인건비는 급여라고 표시하지 않고 노무비라는 명칭의 계정과목을 사용한다. 뒤에 나오지만, 회계학에서는 제조원가를 재료비, 노무비, 제조경비, 이렇게 3개로 구분한다.

■ 노무비와 제조경비는 회계처리가 단순하지 않아요

판매관리비는 5장에서 배운 T자분개를 통해서 손익계산서에 반영되면 그걸로 끝이지만, 노무비와 제조경비는 이렇게 단순하지 않다. 노무비와 제조경비는 다른 계정과목에 영향을 주면서 매출원가를 구성하는 항목이 된다. 회계처리 과정을 통해서 이에 대해 알아보자. 우선 제조원가에는 재료비, 노무비, 제조경비, 이렇게 3가지가 있다고 했다. 이와 관련한 회계상 거래가 발생하면, 아래와 같은 형태의 T자분개를 한다.

✎ 참고하기_ p.26 재무제표 만들기

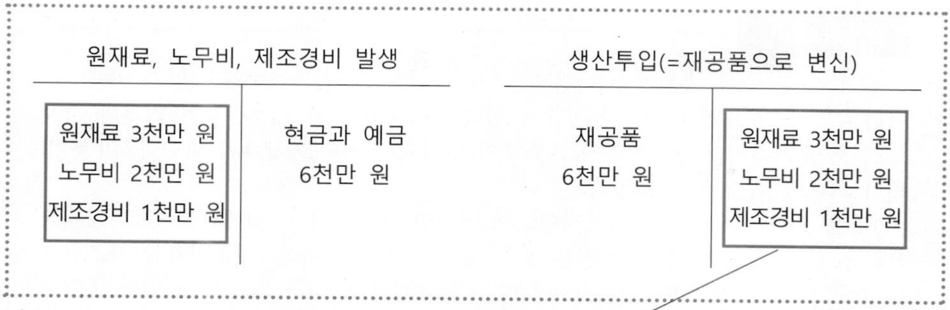

원재료, 노무비, 제조경비 발생
원재료 3천만 원
노무비 2천만 원
제조경비 1천만 원
현금과 예금
6천만 원
생산투입(=재공품으로 변신)
재공품
6천만 원
원재료 3천만 원
노무비 2천만 원
제조경비 1천만 원

원가계산할 때 이렇게 차변에 있는 금액이 모두 대변으로 이동하면서 재공품으로 변신하다. 재공품으로 변신한다는 것은 생산에 투입되어 제품으로 변해간다는 의미이다. 물론 이렇게 변신한 재공품은 원래부터 있던 것도 있고, 이번에 투입된 재공품도 있을 것이다.

이런 재공품들은 원가계산 로직(Logic)에 의해서 일부는 제품이 되고, 그중에서 판매가 된 제품은 매출원가로 변신하면서 이렇게 제품을 끝으로 생을 마감하게 된다.

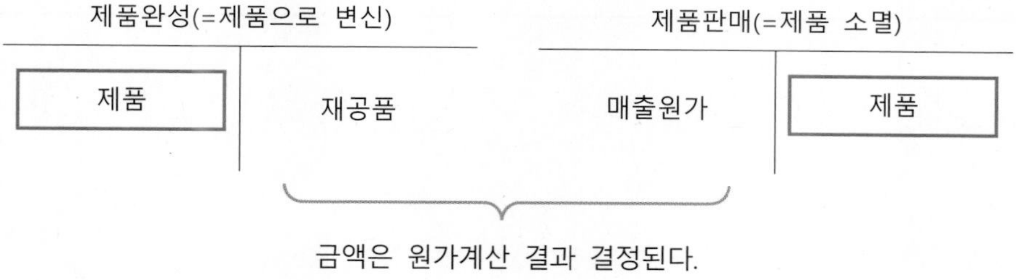

제품판매(=제품 소멸)

금액은 원가계산 결과 결정된다.

노무비와 제조경비는 재료비와 함께 제조원가를 구성하는 항목으로 원가계산을 하면서 위와 같은 회계처리가 발생한다. 손익계산서에 단순히 반영되고 그것으로 끝인 판매관리비에 비해서 관련된 회계처리가 복잡하다.

1~2장 정리

원가계산은 아주 중요하고 어려운 내용이기 때문에 좀 더 명확히 알기 위해서는 여러분 스스로 골똘히 생각할 필요가 있다. 이 책에 있는 내용들을 여러분의 시각으로 혼자 이리저리 생각하면서 스스로의 방식으로 논리를 세우기 바란다. 이를 위해서 최대한 쉽게 적어 보았다.

1장은 원가계산에 대한 기초적이고 일반적인 내용들이다. 제품과 상품은 회계적으로는 확실히 구분하는 단어라는 것을 알게 되었을 것이고, 매출원가와 제조원가는 조금 다르며, 제조원가명세서에 나오는 제조원가에 $\pm\alpha$(알파)를 한 것이 손익계산서의 매출원가이다. 이 정도만 알면 된다.

1장에서 가장 중요한 것은, 원가계산의 중요성을 인식하고 여러분도 이 책에 쓰여진 대로 원가계산을 정확히 하고 그 사후관리를 철저히 해야 한다는 사실을 명확히 인식하는 일이다.

2장에서는 일단은 노무비와 제조경비는 제조원가(매출원가)를 구성하는 항목이기 때문에 판매관리비와는 구분해서 회계처리해야 한다는 사실만 기억하면 된다. 이것들은 T자분개도 많고 복잡하라는 정도만 알면 일단은 100점이다. 알든 모르든 이 책을 끝까지 1회독 한 다음에 참고하기를 잘 따라가면서 2회독을 하고 나면, 원가란 것에 대하여 좀 더 자신감이 생길 것이라 생각한다.

지금 조금 힘들 수 있다. 여기가 고비다! 조금만 인내하며 포기하지 말고 알든 모르든 끝까지 일단 읽어라!

3장. 원가계산: 재고자산 계산에 사용되는 덧셈과 뺄셈

이제부터는 앞 장에서 언급했던 '골치 아픈 원가계산'에 대해서 이야기를 하려고 한다. 원가계산은 제대로 공부하려고 하면 상당히 어렵지만 이 책은 스타트업들을 위한 책이니까 우리는 그런 골치 아픈 내용은 건드리지 않을 것이다. 우리가 회계학을 지나치게 많이 알 필요는 없기 때문이다.

손 익 계 산 서

2000년 1월 1일부터 2000년 12월 31일까지

계정과목		금액
매출액		**80,928,620,888**
매출원가 ①		**69,900,876,065**
기초제품재고액 ②	276,586,504	
당기제품제조원가 ③	71,978,541,566	
기말제품재고액 ④	2,354,252,005	
매출이익		**11,027,744,823**
판매관리비		**3,399,714,843**
급여	617,075,573	
퇴직급여	69,499,623	
복리후생비	338,606,890	
감가상각비	100,539,195	
세금과 공과	17,292,609	
보험료	2,356,767	
지급임차료	286,537,285	
경상개발비	1,967,806,901	
영업이익		**7,628,029,980**
영업외수익		177,370,610
수입이자	177,370,610	
영업외비용		**719,084,558**
지급이자	719,084,558	
경상이익		**7,086,316,032**
법인세차감전순이익		**7,086,316,032**
법인세 비용		**0**
당기순이익		**7,086,316,032**

앞 페이지 손익계산서의 붉은색 네모 부분을 보기 바란다. 우리가 p.8에서 보았던 손익계산서에는 위와 같은 붉은색 네모 부분이 없었다. 여러분의 이해를 돕기 위해서 앞에서는 손익계산서를 단순하게 표시했었다. 그런데 일반적인 손익계산서의 모습은 지금 보고 있는 것과 같이 생겼다.

아무튼 위 손익계산서의 붉은색 네모 부분에 있는 매출원가①는 아래와 같은 방식으로 계산된 금액이다.

매출원가① = 기초제품재고액② + 당기제품제조원가③ – 기말제품재고액④

익숙하지 않은 단어이어서 조금 헷갈릴 수 있을 것 같기 때문에, 위에서 사용된 설명을 핵심 단어(keyword)로 압축한 아래 표를 다시 살펴보도록 하자.

기초 금액
\+ 당기 투입금액
– 기말 금액

당기 출고 금액 (=매출원가)

군더더기 단어들을 없애니까 훨씬 보기도 좋고 이해하기도 좋을 것이다. 회계학에서 재고자산과 관련된 계산은 모두 위와 같이 한다. 재고자산에 따라 사용되는 단어가 다를 뿐이다. 재고자산이라 함은, 원재료, 재공품, 제품, 이렇게 3가지 정도만 알면 되는데, 이러한 계정과목들은 이제는 이미 알고 있는 것들이다.

위 식을 다시 풀어서 설명하면, 원래 있던 것에 올해 추가된 것을 더한 것과, 올해 말에 남아 있는 것과의 차이가 올해 나간 금액, 즉 매출원가라는 것이다. 더 이상의 설명은 필요 없을 것 같다. 이런 식으로 매출원가를 계산하기 위해서 매년 말에 재고실사를 하는 것이다. 재고실사가 중요하다고 이 책 앞에서 말한 이유를 이제 알 것 같은가? 재고실사가 잘못되면 매출원가가 잘못 계산될 수밖에 없고, 그래서 일부 회사들은 분식회계를 위해서 재고실사를 엉터리로 하려고 노력을 기울이는 것이다.

✎ 참고하기_ p.128 기말 재고자산 과대 계상

그런데 재고실사를 수시로 하는 것은 어려운 일이다. 그래서 기말(年末)에는 이렇게 재고실사를 통해서 정확하게 매출원가를 확정하지만, 기중에는 매출원가를 회사마다 원가계산 로직(Logic)에 의해서 추정하게 되는데, 이러한 추정이 잘못되면 기말(年末)에 재고실사를 통해서 정확한 매출원가로 수정이 되는 것이다.

회계팀장은 회사의 의사(Doctor)라고 했다. 의사가 오진(잘못된 진단)을 하면 안 되듯 회계팀장이 오진을 하면 회사는 잘못된 방향으로 가게 되는 것이다. 그래서 필자는 이 책 곳곳에서 원가계산의 중요성을 강조하고 있는 것이다. 제조활동을 하지 않는 사장님과는 관계없는 사항이지만, 제조를 하시는 사장님이나 향후 자체 공장을 건립하시려고 생각하시는 분은 미리미리 원가계산에 대한 관심과 공부를 해야 하는 이유가 여기에 있다.

3장 정리

연말에 재고실사를 통해서 매출원가가 최종 확정되는데 매달 재고실사를 하기 어려우니까 연중에는 회사마다 원가계산 로직(Logic)를 만들어서 매월 매출원가를 추정하게 되는데 이러한 이유 때문에 원가계산 로직(Logic)이 중요하다. 이렇게 실제 재고조사를 하지 않고 원가계산 로직(Logic) 또는 미리 설정해 놓은 표준원가를 이용하여 제품원가를 계산하는 방법을 표준원가계산이라고 한다.

하지만 최소한 연말에 1회는 실제 재고조사를 하고 그 결과로 기말 재고금액을 확정해서 원가계산을 하게 되는데, 이때 사용되는 덧셈과 뺄셈을 이 장에서 살펴본 것이다. 우리가 앞에서 보았던 손익계산서와 제조원가명세서에서 보았던 매출원가와 제조원가는 이와 같은 계산법으로 산출된 것이다.

4장. 원가계산: 시간흐름에 따른 재고자산 변화

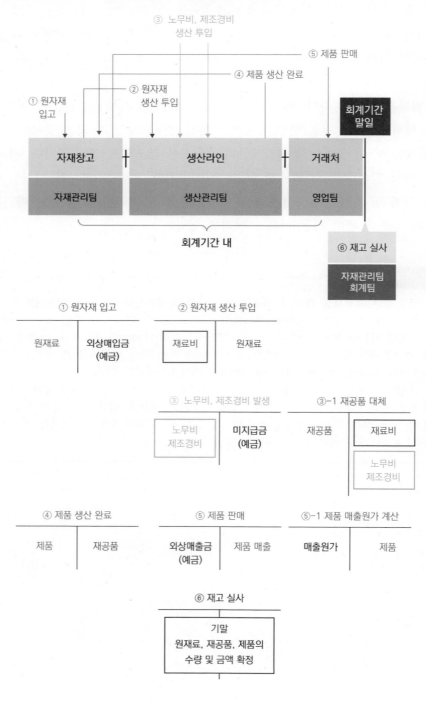

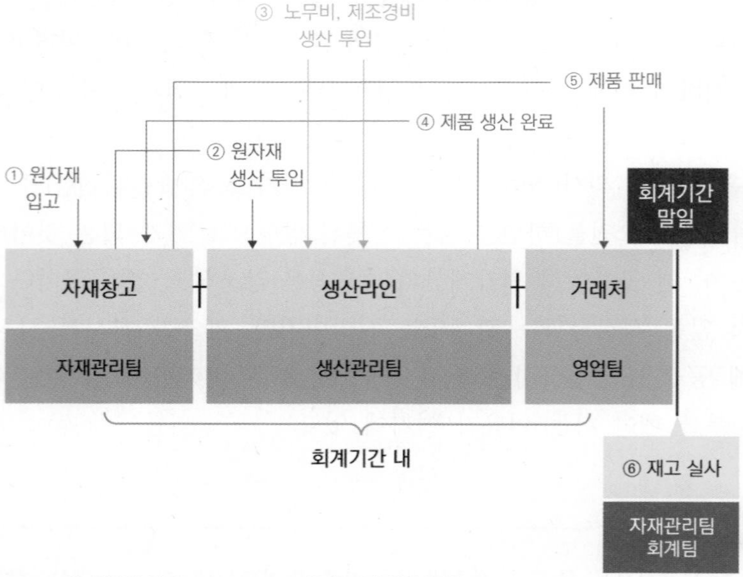

① 원자재 입고

원재료	외상매입금 (예금)

② 원자재 생산 투입

재료비	원재료

③ 노무비, 제조경비 발생

노무비 제조경비	미지급금 (예금)

③-1 재공품 대체

재공품	재료비 노무비 제조경비

④ 제품 생산 완료

제품	재공품

⑤ 제품 판매

외상매출금 (예금)	제품 매출

⑤-1 제품 매출원가 계산

매출원가	제품

⑥ 재고 실사

기말
원재료, 재공품, 제품의
수량 및 금액 확정

시간의 흐름에 따른 **재고자산**[6]의 생성과 변화, 소멸을 위에서 간략하게 정리해 보았다. 이러한 재고자산의 변화와 관계되는 부서명도 기재했고, 이러한 변화들을 우리가 이미 배운 T자분개로 정리해서 회계적 관점에서 이해가 보다 선명하게 했다.

위 그림을 번호 순서대로 천천히 따라가면 이해하는 데 큰 어려움은 없을 것으로 생각되지만, 아래에 간략하게 부연설명을 하도록 하겠다.

우선 당부하고 싶은 점은?

내용은 별로 어려울 게 없는데, 글로 쓰다 보니까 무려 1.5페이지 정도가 되어 읽기가 좀 귀찮을 수 있을 것이다. 하지만 인내를 가지고 천천히 읽어 보기 바란다. 어쩌면 이번 한 번 읽는 것이 처음이자 마지막일 수도 있다. 흐름을 이해했으면 앞으로는 다시 읽을 필요가 없기 때문이다.

① 원자재(원재료)가 자재창고에 **입고**[7]가 되면 T자분개는 차변에는 원재료, 대변에는 외상매입금이 된다. 물론, 예금통장에 있는 돈으로 즉시 지급했다면, 대변에는 외상매입금이 아니라 예금이 될 것이다.

② 자재창고에 있던 원재료가 생산관리팀의 지시를 받고 생산에 투입되면, 투입된 원재료는 이제부터 원재료라 부르지 않는다. 회계상으로는 이제 원재료는 사라졌으며 이것은 제조를 위한 제조원가로 변신하였다. 원재료가 사라졌으므로 대변으로 가고, 새롭게 제조원가로 변신한 원재료 금액은 재료비라는 계정과목으로 차변에 기입하면 된다. 당장에는 외워지지 않겠지만, 항상 반복적으로 똑같이 일어나는 T자분개이니까 몇 번 보다 보면 자연스럽게 외워진다.

③ 생산관리팀의 지시로 생산직 인력이 생산활동에 투입되는데 이것을 노무비라고 하고, 생산을 위해서 전기료 등 여러 가지 비용이 발생하는데 이렇게 제조를 위해서 투입된 비용을 회계학에서는 제조경비라고 부른다.

✎ 참고하기_ p.32

아무튼 이렇게 발생한 노무비와 제조경비는 통상 후불로 결재하므로 대변

---

6 재고자산: 원재료, 재공품, 제품을 통칭하여 재고자산이라고 한다.

7 입고: 자재창고에 원자재 등 재고자산이 들어오는 것을 말한다. 회계학에서는 '입고'라고 표현하며, 앞으로 이 단어를 자주 만나게 될 것이다.

에는 미지급금으로 회계처리를 하게 될 것이고, 만일 예금에 있는 돈으로 바로 집행했다면 대변에는 예금이 될 것이다.

③－1 생산라인에 투입된 노무비와 제조경비는 월(月)회계결산 과정에서 100% 재공품으로 대체된다. 이에 대한 설명은 본 책의 범위를 벗어나므로 상세한 설명은 생략하기로 한다. 일단은 회계결산 및 원가계산 과정에서 상기 T자 분개와 같이 100% 재공품으로 대체된다고 알고 있으면 된다.

④ 생산라인에서 제품을 완성하게 되면, 제품이라는 자산이 증가했으니 차변에 제품을 넣어 주면 되는데, 이렇게 제품이 생긴 결과로 생산라인에서 생산 중이던 뭔가가 감소했을 것인데, 회계학에서는 생산라인에서 생산 중이던 뭔가를 재공품이라고 부른다. 따라서 차변에는 제품이고, 대변에는 감소한 재공품… 이렇게 회계처리를 하면 된다.

⑤ 영업팀이 영업을 잘 해서 제품이 판매가 되면 제품 자재창고에 있던 제품은 더 이상 우리 회사에는 없고 이제 우리 회사의 자산도 아니다. 이때 회계처리를 하면 제품, 즉 자산이 감소한 형태이니까 대변에는 제품이 온다. 판매대금은 바로 받았거나 또는 외상으로 팔았을 것이다. 그 거래에 맞게 차변에 해당 계정과목을 넣어 주면 된다.

⑤－1 매출이 발생했으니까 당연히 거기에 대한 원가를 회계처리해야 할 것이다. 제품이 없어지면서 동일한 금액만큼 매출원가가 차변에 발생하게 된다. 제품의 판매가 이뤄지면 제품매출 T자분개 작성과 함께, 마치 한 세트처럼 매출원가 T자분개를 하면 된다.

⑥ 재고실사를 매월 말일에 하기는 현실적으로 어렵기 때문에 통상 연말에 한 번 실사를 하고, 이때 기말 원재료, 기말 재공품, 기말 제품의 수량 및 금액을 확정하게 된다. 기중에는 표준원가계산법 등 회사에 적합한 원가계산 로직에 의해 원가계산을 하다가 기말에 재고실사를 통해 확정된 재고자산과의 차액을 원가 또는 비용에 ±하게 된다.

5장. 원가계산 로직(Logic)이 잘못되어 있으면 생길 수 있는 대형 사고

진공청소기를 만드는 회사가 있다고 하자. 이 회사의 업무 흐름 및 이에 따른 T자분개는 아래와 같을 것이다. 회사에 따라서 업무흐름이 조금 다를 수도 있고, 이 때문에 T자분개도, 원가계산도 조금 다를 수 있다. 하지만 그 근본내용은 동일하다. 사소한 차이는 무시하기로 하자. 지금 여러분에게 이런 것은 중요하지 않다!

■ 업무흐름 및 T자분개

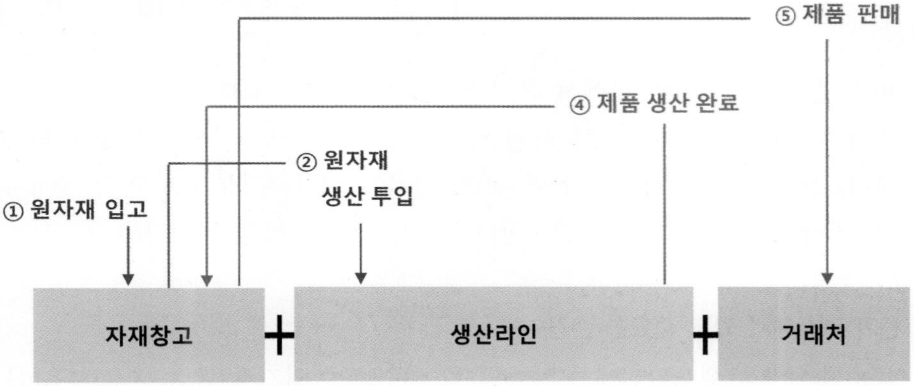

1. 진공청소기를 만드는 데 필요한 원자재(회계상으로는 원재료라고 표현한다)를 주문해서 창고에 입고(入庫)하였다.

원재료	외상매입금

← 외상으로 샀으면 외상매입금
현금으로 샀으면 현금과 예금

2. 생산에 필요한 원자재(원재료)가 원자재 창고에서 생산라인으로 이동되어 생산에 투입되었다.

재공품	원재료

← 원재료라는 자산이 감소했으니 대변
재공품이라는 자산이 증가했으니 차변

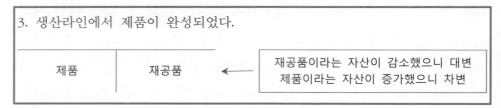

3. 생산라인에서 제품이 완성되었다.

제품	재공품

← 재공품이라는 자산이 감소했으니 대변
제품이라는 자산이 증가했으니 차변

4. 제품이 판매되어 제품창고에서 나갔다.

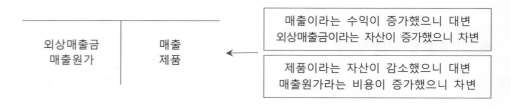

외상매출금 매출원가	매출 제품

← 매출이라는 수익이 증가했으니 대변
외상매출금이라는 자산이 증가했으니 차변

제품이라는 자산이 감소했으니 대변
매출원가라는 비용이 증가했으니 차변

위의 T자분개는 이미 앞에서 본 적이 있다. ✎ 참고하기: p.33

위의 T자분개에 대해서 정확하게 알 필요는 없다. 대략적으로 이렇게 되는구나, 사장님은 이 정도만 알면 된다. 아무튼 위의 T자분개는 거의 공식처럼, 항상 똑같은 패턴으로 발생한다. 다만, 금액이 바뀔 뿐이다.

■ 원가 계산에서 가장 중요한 순간

위 붉은색 네모, “생산라인에서 제품이 완성되었다” 여기가 가장 중요하다. 본론에 들어가기 전에 일단 재공품에 대해서 조금 생각해 보도록 하자.

생산과정에 있는 재고자산을 회계학에서는 재공품이라고 하는데, 그 형상이 어떻든, 전체 생산과정에서 완성도가 어느 정도인지에 관계없이, 무조건 재공품이라고 한다.

이 재공품에는 원자재(재료비)와 생산직 인력의 노동력(노무비), 전기료 등 생산에 필요한 각종 경비(제조경비)가 녹아 있을 것이다.

그런데 재공품은 물체(Hardware)를 육안으로 봐서는 그 속에 포함되어 있는 재료비, 노무비, 제조경비가 얼마인지 정확히 보이지 않는다. 다르게 말하면, 재공품의 가치가 얼마인지 알 수 없다. 재공품의 가치는 원가계산 세부내역서를 통해서만 알 수 있다. 일단 재공품에 대해서는 여기까지만 이야기하고, 다시 앞에 했던 이야기로 돌아가자.

원재료는 생산라인에 투입되면서 재공품으로 이름이 바뀌는데, 이러한 재공품 중에서 일부는 제품으로 완성이 되고, 이 순간 그 금액만큼 재공품은 사라지고 제품이 생긴다.
이렇게 최종적으로 제품이 만들어졌을 때, 그 속에 들어간 재료비, 노무비, 제조원가의 합계액만큼 재공품이 사라지고 동일한 금액만큼 제품이 생겨야 하는데, 만일 이 금액이 잘못 계산된다면 어떻게 될까?

<정상적인 계산>

제품	재공품
100만 원/50개	100만 원/50개

<잘못된 계산>

제품	재공품
50만 원/50개	50만 원/50개

위의 사례를 살펴보면, 정상적인 계산에서는 제품의 1개당 가격이 100만 원/50개=2만 원인 반면, 잘못된 계산에서는 제품의 1개당 가격이 50만 원/50개=1만 원이 된다. 그 결과로, 제품이 판매되면 매출원가가 작게 표시되고, 그 차이만큼 재공품의 잔액이 커지게 된다.

혹시 지금까지의 설명을 완벽하게 이해는 못하였더라도, 원가계산이 잘못되면 그 결과로 재공품과 매출원가에 영향을 줄 수 있음은 어렴풋이 이해했으리라 생각한다. 그런데 회사의 원가계산 로직(Logic)이 많이 잘못되어 있으면 재공품과 매출원가의 오류 금액은 의외로 상당히 클 수도 있다.
만일 매출액이 년간 2천억 원 정도 되는 회사에서, 원가계산 로직(Logic)의 오류로 인해 과다 회계처리된 재공품 금액이 30억 원이라면 믿을 수 있겠는가? 믿든 안 믿든 실제 발생 가능한 일이다. 이러한 일은 결국 재공품의 가치는 눈으로 확인할 수 없고 오직 원가계산 세부내역에 의해서만 금액을 확인할 수밖에 없다는 점과 관련이 있다. 필자가 계속해서 원가계산 로직(Logic)의 중요성을 강조하는 이유를 이제는 알겠는가?

■ **사장님이 할 일?**

1. 유능한 회계팀장을 뽑아서 원가계산 로직(Logic)을 잘 만들어야 한다.
2. 유능한 회계팀장을 뽑기 전에는 회계사 등 외부 전문가의 도움을 받아서 원가계산 로직(Logic)을 잘 만들어야 한다.
3. 새로운 제품을 생산하거나 회사의 생산과 관련하여 변화가 생기면, 원가계산 로직(Logic)을 다시 만들어야 한다.
4. 원가계산이 제대로 되고 있는지 종종 확인을 하여야 한다.

4~5장 정리

만일 여러분이 현재 제조와 관계없는 일을 하고 있으며 앞으로도 계속 그럴 계획이라면 이 장은 다시 읽지 않아도 된다. 그러나 제조와 관계된 일을 하는 분은 이 장은 물론이고 이 책에 나오는 제조원가와 관계된 내용들을 가끔씩 천천히 읽어 보기 바란다. 그리고 여러분 회사의 실제 데이터에 대해서도 회계팀장에게 적극적으로 묻고 배우기 바란다.

제조를 하면서 제조원가를 모르시는 사장님은 곤란하다. 만일 여러분이 제조원가에 대해서 잘 모르거나 본인 회사의 제조원가 내용에 대해서 진지하게 관심을 갖지 않으면, 이 장에서 소개한 것처럼 어처구니없는 원가계산 오류가 발생하는 것이다.

타인에게 발생한 나쁜 일이 항상 나에게는 일어나지 않을 것이라고 그 누가 자신할 수 있겠는가? '타산지석'이라는 말도 있지 않은가?

제 4 부

마무리

1장. 회계팀장의 중요성

■ 회계팀장의 중요성

1. 의사가 실력이 없어서 오진(誤診)을 하면 어떻게 될까?

   의사의 잘못된 진단과 처방으로 환자는 많은 고통을 받게 될 것이고, 심한 경우에는 고통스럽게 죽게 될 것이다.

   회사에서 '의사'는 회계팀장이다. 회계팀장이 회사를 지속적으로 관찰하고 상세하게 분석해서 정확한 판단을 내리지 않는다면 그 회사의 미래는 장담할 수 없다.

   물론 회계팀장과 관계없이 회사는 계속 성장할 수도 있다. 하지만 회계팀장이 있는 다른 회사와 비교하면 그 회사가 더욱 빠르고 건실하게 성장할 것이다.

   국내 S그룹이 왜 현재 한국에서 1등일까? 필자는 그 주된 이유 중의 하나가 S그룹의 탄탄한 관리조직 때문이라고 확신한다.

2. 회계팀장의 마음이 검다면 회사 통장의 잔고를 어찌 믿겠는가?

   "밑 빠진 독에 물 붓기"라는 속담이 있다. "사장인 내가 꼼꼼히 챙기면 부정 따윈 사전에 막을 수 있어"라고 절대 장담하지 마라. 회사가 어느 정도 규모가 커지면 이것은 거의 불가능하다. 만일 이것을 가능하게 하려면 사장이 상당히 많은 시간을 여기에 투입해야 하거나 사장이 좋은 외부 전문가에게 이런 저런 교육을 좀 더 받아야 한다. 지금 읽고 있는 이런 유형의 책들 말고.

■ 유능한 회계팀장의 요건

1. 회계학 지식

회계학 실무를 책임지고 해야 하는 역할이니까 회계학 지식이 있어야 함은 당연하며 회계학 지식은 다다익선(多多益善), 물론 많을수록 좋다. 하지만 회사, 특히 중소기업에 적합한 회계팀장은 "좁고 깊은 지식"이 아니라, "얕더라도 넓은 지식"이 더 중요하다. 또한, 본인 지식의 부족함을 부끄러워하거나 그래서 숨기려고 하지 않고, 회계사 등 외부 전문가에게 자문하거나 스스로 학습하면서 계속 성장하려는 열린 마음(Open mind)의 소유자가 훌륭한 인재라고 할 수 있다.

✎ 참고하기_ p.45 회계결산 어떻게 하나

2. 높은 도덕성

회계는 돈과 직접적으로 관련이 있는 부서인만큼, 높은 도덕성, 쉬운 말로, 양심이 있는 사람이어야 한다. 원래부터 알고 있던 사람이 아니라면, 어떤 식이든 부정에 대한 대비는 반드시 해야 한다.

3. 충성심(Loyalty)

일을 시키지 않아도 스스로 일을 찾거나 일을 만들어서 하는 부류의 사람이 있다. 유능한 회계팀장은 이러한 사람이어야 한다. 계산기로 덧셈, 뺄셈만 할 줄 아는 사람은 유능한 회계팀장이 아니다. 일반인들이 생각하는 "경리업무"와는 질적으로 다른 일들을 회계팀장은 해야 한다. 이러한 일들을 능동적으로 하기 위해서 회계팀장은 높은 충성심(Loyalty)이 있는 사람이어야 한다.

4. 관리자 정신(Mind)

"우물 안 개구리"라는 표현도 있고, 우리는 종종 "저 사람은 시야가 좁다"라는 말을 한다. 회계학에서도 이러한 표현은 여전히 적용 가능하다, 특히 관리회계라는 측면에서는 더욱 그러하다. 바로 위에서 말한 것처럼, 단순히 덧셈, 뺄셈만 잘 하면 되는 것이 아니다. 이러한 일은 기본 중의 기본일 뿐이다. 회계원리와 각종 규정에 대한 이해, 이 또한 '필요조건'이지 '충분조건'은 아닌 것이다. 명의(名醫), 회사의 훌륭한 의사가 되려면 사장의 입장과 시각으로 회사를 현미경으로 들여다보고, 분석과 판단은 알파고[1]처럼 해야 한다.

■ **스타트업 회계팀장의 미션(Mission)**

	내용	비고
Routine	매월 결산보고서	
	– 당월 손익계산서와 대차대조표	
	– 사업계획 대비 손익 비교분석	
	– 판매단가 변동 추이 분석	
	– 재료비 변동 추이 분석	
	– 부서별 경비사용 내역	
	– 계정과목별 내역	
	– 자금수지표[2]	자금업무를 겸직하는 경우
	– 신용한도[3](Credit Line)	자금업무를 겸직하는 경우
Occasional	IPO 추진 전략 및 추진 일정표	
	세법 개정 주요 내용	
	원가계산방법의 적정성 검토/보고	
	자체공장과 외주생산의 득/실 비교	
	직원 복지향상을 위한 전략 수립	이익/법인세/회사가치 분석

아래는 필자가 재무팀장으로 일하던 시기에 회사 내용보고용으로 만들었던 자료이다. 여러분이 만일 회계 및 자금업무를 담당하는 분이라면 업무에 참고하기 바란다.

---

1 알파고: 구글 딥마인드(Google DeepMind)가 개발한 인공지능 프로그램.

2 자금수지표: 자금수지표란 자금의 흐름을 체계적으로 인식하기 위해 자금의 수입과 지출을 관리하고 통제하는 것을 목적으로 작성하는 문서를 말한다. 이 장 자금수지표 이미지 참고.

3 Credit Line: 신용한도. 은행이 일정기간을 정하여 환거래은행 또는 고객에 대해 미리 설정해 둔 신용공여의 최고한도를 말한다.

손익계산서 비교표

단위백만원

항목	2001년 1월말		2~3월 예상		2001년 예상		2001년 계획		차 이	증감율	비 고
1. 매출액	83,683	100.0	21,204	100.0	104,887	100.0	123,215	100.0	18,328	17.5%	
전화기	83,683	100.0	21,204	100.0	104,887	100.0	113,611	92.2	8,724	8.3%	
TV							9,604	7.8	9,604		
컴퓨터											
2. 매출원가											
재료비											
외주가공비											
노무비/경비											
감가상각비											
3. 매출이익											
4.판매관리비											
판매비											
일반관리비											

2020년도 부문별 예산 내역

구분	CEO	CFO	CMO	경영지원	마케팅	소계	생산관리	소계	합계
기준 인원	1	1	1	5	6	14			63
복리후생비	35,289,496	35,289,496	35,289,496	176,447,478	211,736,972	494,052,938	21,779,688	21,779,688	515,832,626
여비교통비	12,070,019	12,070,019	12,070,019	60,350,096	72,420,115	168,980,268	6,575,499	6,575,499	175,555,767
접대비	8,594,753	8,594,753	8,594,753	42,973,764	51,568,516	120,326,539			120,326,539
통신비	5,509,234	5,509,234	5,509,234	27,546,168	33,055,400	77,129,270	2,528,077	2,528,077	79,657,347
세금과공과	1,201,329	1,201,329	1,201,329	5,946,646	7,207,977	16,818,610	0	0	16,818,610
지급임차료	10,980,909	10,980,909	10,980,909	54,904,547	65,885,458	153,732,732	4,616,554	4,616,554	158,349,286

2017년 1월 자금수지 실적

백두대간㈜ (단위:백만원)

구분		금액	비고
기초 시재(A)		5,439	보통예금 5,297 / 외화예금 117 / 기타예금 24 / 현금 1
입금(B)	제품매출		
	기타	157	농심 미수금156 / 기타1
	계	157	
지출(C)	자재대		
	관세/부가세		
	급여/상여		
	외주경비		
	판관비		
	지급이자		
	투자		
	기타		
	계		
수지차(D=B-C)			
재무대책	차입		
	상환		
	계(I		
기말 시재(F = A+ D·			

Credit 현황

(단위:천원,USD)

구분		한도	사용액	사용가능액	약정기일	비고
일반대	신한은행	200,000	200,000	0		3.50%
	신한은행	800,000	800,000	0		
	하나은행	1,000,000	1,000,000	0		
	계	2,000,000	2,000,000	0		
회전대	신한은행	1,200,000	1,000,000	200,000		
	외환은행	5,000,000	2,000,000	3,000,000		
	계	6,2(				
구매자금						
	계					
Usance						
	계					
당좌대월	신한은행	1(				
	중소기업은행	1(				
	계	2(				
정책자금		71				
		47				
	계	1,1(				
	계($)					
	계(\)	9,5(				

자금운용 계획 (2017년 1월)

구분		월간 計	7월 1일 화	7월 2일 수	-	7월 14일 월	7월 15일 화
이월시재		621,317,099	621,317,099	375,843,958		347,222,045	438,222,045
수입	제품매출	500,000,000					
	수입이자	0					
	기타	0					
	기타	126,146					
	계	500,126,146	-	-		-	-
지출	수입 자재대	0					
	국내 자재대	915,200	915,200				
	관세/부가세	100,000,000					
	급여	453,175,560					
	외주경비	5,100,000					
	판관비	314,138,549				9,000,000	
	지급이자	56,180,774					
	예적금	0					
	투자	0					
	기타	131,109,190					
	계	1,060,619,273	915,200	-		9,000,000	-
수지차		-560,493,127	-915,200	-		-9,000,000	-
증자		0					

12월 계정별 내역

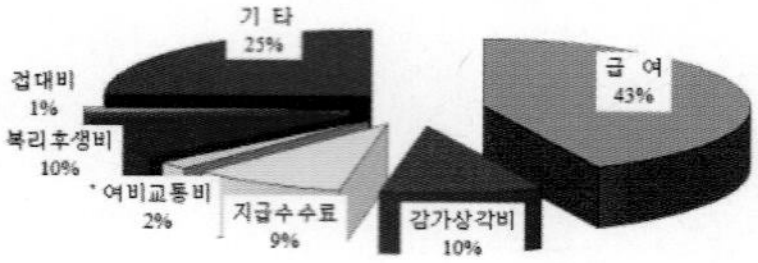

년간 판관비 누계

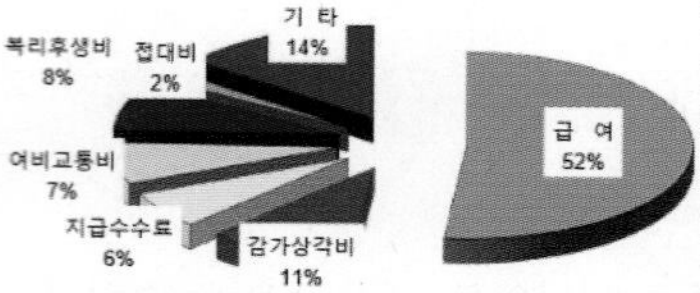

						222,045	438,222,045
						000,000	
						000,000	
이월시재	366,266,081	375,843,958	375,843,958			438,222,045	438,222,045

1장 정리

회사에서 중요하지 않은 부서는 없다. 하지만 굳이 중요한 부서 3개만 뽑으라고 한다면 필자는 회계팀을 포함시킬 것이다. 그만큼 회계팀은 중요하다고 생각한다.

이 장에서는 그렇게 중요한 부서의 책임자(Head)인 회계팀장에 대하여 이야기를 하였다. 지극히 상식적인 내용이어서 부연설명이 필요 없을 것이다.

그런데 어쩌면 여러분의 회사는 사업초기 단계이고 아직 규모가 작아서 유능한 회계팀장의 필요성을 크게 느끼지 못할 수도 있을 것이다. 하지만 매출이 증가하고 향후의 사업전망을 아주 긍정적으로 예상한다면 가능한 한 빨리 유능한 회계팀장을 채용하는 것이 좋다고 생각하며 서서히 관련 준비를 하기를 제안한다.

이와는 별도로 강조하고 싶은 것이 있다.
카리스마 있는 사장이 되고 싶으면?
회사 직원에게 가급적 약점을 노출시키지 마라.
특히 돈과 관계된 것에 그러하다.
특히 회계팀장에게 그러하다.
특히 중요한 업무를 맡고 있거나 높은 직책에 있는 직원에게 그러하다.

2장. 자신에게 필요한 회계지식을 모두 습득한 똑똑한 CEO

여기까지 이 책을 읽으신 분이라면 본인이 느끼든 아니든 회계학에 대하여 전보다 많이 유식해졌을 것이라 예상한다. 아래와 같이.

1. 나는 재무제표가 무엇인지 알고 있으며 4개의 핵심 재무제표가 각각 어떤 정보를 담고 있는지 알고 있다.
2. 재무제표의 세부내용을 구성하는 계정과목을 사전적인 개념정의는 할 수 없으나, 재무제표 이미지와 함께 내 머릿속에 이미지를 떠올릴 수 있다. 또한 20개의 핵심적인 계정과목에 대해서는 그 의미를 어렴풋이 기억하고 있다.
3. 회사에서 발생한 회계상의 거래를 T자분개할 수 있으며, 이를 바탕으로 재무상태표와 손익계산서를 만들 수 있을 것 같다. 단, 손익계산서의 매출원가는 아직까지 자세히 모르겠다. 다만, 매출원가는 제조원가와 거의 같은 금액인데 약간의 ±알파된 금액이고, 제조원가는 재료비, 노무비, 제조원가로 구성되어 있음을 알고 있다.
4. 주요 경영지표에 대해서 학습하였으며 많이 사용되는 지표는 직접 계산도 해보았다. 이제는 스스로 이러한 경영지표를 계산하고 해석할 수 있다. 이 책의 관련 내용을 참고해서 동종 업종과 비교도 할 수 있다.
5. 이러한 경영지표들은 회사가 IPO를 하거나 기타 자금조달 시 아주 중요한 측정지표가 된다는 사실을 안다.
6. 이러한 경영지표에 대해서 지속적인 관심과 노력을 기울여야 한다는 점을 알고 있으며, 그 대상과 내용이 무엇인지도 알고 있다.
7. IPO를 위하여 회사가 사전에 준비해야 할 사항과 사장인 내가 준비해야 할 일을 알고 있다.
8. 회계팀장의 주요 덕목 중 하나가 관리회계 마인드(Mind)라는 사실을 알게 되었으며, 이제는 회계팀장에게 회사 분석 및 관리를 위한 적절한 미션(Mission)을 부여하고 있다. 또한 사장인 나 역시 회계학을 바탕으로 한 관리적인 사고를 위해 노력하고 있다.

9. 법인세 및 세무조정의 기본개념을 알고 있으며 회사의 거래를 단편적으로 보지 않고, 이익, 납부할 법인세, 회사 가치, 이렇게 종합적으로 분석하게 되었다.

10. 현금흐름의 중요성을 인식하게 되었으며 매일, 매월, 매년 자금계획을 작성하고 있다.

그런데 상기 10개 항목에 대해서 여전히 자신이 없다면 아직은 이 책을 제대로 숙지하지 못한 것이다. 상기 10개 항목에 대해서 자신이 생길 때까지 이 책을 틈틈이 수회 더 읽기 바란다.

■ 이런 것도 공부해서 완벽한 CEO가 되자

사장이란 참 외롭고 힘든 자리이다. 중요한 의사결정은 온전히 사장의 몫일 뿐, 그 누구에게도 미룰 수 없다. 사장은 아무리 힘들어도 그러한 표시를 회사 직원에게 맘 편히 할 수 없다. 외부 전문가들에게 상의도 하지만, 이 역시 한계가 존재한다. 그들 대부분은 인간적이지 않고 사장에게 진심으로 대하지 않는다. 그리고 절대로 온전히 책임지지 않는다. 사장은 스스로 자기 자신을 지켜야 한다. 각자 최선을 다해서 뭔가를 해야 한다.

이런 맥락에서 이 책이 지겨워지면 아래 법들도 공부를 해보기 바란다. 사장은 사업이 번창할수록 예상하지 못했던 수많은 다양한 상황에 놓일 수 있는데, 사장이 아무것도 모르면 무엇을 물어야 하는지, 사장이 지금 전문가에게 물어야 하는 시점인지도 모르게 된다.

아래 법들 역시 제대로 공부하려면 너무나 힘들며 우리가 그럴 필요는 없다. 관계된 전문서적을 읽을 필요도 없다. 그저 각 법의 기본 조문만 1~2번 읽으면 된다. 이건 그렇게 양이 많지 않다. 이렇게라도 기본적인 지식의 틀을 갖고 있지 않으면, 사업하면서 단편적인 지식들을 아무리 입력해도 항상 혼란스럽기만 할 것이다.

각 조문의 제목 정도만 읽는다는 생각으로 대충 1~2번 가볍게 읽으면서, 궁금한 단어가 보이면 포털사이트에서 개념만 가볍게 확인하면 된다. 본문만 읽고 부칙은 읽을 필요가 없다.

- 상법: 총 935조
  - 절대 다 읽을 필요 없고 여러분에게 해당되는 것만 읽고, 관계없는 것은 건너뛰면 된다. 통상 제4장 '주식회사' 부분만 읽으면 된다(288조~542조).
- 법인세법: 총 124조
- 소득세법: 총 177조
- 증권거래법: 총 215조
- 외국환거래법: 총 32조
- 근로기준법: 총 16조
- 공정거래법(독점규제 및 공정거래에 관한 법률): 총 71조
- 하도급법(하도급거래 공정화에 관한 법률): 총 36조

Tip 모든 법은 '법-령-규칙'과 같이 3단계로 구성되어 있다. '법'에 나온 내용을 보다 상세히 규정한 것이 '령'이며, '령'에 나온 내용을 보다 상세히 규정한 것이 '규칙'이다. 여러분은 '법'만 보면 되고, 법 조문만 읽는다면 의외로 분량이 많지 않다. 위에 나오는 법은 포털사이트에서 검색하면 법제처 제공 자료를 쉽게 찾을 수 있다.

위와 같이 가볍게 한 번 읽은 것과 그렇지 않은 것은 자신감 면에서 아주 많은 차이가 날 것이다. 또한 앞으로 사업하다가 조금이라도 의심이 생기면 보다 적극적으로 관련 전문가에게 질문하는 현명한 사장님으로 만들어 줄 것이다. 시간이 날 때 최대한 편한 마음으로 가볍게 빠르게 읽어 보기 바란다. 이런 마음으로 읽는다면 그다지 힘든 일이 아니다.

〈회사 성장단계별 관련 법〉

<table>
<tr><th colspan="2">구분</th><th>내용</th><th>관련 법</th><th>비고</th></tr>
<tr><td rowspan="8">초기</td><td rowspan="3">법인설립</td><td>정관 작성</td><td rowspan="7">상법</td><td rowspan="3">법무사가 알아서 처리해 줌</td></tr>
<tr><td>이사회 구성 및 이사회 의사록 작성</td></tr>
<tr><td>주주총회 의사록 작성</td></tr>
<tr><td rowspan="3">배당금 지급</td><td>이사회 의사록 작성</td><td rowspan="2">법무사가 알아서 처리해 줌</td></tr>
<tr><td>주주총회 의사록 작성</td></tr>
<tr><td>배당금 지급방법 의사결정</td><td>현금배당, 주식배당</td></tr>
<tr><td>스톡옵션</td><td></td><td></td></tr>
<tr><td>급여/연봉체계 세팅</td><td></td><td>근로기준법</td><td>노무사의 자문을 받는 게 좋음</td></tr>
<tr><td rowspan="6">중기</td><td>세무조정</td><td></td><td>법인세</td><td></td></tr>
<tr><td rowspan="3">자본 변경</td><td>증자 및 감자</td><td rowspan="3">상법</td><td></td></tr>
<tr><td>전환사채(CB) 발행</td><td></td></tr>
<tr><td>신주인수권부사채 발행</td><td></td></tr>
<tr><td>IPO</td><td></td><td>증권거래법</td><td></td></tr>
<tr><td>종합소득세 신고</td><td>근로소득 외 다른 소득 발생</td><td>소득세법</td><td></td></tr>
<tr><td rowspan="3">기타</td><td>해외거래 발생 시</td><td></td><td>외국환거래법</td><td></td></tr>
<tr><td>하도급거래 발생</td><td></td><td>하도급법</td><td></td></tr>
<tr><td>기업규모 거대</td><td></td><td>공정거래법</td><td></td></tr>
</table>

★ 공부하는 요령

1. 각 법에 어떤 내용이 있는지를 구경한다는 맘으로 제목 위주로 가볍게 읽을 것. 조문 전체를 자세히 읽을 필요는 전혀 없다.
2. 본인 사업과 지금 당장 관련이 많은 법/조문은 일정한 주기를 정해서, 규칙적, 반복적으로 본문의 주된 내용까지 수 회 읽을 것(특히 상법!)
   - 머릿속에 어느 정도 윤곽이 잡힐 때까지.
3. 회사에게 중요하다고 생각되는 법/규정은 직원들에게 본인이 직접 교육을 실시할 것
   - 이보다 더 확실한 학습법은 없다. 이 과정을 통해서 부지불식간에 해당 지식을 본인 머릿속에 정리하게 되고, 기억도 확실하게 됨과 동시에, 본인이 얼마나 알고 모르는지 스스로 정확히 판단할 수 있게 된다.

2장 정리

부담 없이 읽을 수 있는 책을 만들기 위해서 많은 고심을 한 책이다. 자투리 시간이 날 때마다 틈틈이 읽다 보면, 자기도 모르는 사이에 내공이 몇 배 늘어났음을 발견하게 될 것이다. 그리고 이 책이 시시하게 될 것이다. 그때가 하산할 때이다. 그전까지는 이 책을 옆에 두고 종종 읽기 바란다. 아래와 같은 요령으로.

※ 2회독부터는 이렇게 책을 읽자.

1. 기본 골격을 잡는 데 중점을 두자.
2. ✎참고하기_ 를 확인하기 위해 앞/뒤로 이동하면서, 이 책에 있는 내용의 상호 연관성을 이해하면서 지식의 폭을 넓혀라.
3. 가끔씩 책을 덮고 이 책 처음부터 끝까지 목차 순서대로 머릿속으로 정리하자.
4. 단어를 외우자.

부 록

1. Q&A
2. 월별 주요 일정표
3. 찾아보기

부록1

Q&A

1. IFRS & K-IFRS

■ IFRS

기업의 회계 처리와 재무제표에 대한 국제적 통일성을 높이기 위해 국제회계기준위원회에서 마련해 공표하는 회계기준이다.

재무제표의 작성 절차, 공시 시스템, 재무 정보 시스템, 경영성과 지표, 경영 의사결정 등 기업의 전반적인 재무 보고 시스템과 회계 및 자본 시장의 감독 법규, 실무 등에 대한 국제적 기준을 규정한 IFRS는 IASC가 마련한 국제회계기준(IAS: International Accounting Standards)을 2003년부터 확대한 것으로 세계 증권시장과 투자자들이 일반적으로 사용하는 회계기준이 되었다.

우리나라는 2007년 3월 15일 '국제회계기준 도입 로드맵'을 발표하고 2009년부터 순차적으로 국내 상장기업에 도입하고 있다. 이와 관련하여 한국채택 국제회계기준(K–IFRS) 관련 개정사항이 2013년부터 순차적으로 시행되고 있다.

■ K-IFRS

우리나라는 그동안 금융감독위원회에서 제정한 기업회계기준에 따라 회계처리를 해 왔다. 그런데 국제적으로 많은 나라들이 국제회계기준(IFRS)을 채택하는 추세에 맞추어 2007년 '한국채택 국제회계기준(K–IFRS)'을 제정하였으며, 큰 회사들부터 점차 적용하고 있다.

■ K-IFRS 적용대상

구분	적용 대상
K-IFRS 한국채택 국제회계기준	모든 상장회사
K-GAAP 일반기업 회계기준	비(非)상장회사이면서 외부감사대상 회사
중소기업 회계기준	중소기업

■ K-IFRS 주요 특징

1. 원칙 중심

   기본원칙과 방법론을 제시할 뿐, 세부적인 방법과 절차를 제시하지 않는다.

2. 자산과 부채의 공정가치 강조

   K-IFRS의 공정가치란 측정일에 정상거래에서 자산을 매도하면서 수취하거나부채를 이전하면서 지급하게 될 가격을 말한다. 반면, 기존 K-GAAP에서는 역사적 원가에서 자산과 부채를 측정하였다.

3. 연결재무제표 작성이 원칙

   K-IFRS에서는 연결재무제표를 주된 재무제표로 작성하도록 요구하고 있다.

Q 2. 기술특례상장제도

2005년부터 만들어진 제도. 영업실적은 미미하나 기술력과 성장성을 갖춘 기업이 외부 검증기관 심사 통과 시 수익성 요건을 충족하지 못하더라도 상장기회를 주는 제도이다. 전문평가기관 중 2개 기관의 기술평가 결과가 일정 등급 이상일 경우 가능하다.

> ※ 기술평가기관
> (1) TCB(기술신용평가기관): 기술보증기금, 한국기업데이터, 나이스평가정보, SCI 평가정보 등
> (2) 정부산하 연구기관: 한국과학기술연구원, 한국과학기술정보연구원, 한국보건산업진흥원, 한국전자통신연구원, 정보통신기술진흥센터, 한국생명공학연구원 등 16개

※ 기술성장기업상장 특례

구분	기술성장기업	
	기술특례평가	성장성 추천
경영성과 및 시장평가 등 (택일)	자기자본 10억 원 시가총액 90억 원	
	전문평가기관의 기술 등에 대한 평가를 받고 평가결과가 A등급 ~ BBB등급 이상일 것	상장주선인이 성장성을 평가하여 추천한 중소기업일 것
최대주주 등 지분의 매각제한	상장 후 1년	

구분	일반기업 (벤처기업 포함)	
	수익성/매출액 기준	시장평가/성장성 기준
경영성과 및 시장평가 등 (택일)	① 법인세차감전계속사업이익: 20억 원 (벤처기업은 10억 원) AND 시총 90억 원 ② 법인세차감전계속사업이익: 20억 원 (벤처기업은 10억 원) AND 자기자본 30억 원 (벤처기업은 15억 원) ③ 법인세차감전계속사업이익 있을 것 AND 시총 200억 원 AND 매출액 100억 원 (벤처기업은 50억 원) ④ 법인세차감전계속사업이익: 50억 원	① 시총 500억 원 AND 매출 30억 원 AND 최근 2사업년도 평균 매출증가율 20% 이상 ② 시총 300억 원 AND 매출 100억 원 이상 (벤처기업은 50억 원) ③ 시총 500억 원 AND PBR 200% ④ 시총 1천억 원 ⑤ 자기자본 250억 원
최대주주 등 지분의 매각제한	상장 후 6개월	

기술성장기업 기술평가 및 상장예비심사 절차				
기술평가	기술평가신청 (주관사)	기술평가 (전문평가기관)	기술평가결과 제출 (전문평가기관)	예비심사 청구 (청구 예정기업)
심사	질적/양적 심사 (거래소)	전문가 회의 (거래소)	상장위원회 심의 (거래소)	심사결과 확정 (거래소)

Q 3. 사채

■ 개념

주식회사가 다수인으로부터 장기간 거액의 자금을 차입하기 위하여 발행한 증권을 말한다. 기업회계기준에는 사채에 대해서 다음과 같이 정의하고 있다.

> 사채: 1년 후에 상환되는 사채의 가액으로 하되, 사채의 종류별로 구분하고 그 내용을 주석으로 기재한다.

따라서 전년도 말에 사채로 회계처리 되어 있는 내용 중에 만기가 올해 안에 도래하는 사채가 있다면, 이것은 유동성사채 또는 유동성장기차입금 등의 유동부채로 계정재분류를 해야 한다.

사채를 발행할 때 사채발행회사는 액면가액과 다른 현금액을 수취하는 경우가 많다. 이것은 사채의 표시이자율과 시장이자율이 다를 경우 사채를 할인 또는 할증 발행하기 때문이다.

■ 사채할인발행

사채발행회사가 실제로 수령하는 금액이 사채의 액면금액보다 적은 경우를 말한다. 우리는 종종 제품을 할인(D/C)해서 판매하는 것을 보게 되는데 이는 제품이 잘 팔리지 않기 때문이다. 사채할인발행 역시 유사한 형태라고 생각하면 된다. 이렇게 사채를 할인발행하는 경우 차액(액면가－발행가)을 사채할인발행차금이라고 하며, 이는 매년 이자비용(사채이자)으로 처리한다.

사채할인발행 시 발생한 사채할인발행차금을 매년 이자비용으로 처리하는 금액은 매년 균등하게 처리하는 정액법과 유효이자율법이 있는데, 실무에서는 주로 유효이자율법이 사용되고 있다.

이 장에서는 계산이 간단하여 이해하기 쉬운 정액법을 사용하여 실제 T자분개를 해보도록 한다.

- 2011. 1. 1.에 ㈜이공제이는 2012. 12. 31.에 만기가 도래하는 사채를 발행하고 840,000원을 수령하였다.
- 액면가액: 1,000,000원
- 표시이자율: 10%

2011.1.1

현금과 예금 840,000 사채할인발행자금 160,000*	사채 1,000,000

* 1,000,000-840,000=160,000

2011.12.31

사채이자 180,000	사채할인발행자금 80,000① 현금과 예금 100,000②

① 160,000/2년=80,000
② 1,000,000×10%(표시이자율)=100,000

■ 사채할증발행

사채발행회사가 실제로 수령하는 금액이 사채의 액면금액보다 큰 경우를 말한다. 이 경우는 위 사채할인발행의 반대로 생각하면 되는데 이렇게 사채를 할증발행하는 경우 차액(발행가－액면가)을 사채할증발행차금이라고 하며, 이는 매년 이자비용(사채이자)에서 차감(－) 처리한다.

사채할증발행 시 발생한 사채할증발행차금을 매년 이자비용에서 차감 처리하는 금액은 매년 균등하게 처리하는 정액법과 유효이자율법이 있는데, 실무에서는 주로 유효이자율법이 사용되고 있다.

이 장에서는 계산이 간단하여 이해하기 쉬운 정액법을 사용하여 실제 T자분개를 해보도록 하겠다.

- 2011. 1. 1.에 ㈜이공제이는 2012. 12. 31.에 만기가 도래하는 사채를 발행하고 1,10,000원을 수령하였다.
- 액면가액: 1,000,000원
- 표시이자율: 12%

2011.1.1			2011.12.31	
현금과 예금 1,100,000	사채 1,000,000 사채할증발행자금 100,000*		사채이자 70,000① 사채할증발행자금 50,000②	현금과 예금 120,000③

* 1,100,000-1,000,000=100,000

① 120,000-50,000=70,000
② 100,000/2년=50,000
③ 1,000,000×12%(표시이자율)=120,000

■ **요약**

사채할인발행이면 액면액과의 차이를 사채할인발행차금으로 회계처리하고, 사채할증발행이면 액면액과의 차이를 사채할증발행차금으로 회계처리하면 된다. 그리고 이러한 사채할인발행차금과 사채할증발행차금을 매년 상각하면 된다. 우리는 위 사례에서 정액법을 사용했는데 유효이자율법을 사용하면, 매년 상각하는 금액은 위 정액법으로 계산한 금액과 차이가 나지만 총 금액은 동일하다.

스타트업인 여러분 회사는 당분간 사채 발행과는 관계가 없을 것이니, 이 정도만 알고 있으면 될 것이다. 다른 회사의 재무제표를 보다가 재무상태표에 사채할인발행차금이란 단어가 보이면, 사채를 발행했고 그 당시 할인발행해서 매년 할인액을 상각하고 있구나, 이렇게 이해하면 된다.

Q 4. 스톡옵션(Stock option)

■ **개념**

스톡옵션은 우리 말로 주식매입선택권이라고 하는데, 주식매입선택권이란 회사가 임직원에게 일정 기간 내에 자기회사의 주식을 사전에 약정된 가격[1]으로 일정 수량만큼 매입하거나 보상기준가격과 행사가격의 차액을 현금 등으로 지급 받을 수 있는 권리를 부여한 제도를 말한다.

1 사전에 약정된 가격: 행사가격이라 한다.

이런 설명은 너무 어렵다. 여러분이 본질을 빨리 이해할 수 있도록 약간의 과장과 왜곡을 써서 스톡옵션의 개념을 쉽게 풀이하면 아래와 같다. 아래 '관련 용어 정의' 역시 최대한 쉬운 단어를 사용해서 이해하기 쉽게 설명하도록 한다.
회사와 임직원이 협의하기를, 나중에 회사의 주가가 많이 상승할 것으로 예상되는데, 현재 예상하고 있는 미래의 주가보다 많이 저렴한 조건으로 미래에 임직원이 주식을 살 수 있는 권리를 부여한 계약을 말한다. 본 계약은 지금 계약한 조건으로 나중에 주식을 사도 되고, 아니면 주식은 사지 않고 회사와 지금 계약한 특정 금액만큼 현금 등으로 받을 수도 있다. 여러분은 이렇게 이해하면 된다.

미래의 주가가 예상대로 많이 상승해서 임직원이 주식을 사는 것이 이득일 때는 임직원은 스톡옵션을 행사해서 시세차익을 얻으면 되고, 미래의 주가가 예상보다 적게 상승해서 주식을 사는 것보다 회사에서 현금 등으로 받기로 되어 있는 조건이 더 유리할 경우에는 현금 등을 받으면 된다. 따라서 임직원은 미래의 주가와 관계없이 무조건 얼마간의 돈을 벌 수 있으며 절대 손해나는 일은 발생하지 않는다. 미래의 주가에 따라 돈을 얼마나 버느냐, 이것만 달라질 뿐이다.
회사가 이런 계약을 하는 이유는 임직원의 격려 및 유지, 유능한 직원의 스카우트 등을 위해서이다. 단, 본 계약이 유효하기 위해서 임직원은 용역을 제공하기로 한 기간 동안은 회사를 위해 일을 해야 한다.

■ 관련 용어 정의

1. 행사가격: 주식매입선택권의 권리행사를 할 때, 미래의 주가와 관계없이 임직원에게 적용되는 주식 매입가격 등을 말한다.
2. 보상원가: 회사가 임직원과 스톡옵션 계약을 하는 대가로 회사는 임직원으로부터 용역을 제공받는 것인데, 이러한 계약에 의해 임직원으로부터 제공받는 용역의 가치를 금액으로 환산한 것이다. 보상원가의 측정방법으로 공정가액접근법과 회계변수평가모형이 있는데 주로 공정가액접근법을 사용한다.

■ 회계처리

1. 공정가액접근법에 의하여 보상원가를 산정한 경우, 용역을 제공하기로 계약한 기간 동안 정액법 등 합리적인 방법으로 안분하여 매년 비용으로 인식해야 한다.
2. 보상원가의 매기(每期) 안분액(按分額)은 주식보상비용이라는 계정과목으로 회계처리를 하며, 그 성격에 따라 제조원가, 판매관리비 또는 개발비로 처리한다.
3. 본 회계 처리 시 상대되는 계정과목은 자본조정(자본) 중에 주식매입선택권이라는 계정과목이며, 용역을 제공하기로 계약한 기간이 종료되면 주식발행초과금으로 대체(상계)된다.

■ T자분개로 회계처리 확인

- 2011. 1. 1. 신주발행 형태의 주식매입선택권 900,000개를 임직원에게 부여
- 옵션의 공정가액: 1,715원(블랙－숄즈 모형을 적용함)
- 행사가격: 5,000원
- 기대권리소멸률: 3%
- 용역제공기간: 2년
- 권리행사: 2013. 12. 31(700,000개)

2011. 12. 31

주식보상비용 726,139,575①	주식매입선택권 726,139,575

2012. 12. 31

주식보상비용 726,139,575①	주식매입선택권 726,139,575

① 846,810*×1,715×1/2=726,139,575
*900,000×(1-0.03)^2=846,810

2013. 12. 31

현금및예금 3,500,000,000① 주식매입선택권② 1,452,279,150	자본금 3,500,000,000③ 주식발행초과금④ 1,452,279,150

① 5,000×700,000=3,500,000,000
② 726,139,575+726,139,575=1,452,279,150
③ 5,000×700,000=3,500,000,000
④ 726,139,575+726,139,575=1,452,279,150

■ 스톡옵션 계약 시 검토해야 하는 2가지 이슈

1. 당기 비용 증가

   공정가액접근법에 의해 계산된 보상원가의 안분액은 매기 주식보상비용으로 회계처리를 하게 되어 있다(기업회계기준 등에 관한 해석 39－35).

   위의 사례의 경우에는 주식보상비용이 2년간 14.5억 원이 발생했다. 증가된 자본금이 35억 원임을 고려할 때 증가된 비용이 차지하는 비중은 결코 무시할 수 없다고 하겠다. 스톡옵션을 통하여 임직원에게 콜옵션 기회를 주는 대신에 회사가 비용 부담을 안게 되는 것이다.

   따라서 스톡옵션 계약을 체결하기 전에 여러분 회사의 손익현황 및 기존에 수립한 사업계획을 면밀히 검토할 필요가 있다.

2. 지분 희석화

   스톡옵션의 부여 및 권리행사는 회사의 주식 수를 증가시키게 된다. 따라서 주식 수의 증가로 인해 기존 주주의 지분율이 낮아지게 된다. 스톡옵션 발행은 주주총회 특별결의 사항이기 때문에 주주의 동의를 구하는 절차는 득하겠지만, 이러한 내용을 제대로 고지하지 않으면 추후 기존 주주들의 항의를 유발할 수도 있기 때문에 반드시 기존 주주들에게 정확히 고지할 필요가 있다.

■ 중소기업 회계처리 특례

중소기업기본법에 의한 중소기업의 경우에는 상기 기업회계기준 등에 관한 해석 39－35와 관계없이 주식매수선택권이 행사되기 전까지는 상기 주식보상비용과 주식매입선택권의 회계처리를 하지 않을 수 있다(단, 주식회사의 외부감사에 관한 법률의 적용 대상 중소기업 중 상장법인, 협회등록법인, 금융감독위원회 등록법인 및 금융업을 영위하는 법인은 제외).

5. 신주인수권부사채(BW: Bond with Warrant)

■ 개념

사채를 소유하고 있는 사람이 일정한 기간에 정해진 조건으로 주식을 인수할 수 있는 권리가 부여된 사채를 말한다. 회사가 사채를 발행할 때 사채 발행을 원활하게 하기 위해서 옵션을 하나 더 부여한 사채이다. BW라고 부른다. BW, 이 단어는 외우도록 하자.

투자자 입장에서 보면 사채가 지니는 이자소득기능과 주식이 지니는 자본소득기능을 동시에 가지고 있기 때문에 투자의 안전성과 투기성을 모두 가지고 있다. 즉 신주인수권을 행사하면 사채는 그대로 사채권자에게 남을 뿐만 아니라 새로 발행회사의 주식을 취득하여 주주가 될 수 있다. 따라서 사채에 의한 이자소득과 주식에 의한 배당소득, 주가상승에 따른 이익을 동시에 꾀할 수 있는 장점이 있다.

회사의 입장에서 보면 신주인수권부사채는 더 낮은 자금조달 비용으로 자금조달이 가능하다. 왜냐하면 옵션이 하나 더 있는 관계로 일반사채 대비 표면금리가 낮게 발행되기 때문이다. 그리고 사채권자가 신주인수권을 행사하면 사채발행뿐 아니라 새롭게 신주발행을 해서 이중으로 자금조달이 가능하기 때문에 많은 자금조달이 필요한 회사일 경우 좋은 자금조달 방법 중 하나이다. 이 경우 신주발행을 통해서 자본이 증가하기 때문에 부채비율이 하락하여 재무구조가 개선되는 효과도 발생한다.

■ 신주인수권부사채와 전환사채의 차이점

사채가 신주 인수권을 보유하고 있다는 점에서 신주인수권부사채와 전환사채는 비슷한 성격을 갖고 있으나, 아래와 같은 차이점이 있다.

BW는 발행 후 일정기간이 지나면 특정한 가격[2]으로 발행주식을 살 수 있는 자격을 주는 동시에 만기까지 채권의 이자와 원금도 받을 수 있는 상품이다. 다시 말해서, 신주인수권부사채는 신주인수권을 행사하여도 사채 자체는 소멸되지 않는다. 반면, 전환사채의 경우에는 전환권을 행사하면 사채권자로서의 지위가 소멸된다.

---

2 특정한 가격: '신주인수가격'이라고 합니다.

따라서 BW는 주식상승에 따른 자본이득과 채권에서 나오는 이자수입을 다 받기 때문에 BW의 채권 표면이자율은 CB보다 낮다. 또 전환사채와는 달리 사채와 신주인수권을 일체로 혹은 별개로 나누어서 발행할 수도 있다.

■ 회계처리

1. 신주인수권부사채를 발행하는 경우 일반사채에 해당하는 부분과 신주인수권에 해당하는 부분으로 분리하여 회계처리를 해야 한다.

신주인수권부사채의 발행가액 = 일반사채에 해당하는 부분(부채) + 신주인수권대가(자본)

2. 상환할증금이 있는 경우 신주인수권부사채의 액면가액에 부가하여 표시한다.
3. 신주인수권대가의 상대 계정과목은 신주인수권조정이라는 계정과목을 사용하며, 매년 신주인수권조정을 상각하고 이자비용을 인식한다.

■ T자분개로 회계처리 확인

- 2011. 1. 1. 100억 원의 신주인수권부사채를 발행(12월 결산법인임)
- 액면가액: 10,000백만 원
- 발행가액: 10,000백만 원(액면발행)
- 신주인수권권대가: 943백만 원(계산에 의해서 나온 금액이지만, 계산법은 일단 PASS)

2011. 1. 1 (단위: 백만 원)

현금과 예금 10,000	신주인수권부사채 10,000	신주인수권부사채 10,000 발행/ 현금과 예금 10,000 증가
신주인수권조정 943	신주인수권대가 943	신주인수권대가에 대한 회계처리 (기타자본잉여금)

2011. 12. 31. (단위: 백만 원)

이자비용 1,177	현금과 예금 900	신주인수권부사채에 대한 1년분 이자 지급
	신주인수권조정 277	신주인수권조정 상각/이자비용으로 인식

2011.12.31. 재무상태표(B/S) (단위: 백만 원)

부채	신주인수권부사채	10,000
	신주인수권조정	-666
	계	9,334

→ (943-277=666)

6. 원천징수

■ 개념

소득을 지급하는 자가 소득을 지급할 때 미리 일정 세액을 징수한 후 다음달 10일에 국가에 납부하는 제도를 말한다. 이러한 제도는 조세수입의 확보와 징세비용의 절약 등의 목적으로 운용되고 실시되고 있다. 소득을 지급받는 자가 개인이면 소득세법을, 법인이면 법인세법을 적용하면 된다.

■ 원천징수 대상과 적용 세율

아래에 기재된 세율은 소득세만을 기재한 것으로 지방소득세를 아래 원천징수 세액에 대해 10%를 추가로 징수해야 한다.

1. 이자소득과 배당소득

구분	내용	세율
이자소득	비실명(非實名) 이자소득	42%(90%)
	비영업대금의 이익	25%
	위 이외의 이자소득	14%
배당소득	비실명 배당소득	42%(90%)
	출자공동사업자의 배당소득	25%
	위 이외의 배당소득	14%

※ 비실명 이자소득과 배당소득은 원칙적으로 42%를 적용하지만, 금융실명법(금융실명거래 및 비밀보장에 관한 법률)을 위반한 경우에는 90%를 적용한다.

2. 사업소득

사업소득 금액의 3%를 원천징수한다.

원천징수세액 = 사업소득 금액 × 3%

3. 근로소득

1) 상용근로자

매월 급여 지급 시 간이세액표에 의하여 원천징수하고, 다음해 2월분 급여 지급 시 연말정산한다.

2) 일용근로자

일당에서 근로소득공제(일 15만 원)을 공제한 다음 6%의 세율을 곱하여 계산된 산출세액에서 근로소득세액공제 55%를 차감한 금액을 원천징수한다.

일용근로소득은 원천징수만으로 납세의무가 종료되므로 연말정산에도 종합소득세 신고에도 본 일용근로소득은 포함되지 않는다.

원천징수세액=(일당 - 150,000) × 6% × (1 - 55%)

4. 퇴직소득

소득금액별 기본 세율을 적용한다(세액계산 방식: 연분연승법).

5. 기타소득

이자소득, 배당소득, 사업소득, 근로소득, 연금소득, 퇴직소득, 양도소득 이외의 소득으로서 상금, 사례금, 복권당첨금 등과 같이 일시적으로 발생한 소득을 말한다. 일시적으로 발생한 소득이 아니라 반복적으로 일어나는 소득이면 사업소득이나 근로소득 등으로 분류된다.

□ 기타소득의 종류

- 상금, 현상금, 포상금 또는 이에 준하는 금품
- 복권, 경품, 추첨 등에 당첨되어 받는 금품
- 저작자 외의 자가 저작권을 양도 또는 대여하고 받는 금품
- 계약의 위약 또는 해약으로 받는 소득
- 사례금
- 일시적 인적용역
- 법인세법에 따라 기타소득으로 처분한 금액
- 기타

□ 원천징수세율

종류	세율
연금계좌의 연금 외 수령	15%
종교인 소득	간이세액표
복권 당첨금, 슬롯머신 당첨금품 등	20% (3억 원 초과 30%)
봉사료	5%
이외의 기타소득	20%

원천징수세액＝(기타소득금액 － 필요경비) × 세율

□ 필요경비

기타소득일 경우 필요경비를 공제해 주는데, 필요경비는 실제 발생한 경비를 공제하는 것이 원칙이겠지만, 경비의 실제 발생 여부와 관계없이 아래 일정 %를 필요경비로 인정해 주고 있다.

구분	필요경비
공익법인이 주무관청의 승인을 받아 시상하는 상금 및 부상	80%
다수가 순위 경쟁하는 대회에서 입상자가 받는 상금 및 부상	
계약의 위약 또는 해약으로 인해 받는 주택입주 지체상금	
무체재산권을 양도 또는 대여하여 대가로 받는 금품	60%
일시적 인적용역 제공 대가	
일시적 문예창작소득	
서화 또는 골동품의 양도로 발생하는 소득	80% (10년 이상 보유 시 90%)

여러분의 회사는 대부분 '일시적 인적용역 제공 대가'와 관계된 거래가 발생할 것으로 예상되는데, 이러한 내용으로 20만 원을 지급해야 한다면, 아래와 같은 금액을 원천징수해야 한다.

원천징수세액=(200,000－200,000×필요경비율 60%)
× 22% (지방소득세 10% 포함)=17,600

(원천징수세율 20%, 본 금액의 10% 지방소득세, 필요경비율 60%)

□ 인적용역소득의 구분

구분	계약 형태	소득구분
강의료 원고료	고용관계 있음	근로소득
	프리랜서	사업소득
	일시적, 우발적	기타소득

□ 과세최저한

기타소득금액에서 필요경비를 공제한 금액이 5만 원 이하일 경우에는 원천징수하지 않는다.

따라서 지급해야 할 기타소득 내용이 인적용역 소득이고 지급해야 할 금액이 125,000원이면 원천징수하지 않고 전액 지급하면 된다.

(125,000 − 125,000 × 60%(필요경비)=50,000)

6. 비거주자 소득

비거주자의 경우 양국간에 조세조약이 체결된 경우 조약조약이 우선적으로 적용되며, 조세조약이 체결되지 않은 경우에는 비거주자와 외국법인으로 1차적으로 구분한 다음, 각 소득별로 원천징수 방법을 규정하고 있다.

현재 우리나라는 세계 주요국과는 대부분 조세조약을 체결한 상태이다. 따라서, 업무상 해외송금을 할 경우에는 반드시 해당 국가와의 조세조약 체결 여부 및 체결내용을 확인한 후 원천징수 방법을 결정하여야 한다.

여러분이 해외로 송금하는 경우는 대부분 인적용역소득이거나 사용료소득(로열티)이 될 것이다. 이 경우 반드시 양국간의 조세조약 내용을 확인해야 한다. 물론 물품구매대금은 원천징수와는 관계 없다.

■ **소액부징수**

세액이 1천 원 미만이면 세액을 원천징수하지 않는다.

Q 7. 자기주식

■ 개념

주식회사가 일단 발행한 자기회사의 주식을 매입 또는 증여에 의하여 취득한 것을 말하며, 특수한 경우[3]를 제외하고는 자기주식의 취득을 금지하고 있다.

■ 회계처리

기업회계기준은 자기주식의 취득목적을 구분하지 않고 취득원가로 자본(자본조정 계정과목)에서 차감하는 형식으로 기재하도록 규정하고 있다.

〈사례〉 액면가 5천 원의 자기주식에 대해서 아래와 같은 거래가 발생한 경우

① 자기주식 20주를 7천 원에 구입

② 자기주식 10주를 소각

③ 자기주식 10주를 8천 원에 매각

① 7천 원에 자기주식 20주 구입

자기주식 14만 원	현금과 예금 14만 원

7천 원×20주=14만 원

② 10주를 소각

자본금 5만 원 감자차손 2만 원	자기주식 7만 원

5천 원×10주=5만 원

③ 10주를 8천 원에 매각

현금과 예금 8만 원	자기주식 7만 원 자기주식처분이익 1만 원

8천 원×10주=8만 원

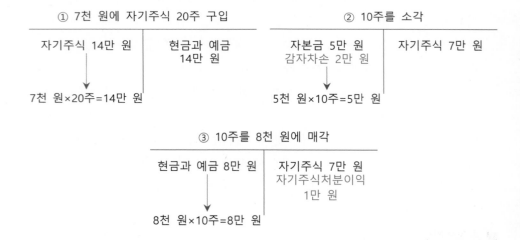

3 특수한 경우: 상법과 증권거래법의 규정에 해당되는 경우.
상법 제341조에 의한 경우는, ①주식을 소각하기 위한 경우 ②회사의 합병 또는 다른 회사의 영업전부를 양수하는 경우 ③회사의 권리를 실행함에 있어 그 목적을 달성하기 위하여 필요한 경우 ④단주를 처리하기 위하여 필요한 경우
증권거래법 제189조의 2에 의한 경우는, 주권상장법인 또는 코스닥상장법인은 당해 법인의 명의와 계산으로 유가증권시장 또는 코스닥시장을 통하거나 공개매수의 방법으로 자기의 주식을 취득할 수 있으며, 그 취득금액의 한도는 상법 제462조 제1항의 규정에 의한 이익배당을 할 수 있는 한도의 금액에서 제1호 내지 제3호의 금액을 공제하고, 제4호의 금액을 가산한 금액이다.

■ **세무조정**

주식을 소각함으로 인한 손익은 법인세법상 익금 또는 손금으로 산입하지 않는다. 따라서 위 사례의 경우, 감자차손 2만 원은 세무조정 사항이다. 즉, 회계상으로 비용처리한 2만 원을 세무상으로는 비용에서 차감한다.

Q 8. 자본잉여금

■ **개념**

주주에 의한 불입자본 중에서 자본금을 제외한 부분을 말한다. 이런 설명은 어쩌면 여러분에게 어려울 수 있다. 우선 아래 이미지를 통해 직관적으로 기억하기 바란다.

재 무 상 태 표

계정과목	금액
자산	
유동자산	
비유동자산	
부채	
유동부채	
비유동부채	
자본	
1. 자본금	
① 보통주 자본금	
② 우선주 자본금	
2. 자본잉여금	
① 주식발행초과금	
② 감자차익	
③ 기타자본잉여금	
3. 이익잉여금	
① 이익준비금	
② ---------적립금 등	
③ 처분 전 이익잉여금	
4. 자본조정	

위 재무상태표에서 보듯이 '자본'에는 4개의 항목이 존재한다.

1. 자본금: 주주가 입금한 금액 중에서 주식 액면가에 해당하는 금액
2. 자본잉여금: 주주가 입금한 금액 중에서 자본금을 제외한 금액
3. 이익잉여금: 주주와는 관계 없음. 영업활동으로 인하여 발생한 잉여금
4. 자본조정: 기타 자본

'기업회계기준에 따르면, 자본거래에서 발생한 자본잉여금과 손익거래에서 발생한 이익잉여금은 혼동하여 표시하여서는 아니된다'라고 규정되어 있는데, 이 규정은 자본잉여금과 이익잉여금을 명확하게 구분하고 있는 것이다.

즉, 손익거래에서 발생한(=회사의 영업활동으로 발생한) 잉여금은 이익잉여금이며, 이와는 관계없이(=회사의 영업활동과는 관계없이) 자본거래에서 발생한 잉여금을 자본잉여금이라고 하는 것이다. 여기서 말하는 자본거래는 증자, 감자 등이 해당되는데, 이러한 자본거래의 결과 자본금과 자본잉여금에 변화를 일으키게 된다.

기업회계기준에 따르면 자본잉여금은 다음의 3가지로 구분하여 정의되어 있다.

1. **주식발행초과금**
   주식발행가액이 액면가액을 초과하는 경우 그 초과하는 금액
2. **감자차익**
   자본감소의 경우에 그 자본금의 감소액이 주식의 소각, 주금의 반환에 필요한 금액과 결손의 보전에 충당한 금액을 초과한 때에 그 초과금액
3. **기타자본잉여금**
   자기주식처분이익으로서 자기주식처분손실을 차감한 금액과 그 밖의 기타자본잉여금

스타트업의 입장에서는 다른 자본잉여금이 발생할 가능성은 극히 낮기 때문에 주식발행초과금만 제대로 이해하면 된다.

■ 자본잉여금의 사용

자본잉여금은 배당의 재원으로서 사용할 수 없고 결손보전이나 자본전입의 목적으로만 사용할 수 있다. 이 역시 자본잉여금과 이익잉여금의 차이점이다.

9. 전환사채(CB: Convertible Bond)

■ **개념**

일정한 조건에 따라 회사의 주식으로 전환할 수 있는 권리가 부여된 사채를 말한다. CB라고 부른다. 신주인수권부사채와 많이 유사한 개념으로, 이 역시 사채 발행을 원활하게 하기 위해서 일반적인 사채에 옵션을 하나 더 부여한 사채이다. CB, 이 단어도 자주 접하게 된 것이므로 외우기 바란다.

전환사채는 일반사채 대비 표면금리가 낮게 발행된다. 그 이유는 사채가 주식으로 전환되는 권리가 부여되어 있으므로 전환권이라는 프리미엄, 즉 전환권대가가 생기기 때문이다.

하지만 전환사채가 발행된 후 주가가 전환가액보다 낮을 경우에는 사채권자는 최종 사채상환기간에 전환사채에 대한 상환을 요구할 수 았다. 이 경우 통상 사채 발행회사는 일정액의 상환 할증금을 붙여서 상환하게 된다.

■ **전환권대가**

대체로 전환사채는 일반사채보다 가치가 높게 형성된다. 그 이유는 보통주로 전환할 수 있는 권리를 보유하고 있기 때문이다. 이와 같이 전환권을 보유함으로 인해 증가된 가치를 전환권대가라고 한다.

■ **회계처리**

1. 전환사채를 발행하는 경우 일반사채에 해당하는 부분과 전환권에 해당하는 부분으로 분리하여 회계처리를 해야 한다.

전환사채의 발행가액 = 일반사채에 해당하는 부분 (부채) + 전환권대가 (자본)

2. 상환할증금이 있는 경우, 전환사채 발행 시 부채로 회계처리를 해야 한다.
3. 전환권대가와 상환할증금의 상대 계정과목은 전환권조정이라는 계정과목을 사용하며, 매년 전환권조정을 상각하고 이자비용으로 인식한다.

■ T자분개로 회계처리 확인

- 2011. 1. 1. 100억 원의 전환사채를 발행(12월 결산법인임)
- 액면가액: 10,000백만 원
- 발행가액: 10,000백만 원
- 상환할증금 있음
- 전환권대가: 718백만 원(계산에 의해서 나온 금액이지만, 계산법은 일단 PASS)

2011. 1. 1 (단위: 백만 원)

차변	대변	설명
현금과 예금 10,000	전환사채 10,000	(전환사채 10,000 발행/ 현금과 예금 10,000 증가)
전환권조정 2,404	사채상환할증금 1,686 전환권대가 718	상환할증금에 대한 회계처리(부채) 전환권대가에 대한 회계처리 (기타자본잉여금)

2011. 12. 31. (단위: 백만 원)

차변	대변	설명
이자비용 1,392	현금과 예금 700	전환사채에 대한 1년분 이자 지급
	전환권조정 692	전환권조정 상각/이자비용으로 인식

2011.12.31. 재무상태표(B/S) (단위: 백만 원)

부채	전환사채	10,000
	사채상환할증금	1,686
	전환권조정	-1,712
	계	9,974
자본	기타자본잉여금 (전환권대가)	718

→ (2,404-692=1,712)

전환사채와 관련하여 더 이상의 설명은 본 책의 범위를 벗어나므로 전환사채에 대한 설명은 이 정도로 마친다.

위 사례에서 사용된 숫자가 어떻게 계산되었는지에 대해서는 몰라도 되고, 전환사채는 상기와 같이 사채 부분과 자본 부분으로 구분해서 회계처리를 한다는 것만 알고 있으면 된다.
향후 다른 회사의 재무제표에서 사채상환할증금, 전환권조정, 전환권대가… 이런 단어를 보게 되면, 그때 다시 본 책의 이 내용을 읽어 보기 바란다.

Q 10. 주식발행초과금

■ 개념

주주가 입금한 금액 중에서 자본금을 초과한 금액이다. 통상 줄여서 '주발초'라고 한다. 이런 설명은 아는 듯 모르는 듯 아리송할 것이다. 아래의 T자분개 이미지를 통해 직관적으로 기억하도록 하자.

<액면가 5천 원 주식을 1만 원에 발행한 경우>

현금과 예금 1만 원	자본금 5천 원 자본잉여금 5천 원 (주식발행초과금)

■ 발생 이유

회사를 처음 설립할 때 주식 1주당 5천 원으로 결정을 하고 1억 원을 투자해서 회사를 만들었다면, 회사가 발행한 총 주식 수는 2만 주가 될 것이다(1억 원/5천 원=2만 주).
그런데 시간이 흐르면서 회사는 성장을 하고 회사의 가치가 증가하는 것이 일반적이다. 즉, 매출이 생기고 이에 따른 이익이 발생하면서 회사의 자본이 늘어나고, 연구개발을 통하여 회사가 보유한 특허권도 다수 있고, R&D를 성공리에 마무리해서 곧 다양한 신제품이 출시될 예정이라면, 이 회사의 가치는 회사를 처음 설립했을 때보다는 많이 높아져 있을 것이다.
이때 회사가 외부로부터 투자를 받는다면, 1주당 5천 원을 받을 수는 없을 것이다. 즉, 회사 설립할 때는 회사가치가 1억 원이니까, 총 주식수로 나누면 한 주당 5천 원이지만, 이제는 회사의 가치가 증가했기 때문에, 한 주당 금액을 상향 조정해야 하는 것이다.
이런 상황에서는 회사의 가치를 다시 계산한다. 이런 계산의 결과 만일 회사의 가치가 2배 늘어나서 2억 원이 되었다면, 이제부터 회사 주식 1주의 가치는 1만 원으로 평가받을 수 있다. 이렇게 1주당 1만 원에 투자를 받으면서 신주를 발행했다면, 신주의 발행가인 1만 원과 액면가인 5천 원의 차이가 주식발행초과금이 되는 것이다.

즉, 주식발행초과금은 투자받는 시점에서 회사의 액면가와 발행가의 차이에서 발생하는 것이며, 이는 회사의 영업활동과는 직접적인 관계없이 발생한 것이기 때문에, 기업회계기준에서는 '이익잉여금'과 구분하여 자본잉여금으로 처리하도록 하고 있다.

지금까지 설명한 내용을 숫자로 간단하게 정리하면 아래와 같다.

회사 설립 시 재무상태표

자산 1억 원	부채 0원
	자본 1억 원 (100% 자본금)

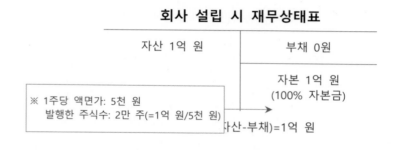

※ 1주당 액면가: 5천 원
발행한 주식수: 2만 주(=1억 원/5천 원)

자산-부채)=1억 원

투자받는 시점 재무상태표

자산 2억 원	부채 0원
	자본 2억 원 - 자본금 1억 원 - 이익잉여금 1억 원

■ 순자산(자산-부채)=2억 원
■ 1주당 가치(순자산/발행주식수)=1만 원(=2억 원/5천 주)

회사 설립시의 순자산은 1억 원이고 1주당 가치는 5천 원인 반면, 투자를 받는 시점의 순자산은 2억 원이고 1주당 가치가 1만 원인데, 제정신을 갖고 있는 회사라면 새로운 투자자에게 회사 설립 때와 똑같은 조건, 즉 1주당 5천 원에 주식을 주는 조건으로 증자를 진행하지는 않을 것이다.

Tip

1. 앞으로는 타 회사를 평가할 목적으로 그 회사의 재무상태표를 보게 되면, 꼭 자본잉여금을 확인해 보기 바란다. 동시에 그 회사가 설립한 지 얼마나 되었으며, 증자를 할 때마다 어떤 조건으로 증자를 해서 매번 자본잉여금이 어떤 식으로 증가했는지 확인할 필요가 있다.
   예쁘게 잘 성장하는 회사는 증자할 때마다 증자 조건이 좋아져서 주식발행초과금이 계속 늘어나는 것은 물론이고 그 증가 폭이 계속 커지게 된다. 우리가 알고 있는 코스닥의 황제 회사들은 모두 이런 식의 과정을 통해서 급성장했다.
2. 주식발행초과금 금액만큼 이익이 늘어나는 것은 아니다!
   주식발행초과금은 회사의 영업활동과는 관계없이 자본거래에서 발생한 잉여금으로 손익계산서와는 아무 관계가 없다. 따라서 회사의 이익과도 관계없다.
   회사의 자본은 회사 영업이익의 증가로 증가하기도 하고(=이익잉여금), 회사의 영업활동과는 무관하게(=영업이익과는 무관하게) 자본거래의 결과로 증가하기도 한다(=자본잉여금).

Q 11. 지분법

■ 개념

기업회계기준에 의하면, 중대한 영향력을 행사할 수 있는 투자주식에 대하여 지분법을 적용하여 평가하도록 되어 있다. 지분법은 지분법 적용투자주식을 취득할 때는 원가로 인식하고 취득시점 이후 발생한 지분법 피투자회사의 순자산 변동액 중 투자회사의 지분율에 해당하는 금액을 당해 지분법 적용투자주식에 가감하여 보고하는 방법이다.

쉽게 설명하면, 사장님의 회사가 삼성전자 주식의 20%를 보유하고 있다면 사장님 회사는 삼성전자에 중대한 영향력을 행사할 수 있다고 할 수 있는데, 이 경우에 삼성전자의 이익에 대해서 사장님 회사의 지분율만큼 사장님 회사의 재무제표에 반영해야 한다. 이러한 지분법 계산 결과, 요즈음의 삼성전자라면 사장님 회사의 손익계산서상 이익은 많이 증가하게 될 것이다.

■ **적용 대상**

1. 적용 대상 기업
   주식회사의 외부감사에 관한 법률의 적용 대상 기업
2. 적용 대상 주식
   ① 의결권 있는 주식의 20% 이상 보유
   ② 주식이 20%에 미달하더라도 실질적이고 중대한 영향력이 있는 경우
   ③ 상기 조건에 해당되더라도 12개월 이내에 매각할 목적으로 취득한 주식으로 적극적으로 매수자를 찾고 있는 경우는 제외

■ **적용 환율**

여러분 회사가 해외에 소재하는 지분법 평가 대상의 기업이 있을 경우 환율 적용은 아래와 같이 하면 된다.

① 자산 및 부채: 투자회사의 대차대조표일 기준 환율
② 자본: 지분 취득 당시의 환율
③ 손익 항목: 거래 발생일 환율 또는 회계기간의 평균환율 중에서 선택 적용

■ **중소기업 회계처리 특례**

중소기업기본법에 의한 중소기업의 경우에는 기업회계기준서 제15호의 규정에도 불구하고 지분법을 적용하지 않을 수 있다. 이 경우 그 내용을 주석으로 기재하여야 한다(단, 주식회사의 외부감사에 관한 법률의 적용 대상 중소기업 중 상장법인, 협회등록법인, 금융감독위원회 등록법인 및 금융업을 영위하는 법인은 제외).

■ **중소기업기본법에 의한 중소기업 요건**
(근거: 중소기업기본법 시행령 제3조. 중소기업의 범위)

가. 해당 기업이 영위하는 주된 업종과 해당 기업의 평균매출액 또는 연간매출액이 아래 표의 기준에 맞을 것
나. 자산총액이 5천억 원 미만일 것

<table>
<tr><th>해당 기업의 주된 업종</th><th>분류기호</th><th>규모 기준</th></tr>
<tr><td>1. 의복, 의복액세서리 및 모피제품 제조업</td><td>C14</td><td rowspan="6">평균매출액 등
1,500억 원 이하</td></tr>
<tr><td>2. 가죽, 가방 및 신발 제조업</td><td>C15</td></tr>
<tr><td>3. 펄프, 종이 및 종이제품 제조업</td><td>C17</td></tr>
<tr><td>4. 1차 금속 제조업</td><td>C24</td></tr>
<tr><td>5. 전기장비 제조업</td><td>C28</td></tr>
<tr><td>6. 가구 제조업</td><td>C32</td></tr>
<tr><td>7. 농업, 임업 및 어업</td><td>A</td><td rowspan="18">평균매출액 등
1,000억 원 이하</td></tr>
<tr><td>8. 광업</td><td>B</td></tr>
<tr><td>9. 식료품 제조업</td><td>C10</td></tr>
<tr><td>10. 담배 제조업</td><td>C12</td></tr>
<tr><td>11. 섬유제품 제조업(의복 제조업은 제외한다)</td><td>C13</td></tr>
<tr><td>12. 목재 및 나무제품 제조업(가구 제조업은 제외한다)</td><td>C16</td></tr>
<tr><td>13. 코크스, 연탄 및 석유정제품 제조업</td><td>C19</td></tr>
<tr><td>14. 화학물질 및 화학제품 제조업(의약품 제조업은 제외한다)</td><td>C20</td></tr>
<tr><td>15. 고무제품 및 플라스틱제품 제조업</td><td>C22</td></tr>
<tr><td>16. 금속가공제품 제조업(기계 및 가구 제조업은 제외한다)</td><td>C25</td></tr>
<tr><td>17. 전자부품, 컴퓨터, 영상, 음향 및 통신장비 제조업</td><td>C26</td></tr>
<tr><td>18. 그 밖의 기계 및 장비 제조업</td><td>C29</td></tr>
<tr><td>19. 자동차 및 트레일러 제조업</td><td>C30</td></tr>
<tr><td>20. 그 밖의 운송장비 제조업</td><td>C31</td></tr>
<tr><td>21. 전기, 가스, 증기 및 공기조절 공급업</td><td>D</td></tr>
<tr><td>22. 수도업</td><td>E36</td></tr>
<tr><td>23. 건설업</td><td>F</td></tr>
<tr><td>24. 도매 및 소매업</td><td>G</td></tr>
<tr><td>25. 음료 제조업</td><td>C11</td><td rowspan="9">평균매출액 등
800억 원 이하</td></tr>
<tr><td>26. 인쇄 및 기록매체 복제업</td><td>C18</td></tr>
<tr><td>27. 의료용 물질 및 의약품 제조업</td><td>C21</td></tr>
<tr><td>28. 비금속 광물제품 제조업</td><td>C23</td></tr>
<tr><td>29. 의료, 정밀, 광학기기 및 시계 제조업</td><td>C27</td></tr>
<tr><td>30. 그 밖의 제품 제조업</td><td>C33</td></tr>
<tr><td>31. 수도, 하수 및 폐기물 처리, 원료재생업
(수도업은 제외한다)</td><td>E
(E36 제외)</td></tr>
<tr><td>32. 운수 및 창고업</td><td>H</td></tr>
<tr><td>33. 정보통신업</td><td>J</td></tr>
</table>

34. 산업용 기계 및 장비 수리업	C34	평균매출액 등 600억 원 이하
35. 전문, 과학 및 기술 서비스업	M	
36. 사업시설관리, 사업지원 및 임대 서비스업(임대업은 제외한다)	N (N76 제외)	
37. 보건업 및 사회복지 서비스업	Q	
38. 예술, 스포츠 및 여가 관련 서비스업	R	
39. 수리(修理) 및 기타 개인 서비스업	S	
40. 숙박 및 음식점업	I	평균매출액 등 400억 원 이하
41. 금융 및 보험업	K	
42. 부동산업	L	
43. 임대업	N76	
44. 교육 서비스업	P	

Q 12. 회사가치 계산법

1. 동종업종의 회사와 비교 계산

유사 업종 회사의 순이익과 매각금액을 본인의 회사와 비교해서 대략적으로 본인 회사의 가치를 계산하는 방법이다. 물론 정확한 계산법이 아닐 뿐 아니라, 유사한 업종의 최근 매각 정보를 알 수 없다면 계산할 수 없는 방법이다.

그래서 현재 사업 중인 회사의 ROA 및 ROE와 그 회사의 현 주가정보를 바탕으로, 본인 회사의 대략적인 회사가치를 비교 계산할 수도 있다. 하지만 이 역시 정확한 계산법은 아니다. ✎ 참고하기_ p.67 ROA/ROE

2. 본인 회사의 기업가치를 직접 계산

가장 간단한 방법은 본인 회사의 장부가격으로 평가하는 것이다. 즉, 재무상태표의 순자산(자산－부채)이 본인 회사의 기업가치라고 생각하는 것이다. 이는 회사의 청산가치를 계산할 때 중소기업에서 적용하고 있는, 충분히 적용 가능한 계산방법이긴 하지만, 이 역시 아래와 같은 단점이 있어서 정확한 계산법은 아니다.

- 회사 장부에 자산으로 표시되어 있지 않은 본인 회사의 기술력과 명성 등이 누락되어 있다.
- 토지 등 유형자산이 실제 거래되는 가격이 아니고 구입할 당시의 금액이다.

그래서 전문적으로는 DCF Model(Discounted Cash Flow: 미래수익 현재가치법)을 사용해서 회사가치를 평가한다. 이 방법은 미래에 발생할 수익 등 미래의 현금흐름을 현재가치로 할인하는 방법이다.
이론적으로 타당하며 현재 가장 많이 사용하고 있는 방법이다. 상세한 내용을 사장님이 아실 필요는 전혀 없다. 물론, 사장님이 직접 하신 계산은 외부에서 인정해 주지도 않을 것이다. 회계사에게 수고료를 주고 회계사가 직접 계산한 결과에 날인을 받아야 한다. 소위 '도장 값'이 발생하는 것이다.

부록 2

월별 주요 일정표

Month	Day	신고/납부	Month	Day	신고/납부
1월	1/10	전자세금계산서 발행기한 (전월분) 원천세 신고/납부 (매월 신고하는 회사) 원천세 신고/납부 (반기별 신고하는 회사) – 전년도 하반기 (7-12월) 지급분	7월	7/10	전자세금계산서 발행기한 (전월분) 원천세 신고/납부 (매월 신고하는 회사) 원천세 신고/납부 (반기별 신고하는 회사) – 금년도 상반기 (1-6월) 지급분
	1/15	근로내역확인신고서 신고기한 (전월분) 연말정산 간소화 서비스 개통		7/15	근로내역확인신고서 신고기한 (전월분)
	1/25	부가가치세 확정신고 및 납부 과세사업자 1) 법인사업자 (전년도 10-12월) 2) 개인사업자 (전년도 7-12월) 3) 간이사업자 (전년도 1-12월)		7/25	부가가치세 확정신고 및 납부 과세사업자 1) 법인사업자 (금년도 4-6월) 2) 개인사업자 (금년도 1-6월) 3) 간이사업자 예정고지 납부
				7/31	일용근로소득지급조서 제출 (금년도 2/4분기)
2월	2/10	면세사업자 현황신고서 신고 세금계산서합계표 제출 (전년도 7-12월) 매출매입계산서합계표 제출 (전년도분) 원천세 신고/납부 (매월 신고하는 회사) 전자세금계산서 발행기한 (전월분)	8월	8/10	원천세 신고/납부 (매월 신고하는 회사) 전자세금계산서 발행기한 (전월분)
	2/15	근로내역확인신고서 신고기한 (전월분)		8/15	근로내역확인신고서 신고기한 (전월분)
	2월말	일용근로소득지급조서 제출 (전년도 4/4분기) 이자, 배당, 기타소득 지급명세서 제출		8월말	법인세 중간예납 신고/납부 (12월 결산법인)
3월	3/10	전자세금계산서 발행기한 (전월분) 원천세 신고/납부 (매월 신고하는 회사) 반기별 신고대상사업자 환급신청 근로, 사업, 퇴직소득 지급명세서 제출	9월	9/10	원천세 신고/납부 (매월 신고하는 회사) 전자세금계산서 발행기한 (전월분)
	3/15	근로내역확인신고서 신고기한 (전월분)		9/15	근로내역확인신고서 신고기한 (전월분)
	3월말	법인세신고/납부 (12월 결산법인) 공익법인보고서, 세무확인서 제출기한		9월말	종합부동산세 합산배제 및 과세특례 신고

4월	4/10	전자세금계산서 발행기한 (전월분) 원천세 신고/납부 (매월 신고하는 회사)	10월	10/10	원천세 신고/납부 (매월 신고하는 회사) 전자세금계산서 발행기한 (전월분)
	4/15	근로내역확인신고서 신고기한 (전월분)		10/15	근로내역확인신고서 신고기한 (전월분)
	4/25	1기 부가가치세 예정신고/납부 (금년도 1-3월분)		10/25	2기 부가가치세 예정신고/납부 (금년도 7-9월분)
	4/30	성실신고확인자 선임신고기한 일용근로소득지급조서 제출 (금년도 1/4분기) 법인할 지방소득세 신고/납부		10/31	일용근로소득지급조서 제출 (금년도 3/4분기)
5월	5/10	전자세금계산서 발행기한 (전월분) 원천세 신고/납부 (매월 신고하는 회사)	11월	11/10	원천세 신고/납부 (매월 신고하는 회사) 전자세금계산서 발행기한 (전월분)
	5/15	근로내역확인신고서 신고기한 (전월분)		11/15	근로내역확인신고서 신고기한 (전월분)
	5/31	해외현지법인명세서등 제출 (개인) 해외부동산취득 및 투자운영(임대) 제출 (개인) 종합(양도)소득세 확정신고/납부 (전년도분) 사업용계좌신고 (복식부기 의무자)		11/30	소득세 중간예납 납부/ 추계액 신고납부
6월	6/10	전자세금계산서 발행기한 (전월분) 원천세 신고/납부 (매월 신고하는 회사)	12월	12/10	원천세 신고/납부 (매월 신고하는 회사) 전자세금계산서 발행기한 (전월분)
	6/15	근로내역확인신고서 신고기한 (전월분)		12/15	근로내역확인신고서 신고기한 (전월분) 종합부동산세 정기고지 납부기한
	6/30	성실신고대상사업자 종합소득세 신고/납부 해외금융계좌 신고기한 원천세 반기별 납부 신청기한		12/31	원천세 반기별 납부 신청기한

부록 3

찾아보기

ㅊ

ㅌ

ㅍ

ㅎ

A

저자

이병관

고려대학교를 졸업하고
삼성그룹에 입사해서 재무팀 실무를 배웠다.
IT벤처 붐이 굉장했던 2000년 초
젊은 혈기로 대기업을 박차고 벤처행을 선택했다.
설렘과 좌절을 겪은 이후부터는
롤러코스트 같은 인생을 살았다.

중견, 중소기업의 간부 또는 임원으로
회계, 자금, 인사, 총무업무에서부터
영업, 구매, 개발, 생산에 이르기까지
회사의 직원이 되었다가 CEO가 되었다.
대학에서 강의도 잠깐
지금은 컨설팅 일을 하고 있다.

한평생 직장생활만 한 사람,
한평생 장사 또는 사업만 했던 사람,
한평생 회계사로서 전문가의 역할만 해 온 삶과는
전혀 다른 인생을 살았기에
인생역정에 있어서 이들과 차등(差等)이 있고
이러한 차이점이 지은이의 경쟁력이 되었다.
현재 스타트업 회계학에 관한 저술 및 동영상 제작을 하면서
일반 중소기업 CEO의 상담에도 응하고 있다.

저자

정원호

고려대학교를 졸업하고
한국산업은행에 입행하여 국제업무부, 자금거래실, 금융공학실 등을 거치며
재무관리, 회계, 자금조달, 외환 및 파생상품거래 업무를 담당하였다.
산업은행 근무 중 재정경제부(現 기획재정부) 파견근무를 하며
재정 및 재무회계에 대한 공부에 매력을 느껴 서른일곱의 늦은 나이에
가족들을 데리고 미국 유학길에 올랐다.
미국 미네소타대학교 응용경제학과 박사과정에서 공부하는 동안
강의 조교로서 회계원리와 관리경제학을 강의한 바 있으며
미국 지역경제에 대한 분석과 학생들과의 소통에 관심이 많아
미연방준비은행 연구분석가, 위스콘신대학교 경제학 강의교수로도 활동하였다.
박사학위 취득 후에는 US Bank에서 Vice President로 근무하며
은행 전반의 위험관리와 회계시스템 운영을 담당한 바 있다.
한국으로 귀국해서는 한국농촌경제연구원 부연구위원을 거쳐
현재 부산대학교 식품자원경제학과 교수로 재직 중에 있다.
부산대학교에서 회계원리, 선물옵션시장론, 보험금융론, 고급계량경제학 등을 강의하며
학생들에게 이론과 실무를 겸비한 생생한 열강사로 호응이 높다.
학교 강의와 연구 외에 다양한 사회봉사에도 관심이 많아
양산시 신활력플러스사업단장, 농식품부 보험심의위원, 행정고시 출제위원 등으로도 활동하며
다양한 분야의 사람들과 활발한 소통과 컨설팅을 진행하고 있다.

스타트업 회계학

초판발행　2021년 9월 27일

지은이　이병관 · 정원호
펴낸이　안종만 · 안상준

편　집　배규호
기획/마케팅　정성혁
표지디자인　이수빈
제　작　고철민 · 조영환

펴낸곳　(주) 박영사
서울특별시 금천구 가산디지털2로 53, 210호(가산동, 한라시그마밸리)
등록 1959. 3. 11. 제300-1959-1호(倫)
전　화　02)733-6771
f a x　02)736-4818
e-mail　pys@pybook.co.kr
homepage　www.pybook.co.kr
ISBN　979-11-303-1354-2 93320

정　가　19,000원